悟悦心自足

潮白新闻时评精选之八

田东江◎著

南方日报出版社
NANFANG DAILY PRESS
中国·广州

图书在版编目（CIP）数据

悟悦心自足 ：潮白新闻时评精选之八 / 田东江著. — 广州 ：南方日报出版社，2021.12

ISBN 978-7-5491-2473-2

Ⅰ. ①悟… Ⅱ. ①田… Ⅲ. ①时事评论—中国—文集 Ⅳ. ①D609.9-53

中国版本图书馆 CIP 数据核字(2021)第 242812 号

WU YUE XIN ZIZU

悟悦心自足：潮白新闻时评精选之八

著　　者：田东江
出版发行：南方日报出版社
地　　址：广州市广州大道中 289 号
出 版 人：周山丹
责任编辑：刘志一　黄敏虹
封面设计：明　室　邓晓童
责任技编：王　兰
责任校对：肖　颖
经　　销：全国新华书店
印　　刷：广州市尚铭印刷股份有限公司
开　　本：889 mm×1194 mm　1/32
印　　张：10
字　　数：300 千字
版　　次：2021 年 12 月第 1 版
印　　次：2021 年 12 月第 1 次印刷
定　　价：35.00 元

投稿热线：（020）87360640　　读者热线：（020）87363865

发现印装质量问题，影响阅读，请与承印厂联系调换。

目 录

第一部分

自2019年年初起，为广东省纪委监委《党风》杂志撰写廉政专栏，每月一期。阅读发现，至少在历史上的战国时期，我国监察制度便已经萌芽，秦朝正式创建。两千多年来，在纠察官吏违法、谏诤君主失误，进而在防腐肃贪、整顿吏治等方面，监察发挥了不可忽视的重要作用。此中文字，旨在打捞今天仍然不失其积极意义的那些，让现实照亮历史，让历史启迪现实。

第二部分

中国历史上的官吏贪污腐败，是一种常见现象。但历史上的廉政思想也同样体量丰富，不乏品行高洁而留下治声的清官。2020 年 1 月起，广东省纪委监委与《南方日报》合作开设《廉润南粤》栏目，纵贯全年，从古代、近代遴选了或生长于广东本土或在南粤任职的那些典范。此中所辑，是本人执笔的点评部分。

第三部分

早些年，为新华社《瞭望》《半月谈》杂志撰写了不少时评类文字。此中辑录了刊发于《半月谈·内部版》的一些。虽时过境迁，自觉也没有完全失去意义。

第四部分

时评类的作品，前七集文字大致有个分类，此为该系列的最后一集，因而除了近年新作，还收容了以前的一些，有杂烩之嫌，但属于个人的一个总结。关于非典的，对眼下的新冠肺炎疫情未尝不是一种参照。许是人类学出身之故，仍以关注文化类的事件为主。

第一部分

自 2019 年年初起，为广东省纪委监委《党风》杂志撰写廉政专栏，每月一期。阅读发现，至少在历史上的战国时期，我国监察制度便已经萌芽，秦朝正式创建。两千多年来，在纠察官吏违法、谏诤君主失误，进而在防腐肃贪、整顿吏治等方面，监察发挥了不可忽视的重要作用。此中文字，旨在打捞今天仍然不失其积极意义的那些，让现实照亮历史，让历史启迪现实。

前人的监察理念

12 月 20 日，中央纪委国家监委网站发布消息，吉林省纪委原副书记、省监委原副主任邱大明因严重违纪违法被开除党籍和公职。同一天，我省清远市委常委、市纪委书记、市监委主任邓梁波涉嫌严重违纪违法接受纪律审查和监察调查。此前一天，辽宁省纪委原副书记、省监委副主任杨锡怀因严重违纪违法受到撤销党内职务、政务撤职处分。这一系列通报，表明了中央纪委国家监委对纪检监察干部违纪违法问题始终保持“零容忍”，坚决防止“灯下黑”的坚强意志。

灯下黑，原本说的是一种照明现象，经历过煤油灯时代的人更有切身感受。20 世纪 80 年代末，我在封开县一个乡镇“劳动锻炼”过一年，那里每天晚上只供 1 个小时的电，其他时间就是点煤油灯或蜡烛。不难看到，无论是煤油灯还是蜡烛，亮起来的时候，底部都有一个明显的阴暗区域。那么，以防止“灯下黑”来借喻对职司纪检监察人员自身的监督，非常贴切、形象。

至少在历史上的战国时期，我国监察制度便已经萌芽。讽齐王纳谏的邹忌有个观点，国家要在群雄中傲然屹立，不仅要“谨择君子，毋杂小人其间”，而且要“谨修法律而督奸吏”。秦始皇一统之后，开始设置专门的监察机构。监察机构的最高长官是御史大夫，地位仅次于丞相，一般监察官员则称御史。职能呢，开始时还有负责掌管图籍秘书那部分，后来则专司弹劾。而不同的时代，监察的内容自然有别。《通典·职官典》载汉武帝时对二千石官员的监察有这么几条：是否违法贪赃，是否残害百姓，是否任人唯亲，是否放纵子弟，是否勾结豪强。当然我们也可以看到，尸位素餐，或面对豪强噤若寒蝉的监察官员也有相当一部分。如《宋书·王弘传》载，刘宋初建，王弘弹劾谢灵运，“力人桂兴淫其嬖妾，杀兴江涘，弃尸洪流。事发京畿，播闻遐迩”，这样的人理应免官、削爵土，“收付大理治罪”。他同时指向御史中丞都亭侯王准之，“显居要任，邦之司直”，但是无所作为，“若知而弗纠，则情法斯挠；如其不知，则尸昧已甚”。

监察官员的地位、使命唯其重要，严格监察官员的选拔和任用，加强对其自身的监督，历来也非常受到重视。北魏元晖给孝明帝的上疏中说：“御史之职，……若选后生年少、血气方刚者，恐其轻肆劲直，伤物处广。愚谓宜简宿官经事、忠良平慎者为之。”他这里强调的是监察官员的素质和经验对强化监察职能的重要性。后来他上书论政要，又说到“御史之职，务使得贤。必得其人，不拘阶秩，久于其事，责其成功”。

北魏还有个很有名的监察人物高道穆，秉承前人“罚一人当取千万人惧”的监察思想，敢于碰硬。相州刺史李世哲是尚书令李崇的儿子，“贵盛一时，多有非法，逼买民宅，广兴屋宇”。高道穆毫不客气，“悉毁去之，并发其赃货，具以表闻”。高道穆的可贵之处，还在于他谈到了“灯下黑”。为了避免“虽时获罪人，亦不无枉滥”，他建议“置司直十人，名隶廷尉……廷尉遣司直与御史俱发，所到州郡，分居别馆。御史检了，移付司直覆问，事讫与御史俱还……若御史、司直纠劾失实，悉依所断狱罪之。”

前人的监察思想无疑是随着对官员腐败严重危害的认识逐渐深入而完善发展的。在新时代，全面从严治党正在不断向纵深发展，纪检监察干部队伍担负着更加光荣重大的历史使命，也经受着更大的考验。然而，纪检监察干部对腐败并不具有天然的“免疫力”，关于防止“灯下黑”的提醒以及清除害群之马的果断行动，都是非常必要的。

（2019 年第 1 期）

“在官，俸金外皆赃也”

不久前，广东省纪委通报了4起节假日期间违反中央八项规定精神典型问题。在春节来临之际，这一通报无异于警醒，对跃跃欲试者更是当头棒喝。虽然较八项规定出台之前相比，节日腐败问题已经得到了强有力的遏制，然而不容否认，心存侥幸者仍然有之。

必须看到，节日腐败并非今天才有。明朝何良俊《四友斋丛说》云：“余尝以除夕前一月偶出外访客。至内桥，见中城兵马司前食盒塞道，至不得行。”他向旁人打听是怎么回事，人家告诉他：“此中城各大家至兵马处送节物也。”节物，即应节的物品。食盒，字面上看是送吃的，显然该是代指。中城兵马司是干什么的呢？《明史·职官志》说得很清楚：明朝有中、东、西、南、北共五城兵马司，各设指挥一人，正六品；副指挥四人，正七品，职司“指挥，巡捕盗贼，疏理街道沟渠及囚犯、火禁之事”。此外，“境内有游民、奸民则逮治。若车驾亲郊，则率夫里供事”。这些事加起来看，兵马司大抵相当于今天公安和城管的混合体，五城，管辖范围不同而已。这么个算不上大的职能部门，大家都争着去公开送礼，送得连路都堵得够呛；并且，中城兵马司的情形只是为何良俊偶遇罢了，东南西北兵马司那里能例外吗？其他衙门能例外吗？

节日来临之际，为官操守一如寻常的亦不乏其人。比如被康熙皇帝称为“廉吏第一”的于成龙。其令罗城，“性廉洁，俭于自奉，不为妻子计，恶衣粗食，安之若素”。有人“留数钱置案上”，曰：“阿耶不纳火耗，不谋衣食，宁酒亦不买乎？”你既然啥都不要，难道还不喝点儿酒吗？于成龙实在推不过，“留数钱，计得酒一壶而止”。又如固安知县杨馝调宛平，百姓借康熙巡畿南之机，“争乞留之”。康熙说：“别与汝固安一好官，何如？”一人对曰：“何不别以一好官与宛平耶?”像于成龙、杨䉪这些官员，节日的到与不到，都不用上面关于谨防腐败的半句提醒。

清初福建将乐令李𣈶的一句话，堪称名言。他说“在官，俸金外皆赃也”，因此告诫家人与部下，“不可以丝毫累我”。官舍庭院里种着两株桂树，李𣈶指之曰：“此亦官物也，擅折者必治之。”从此家人不敢簪桂花。他出外巡视秋收，“从仆摘道旁一橘”，给他看见后，“立下马杖之，命偿其直”。可惜的是，这样的好官只干了三年，因为“上官有索馈者，无以应，遂去官归”。不送礼，在官场上还待不下去，这样的咄咄怪事当然非此一桩。

同样必须看到的是，送礼者必有送礼者的初衷。《诗·卫风·木瓜》脍炙人口，“投我以木瓜，报之以琼琚；匪报也，永以为好也”云云。关于其主旨，从孔夫子开始就各有各的阐释，贾谊呀、朱熹呀，又各有各的代表性观点，我觉得当代钱锺书先生的见解最有意思。他认为此诗“颇足征人情世故”。哪些人情世故呢?“馈遗常责报偿，且每望其溢量逾值，送礼大可生利”，并举前人的观点加以佐证：“希冀念炽，悬意遥祈，当其舍时，纯作取想，如持物予人，左予而右索，予一而索十。”寻常人情世故尚且如此，对官员送礼势必更有“弦外之音”了。

叶盛《水东日记》说到广西总帅府有个叫郑牢的老差役，“性鲠直敢言”。新到任的都督山云问他，“世谓为将者不计贪”，况且咱们这地方“素尚货利，我亦可贪否?”郑牢打比方说：“大人初到，如一洁新白袍，有一沾污，如白袍点墨，终不可湔也。”在郑牢看来，白袍沾了黑墨，尽管只是一点，也终究洗不干净。类似的道理颇多，不过，“在官，俸金外皆赃也”，记住这一句足够了。

（2019 年第 2 期）

“贪不在多”

领导干部述责述廉，如今已成各级纪委全会上的一个常态。据南粤清风网消息，近日，韶关市纪委全会上，始兴县、曲江区、市交通运输局、市统计局、市自来水公司5个单位的党委（党组）书记，向市纪委全会述责述廉，并接受询问和评议。省外亦然。2月21日，四川雅安将13名县（区）党委、政府和市级部门主要负责人述责述廉现场“搬上”了《阳光问廉》电视节目，现场7台摄像机多角度记录这一过程，让监督“一把手”关键少数成为常态。

廉，即廉洁，不贪。《汉书·东方朔传》载，入伏时武帝“诏赐从官肉”，东方朔不等分肉的官员来到，自己割一块就先走了。武帝让他讲清楚怎么回事，他说自己虽“受赐不待诏，何无礼也”，然“拔剑割肉，一何壮也！割之不多，又何廉也！归遗细君（即老婆），又何仁也！”勇敢、不贪、体贴，这么一列举，武帝给逗笑了：“使先生自责，乃反自誉！”这个故事表明，即使在封建时代，只要那个时代还正常，官员廉否也为朝廷所重视。历史上的清官，也多能够在这个关键之处把握住自己，这也是他们在当时以及后世为人津津乐道的前提。

清朝湛江先贤有个叫陈瑸的，他的一个观点十分值得推崇：“贪不在多，一二非分钱，便如千百万。”语见陈康祺《郎潜纪闻初笔》。在陈瑸看来，官员是贪还是廉，在于是否伸了手，这才是原则分野。伸了，性质就变了，至于量上的多寡完全是另外一回事。陈康祺还记录了江右令石瑶臣的一段格言：“吏而良，民父母也；其不良，则民贼也。”良的标准，他也将不贪视为硬件之一。对照自制的这面镜子，石瑶臣给自己定了位：“父母吾不能，民贼吾不敢，吾其为民佣者乎。”不敢自称父母官，但也不敢被百姓唾弃，因此他自号“民佣”，转换成现代汉语，意思正是“公仆”。公仆这个名词是否始自石瑶臣，尚不敢定论，但如果一个官员的公仆观念的确发自己心，做到不贪不是什么难事。被史家誉为“清初直臣之冠”的魏象枢，干脆认为“国家根本在百姓，百姓安危在督抚”，而“督抚廉则物阜民安，督抚贪则民穷财尽”。

不过，如我们所见，历史上还有诸多反面事例。《山志》里，归有光非议科举取仕的文字就颇有代表性。他说当时不少金榜题名的人，“一为官守，日夜孜孜，惟恐囊橐之不厚、迁转之不亟、交结承奉之不至”，因此，“书问繁于吏牒，馈送急于官赋，拜谒勤于职守”，完全是怎么捞、怎么编织关系网、怎么往上爬的心态。“囊橐”怎么厚？“馈送”哪里来？自然是要伸手、要贪了。应当看到，这样的人平时或许嘴边也是离不开“廉”字，就像清朝戏曲家李渔所说：“奸臣口里也说忠，逆子对人也说孝。”南宋大儒朱熹的观点更有意思：“今时秀才，教他说廉，直是会说廉；教他说义，直是会说义。及到做来，只是不廉不义。”在朱熹眼里，这种秀才完全是“能言鹦鹉”，学舌而已。

“贪不在多，一二非分钱，便如千百万。”无论放在什么时代，这句话都堪称金科玉律。《清史稿》有《陈瑸传》，云其广东海康人，康熙时进士。陈瑸为官近二十年，在不少地方都干过，台湾、四川、湖南、福建等等，无论在哪里，他都秉承清廉的信条，“官厨以瓜蔬为恒膳，其清苦有为人情所万不能堪者”。在他调往福建时，康熙对廷臣说：“朕见瑸，察其举止言论，实为清官。瑸生长海滨，非世家大族，无门生故旧，而天下皆称其清。非有实行，岂能如此？国家得此等人，实为祥瑞。”在称之为苦行老僧的同时，康熙更断言：“从古清官，计无逾瑸者”。这个结论是否过于绝对不去论它，陈瑸无疑很好地践行了自己的理念。对此，陈康祺还做了进一步追溯：“士未有未仕时律身不严，而居官能以清廉著闻者。”人的本质是好的，才可能是个好官。

今天的廉政建设，某种程度上做的正是“贪不在多”的文章。在

"打虎拍蝇"之中，"虎"，无疑是那些贪了"千百万"的，"蝇"是那些贪了"一二钱"的，不在多寡，一旦"非分"，殊途同归。

（2019 年第 3 期）

"寸心端不愧苍苍"

谈话提醒、约谈函询是党内监督的重要方式。必须看到，这是他律的一种。儒法并用，是我国历史上常用的社会治理方式。见之于反腐倡廉亦然，他律与自律相结合才能达到最佳效果。辩证法告诉我们，内因是变化的根本原因。2016 年 1 月 1 日起施行的《中国共产党廉洁自律准则》，对党员领导干部廉洁自律进行了明确规范：廉洁从政、廉洁用权、廉洁修身、廉洁齐家。

在自律问题上，古人已有相当深刻的见解。元朝张养浩著有《为政忠告》一书，是他"就其居官所得，剀切指陈，欲凡从政者知法所戒"。（张元济语）对他那个时代的官员，在任命下达时该如何、上任时该如何、听讼时乃至闲居时该如何，都有一番详细的"忠告"。其中，有不少如何自律的内容，对于今天的各级官员未尝没有启迪。

比如开篇的"省己"条云："命下之日，则拊心自省，有何勋阀行能，膺兹异数。"自己把自己掂量清楚了，就应该知道"苟要其廪禄，假其威权，惟济己私，靡思报国，天监伊迩，将不容汝"。要把职责放在第一位，否则，"夫受人直（值）而怠其工，僭人爵而旷其事，己则逸矣，如公道何？如百姓何？"又如"戒贪"条云，一地长官"而不能守公廉之心，是不自爱也，宁不为世所诮耶？况一身之微，所享能几？"一旦身败，"上孤国恩，中贻亲辱，下使乡邻朋友蒙诟包羞"。因此，"与其戚于已败，曷若严于未然？"再如"民病如己病"条，强调把自己视同百姓，进行换位思考："民之有讼，如己有讼；民之流亡，如己流亡；民在缧绁，如己在缧绁；民陷水火，如己陷水火。凡民疾苦，皆如己疾苦也。”如此等等。

当然，在张养浩之前和之后，历史上都有许多官员自律的典范。郑处诲《明皇杂录》里有裴宽埋鹿肉的故事。说的是唐玄宗时有年除夕，润州刺史韦诜（一作韦铣）“日闲无事”，便带着老婆和孩子“登城眺览”，不意发现一户人家的园子里几个人正在埋什么。韦诜觉得奇怪，打听后知道那是参军裴宽的宅子。他便把裴宽找来“诘其由”，问他在干什么，裴宽回答在埋鹿肉。裴宽说他常常自戒，绝不“以苞苴污家”，可是今天有人送来鹿肉，“置之而去”，放下就走了，他“既不能自欺，因与家童埋于后园”，保全自己的操守。史载裴宽“不附权贵，务于恤隐”，政声卓著。唐玄宗曾赋诗赠之：“德比岱云布，心如晋水清。”这也从侧面证明，裴宽埋鹿肉并非一时作秀，自律意识在他头脑里是扎了根的。

我们如果通读一下白居易的诗集，可以发现白居易也是个时时自省的典范。如《村居苦寒》，讲的是宪宗元和八年（813）农历十二月的一场大雪，连下五天，“竹柏皆冻死，况彼无衣民……唯烧蒿棘火，愁坐夜待晨”，相形之下，“顾我当此日，草堂深掩门。褐裘覆絁被，坐卧有余温。幸免饥冻苦，又无垄亩勤。念彼深可愧，自问是何人？”把百姓与自己进行鲜明对比，从而有发自肺腑的“自问”。又如《秋居书怀》，感叹自己“坐受官家禄”，而“不种一株桑，不锄一垄谷。终朝饱饭餐，卒岁丰衣服”，来告诫自己须“持此知愧心”。

关于自律，明朝刘戬有句话说得最为精辟：寸心端不愧苍苍。那是弘治皇帝继位，他以侍讲的身份“颁诏”交南（今越南），结束使命时留下的。当他轻装简从，携二仆由南宁直抵其境，交南人先已惊为天人，因为以前的人都是“飏樯蔽洋，贸重易奇”，假公事之便干点儿自己的买卖。他走的时候，交南王循例馈赠金珠珍玩、犀角象牙，他却“一不顾即行”；交南王复令大臣于路上拦截，“期必致之”。刘戬则亮出了来时写就的诗句：“咫尺天威誓肃将，寸心端不愧苍苍。归装若有关南物，一任关神降百殃。”交南人终于明白了，刘戳真的不是做表面文章的那种人。

（2019 年第 4 期）

“黜退其幽，升进其明”

中共中央办公厅近日印发了《党政领导干部考核工作条例》，明确干部考核是指党委（党组）及其组织（人事）部门按照干部管理权限，对党政领导班子和领导干部的政治素质、履职能力、工作成效、作风表现等所进行的了解、核实和评价，以此作为加强领导班子和领导干部队伍建设的重要依据。

从前对官吏也有考核，叫作考绩或者考课，就是按照一定的标准考核官吏优劣，分别等差，决定升降赏罚。《书·舜典》即有“三载考绩。三考，黜陟幽明”的说法，孔颖达解释说：“三年有成，故以考功。九岁，则能否幽明有别，黜退其幽者，升进其明者。”三年考核一次，三次一个周期，不行的下来，能干的上去。考核铨叙官吏的法令，称为考课令。王溥《唐会要》就说了：“天宝二年（743）八月五日，考功奏：准《考课令》，考前厘事，不满二百日，不合成考。”《宋史》里也有元祐初，“议者请用《元丰考课令》，第为高下，以行升黜，岁毋过五人”的记载。这就是说，唐玄宗和宋神宗这两个时期都出台了《考课令》，即当时对官吏的考核标准。

不同的年代，具体的考核标准自然不同。《旧唐书·职官志》载：“凡考课之法，有四善：一曰德义有闻，二曰清慎明著，三曰公平可称，四曰恪勤匪懈。”明朝洪武十一年（1378）“令考绩殿最”，则只分为上中下三等。细看之下，其中一些对今天不失借鉴意义。比如唐朝，“四善”是公理性质的标准，此外还细化了“二十七最”作为不同职务的具体标准：第一，“献可替否，拾遗补阙，为近侍之最”；第二，“铨衡人物，擢尽才良，为选司之最”；第三，“扬清激浊，褒贬必当，为考校之最”；等等。还有礼官、乐官、判事、宿卫、督领、法官、校正、宣纳、学官、将帅、政教、文史、纠正、勾检、监掌、役使、屯官、仓库、历官、方术、关津、市司、牧官、镇防，哪个职务什么样子叫作尽职尽责，标准都非常明确。依据这“四善”“二十七最”，唐朝对官员考核在大的方面就划分出了“上、中、下”三等，每一等级里面再有一套小的“上、中、下”三等，加起来总共有九等，最高等级为“上上”，最低等级无疑为“下下”。

具体来看，“一最以上，有四善，为上上。一最以上，有三善，或无最而有四善，为上中。一最以上，有二善，或无最而有三善，为上下”。归入“上”等的不用说了，优秀类，属于“上上”的更是官中极品。不妨再看看“中”等：“一最以上，而有一善，或无最而有二善，为中上。一最以上，或无最而有一善，为中中。职事粗理，善最不闻，为中下。”属于“中下”的已经很勉强，算凑合了，“下”等的就完全是一副丑陋嘴脸。“下上”，乃“爱憎任情，处断乖理”，决策不是依法依规，而是拍脑袋；“下中”，乃“背公向私，职务废阙”，根本就是把权力当成了谋取私利的工具；“下下”，乃“居官谄诈，贪浊有状”，欺下媚上，纯粹贪官。这样看来，今天的劣等官员与一千多年前的委实没有什么两样。

《今言》里有朱元璋考课之后的一则趣事：“称职无过为上，赐坐宴；有过称职中，宴而不坐；有过不职下，不预宴，叙立于门。宴者出，然后退”。就是说，工作称职也没出差错的，宴会上可以坐下；工作中出了差错但还称职的，有饭吃，但要站着吃——颇类鲁迅笔下穿长衫而站着喝酒的孔乙己；而那些一无是处的，没饭吃，却又不能走，得站在那儿看着人家吃，人家走了才能走。谁怎么样，用这种方式倒是一目了然。当然，这种恶作剧式的做法聊发一噱可也。

今天的考核是干部管理的重要手段，主要目的是了解掌握干部履行岗位职责要求的实际表现，看其岗位胜任度，是否做到忠诚干净担当，以督促引导干部更好地履职尽责。以条例的形式对干部考核工作作出总体规范，在党的法规制度建设史上还是第一次。

（2019 年第 5 期）

“人亦何苦甘心为贪”

5 月 9 日，中央纪委国家监委网站发布消息：云南省委原书记秦光荣涉嫌严重违纪违法主动投案。识者指出，这是中央纪委首次使用“主动投案”这个说法。旋即，“主动投案”有成为高频词的态势。5 月 19 日，中华全国供销合作总社党组副书记、理事会主任刘士余主动投案；5 月 20 日，湖南常宁市委副书记唐奇林主动投案；5 月 22 日，广西贵港市公安局党委委员、副局长黄俭主动投案；5 月 23 日，河北承德县委常委、常务副县长白晓利主动投案……

这些主动投案的前提，要么是涉嫌违纪，要么是涉嫌违纪违法，要么是严重涉嫌违纪违法。显而易见，对自己所作所为心知肚明的官员，只有在感受到反腐威慑力越来越强大的时候，只有在原本的侥幸心理越来越渺茫的时候，才会选择主动投案。假以时日，我们当会了解他们彼时的所思所想。

俗语有云：“早知今日事，悔不慎当初。”明朝江盈科更问到了根本：“人亦何苦甘心为贪？”他是在云南洱海一带，目睹当地猴子的习性后论及了“猴鼠”。江盈科说，“猴与鼠，其性皆贪，皆善窃，又皆善藏……若橡栗榛枣麻菽稻黍之类，兼收缕别，置诸深窖，封焉涂焉，以备雨雪冱寒之需”，但是有经验的人，却“能踪迹其地日察其所为者，俟其窟峒既溢，率众掘之”，结果虽然猴与鼠“巧规善闭辛苦积贮者，乃复为人所有”。江盈科认为诸多官吏正是这种品性，其“孳孳为利，智殚能索，猎人之有，以归于己，亦自谓为其身计久远，不知头上苍翁且默窥阴记”。所以他颇有感慨：“人亦何苦甘心为贪，自同猴鼠，不思盈满之戒也哉？”自古将贪官比作硕鼠，源于《诗·魏风》“硕鼠硕鼠，无食我黍！三岁贯女，莫我肯顾”，属于借喻，抽象的意味更浓。江盈科则将鼠的行为进一步“坐实”，道理讲得便更接地气。开玩笑说，可惜的是“连累”到了猴。

官员如何为政，是一个不知议论了多少世代的话题。所以如此，是因为讲起道理来谁都明白，让贪官自己讲，更可能天花乱坠。前些年修复开放的河南内乡县衙保留有一副对联：“得一官不荣，失一官不辱，勿说一官无用，地方全靠一官；吃百姓之饭，穿百姓之衣，莫道百姓可欺，自己也是百姓。”算得上透彻了，但是人们对衙门更加耳熟能详的，却是“有理没钱莫进来”的地方，霸道得很。在廉与贪的问题上也是这样。《魏书·公孙轨传》载，北魏世祖拓跋焘平定赫连昌，“引诸将帅入其府藏，各令任意取金玉”，战利品随便拿。结果，“诸将取之盈怀”，而公孙轨“独不探把”，也就是手都不伸，什么也不要。但他的“廉”，只是给皇帝看的，放到地方为官，又是个什么样子呢？“其初来，单马执鞭；返去，从车百辆，载物而南。”从“单马执鞭”发展到“从车百辆”，公孙轨哪里还是一般意义上的贪官？想一想这是个当初被自己作为“廉吏”推介的人物，拓跋焘恨得咬牙切齿：“轨幸而早死，至今在者，吾必族而诛之。”唐宣宗大约知道这段史事，《东观奏记》云，他授于延陵为建州刺史，问他建州离京师近还是远，于延陵说有八千里。宣宗告诉他：“卿若为我廉洁奉公，绥缉凋瘵，长在我面前无异；或挠枉法度，远人无聊，即朕三尺阶前，便是万里，卿知之否？”于延陵吓得“悸慑失序”，其人该有公孙轨的嫌疑了。

以我的有限阅读视野，历史上官员因为贪腐而畏罪自杀的有，主动投案的则还没见到。《续资治通鉴长编》载，宋太祖时，李守信“受诏市木秦、陇间，盗官钱钜万，及代归，为部下所告”，奉命去采购木材，也贪了那么多。在回来的路上，李守信知道东窗事发，乃“自刭于传舍”，自己抹了脖子。盖北宋之初，“首严赃吏之禁，重者辄弃市”，李守信算是被震慑到了的那种。今天的“主动投案”，或将成为反腐败工作的一个新特点。接二连三的“主动投案”，既可视为反腐败宽严相济政策的感召，也可视为反腐败斗争取得了压倒性胜利的一个标志。那些伸了手的官员必须认识到，选择“主动投案”是选择了唯一正确的出路。

（2019 年第 6 期）

“究民所疾苦，察吏之奸贪”

巡视工作正在日益成为我们党开展党内监督和反腐败斗争的“利剑”。

巡视是党章赋予的重要职责。《中国共产党章程》第十四条规定：“党的中央和省、自治区、直辖市委员会实行巡视制度，在一届任期内，对所管理的地方、部门、企事业单位党组织实现巡视全覆盖。”《中国共产党巡视工作条例》在明确党的中央和省、自治区、直辖市委员会设立巡视组，承担巡视任务之后，明确了巡视的具体内容：对巡视对象执行党章和其他党内法规，遵守党的纪律，落实党风廉政建设主体责任和监督责任等情况进行监督。对于要求着力发现的具体问题，也都列有详细的条目。

在我们的传统文化中，不乏巡视的因子。比较典型的如元朝的“奉使宣抚”，那是他们在监察方面制度建设的一个重大举措。为什么要搞这些呢？吏治腐败。

叶子奇《草木子》云，当时的朝廷官员已“惘然不知廉耻为何物”。他们敛财的名目繁多，“所属始参拜曰拜见钱，无事白要曰撒花钱，逢节曰追节钱，生辰曰生日钱，管事而索曰常例钱，送迎曰人情钱，句追（即办案）曰赍发（即赞助）钱，论诉（即申诉）曰公事钱”，总之，无论干什么，都是伸手要钱，而“漫不知忠君爱民之为何事也”。该书同时收录了一首小诗：“解贼一金并一鼓，迎官两鼓一声锣。金鼓看来都一样，官人与贼不争多。”当时上面来人巡视，地方惯例要敲锣打鼓来欢迎，而起解杀人强盗呢，也是用锣鼓吆喝，二者的区别只在节奏上，欢迎时两声鼓一声锣，示众时一声鼓一声锣。于是有人借官场上的“赃污狼籍”来了这个借题发挥，把官员与贼来了个等而视之，可窥其时吏治腐败的程度。

元朝的“奉使宣抚”搞了好多次，《元史》比较详细地记载了元顺帝至正五年（1345）的那一次。在顺帝看来，自己登基十多年了，“虽夙夜忧勤，觊安黎庶，而和气未臻，灾眚时作，声教未洽，风俗未淳，吏弊未祛，民瘼滋甚”，他认为是“承宣之寄，纠劾之司，奉行有所未至”，所以要“遣官分道奉使宣抚，布朕德意，询民疾苦，疏涤冤滞，蠲除烦苛”。他亲自指挥，一下子向全国派出了12个“巡视组”，“组长”由蒙古人（或色目人）与汉人官员相伴而行。如“上都留守阿牙赤、陕西行省左丞王绅巡甘肃永昌道，大都留守答尔麻失里、河南行省参知政事王守诚巡四川省，前西台中丞定定、集贤侍讲学士苏天爵巡京畿道”等。同时赋予“巡视组”相当的权力，“体察官吏贤否，明加黜陟，有罪者，四品以上停职申请，五品以下就便处决。民间一切兴利除害之事，悉听举行”。

“巡视”的成绩还是有的。苏天爵那一组，“究民所疾苦，察吏之奸贪，其兴除者七百八十有三事，其纠劾者九百四十有九人”，京城的百姓都把他比作包公。王守诚那一组“论功居诸道最”，成绩最可观。《元史·王守诚传》载：“初，四川廉访使某与行省平章某不相能，诬宣使苏伯延行贿于平章某，瘐死狱中。”直到“巡视组”来了，苏伯延的亲属才有机会诉冤，而茶盐转运司官也反映“廉访使累受金”，结果“廉访使仓皇去官，至扬州死”，其“副使而下，皆以事罢。宪史四人、奏差一人，籍其家而窜之，余皆斥去”。王守诚不仅处理了行省吏员和县尹受诬，而且庶民百姓婚田之讼，合计百十件，也一一“辨析详谳”，或“为直其事”，或“为之平反”。

诸如“奉使宣抚”一类，与今天的巡视虽然在形式上、功能上有相近之处，但在本质上自然不可同日而语。我们党全面领导、长期执政的前提，注定必须把公权力置于有效监督之下，确保不滥用、不变质。党的十八大以来，每一轮中央巡视反馈都备受国人关注。人们不仅关注巡视到了哪些问题，哪些高官因之落马，而且关注被巡视地区和单位存在的问题能不能整改到位。发现问题诚然是巡视工作的生命线，推动解决问题更是巡视工作的落脚点。因此，做好巡视“后半篇文章”尤为重要。巡视就是要形成震慑。

（2019 年第 7 期）

“居官以正己为先”

当下正在开展的“不忘初心，牢记使命”主题教育活动，检视问题是其中的一个重要环节。按照中央主题教育领导小组印发的通知要求：“领导机关和领导干部要切实抓好自身的问题整改，防止只抓下级、不抓自身。”

由此想起明朝兵部尚书刘大夏的一句话：“居官以正己为先。”先贤的类似教诲当然很多，“其身正，不令而行；其身不正，虽令不从”云云，不胜枚举，“居官以正己为先”说得更直白罢了。然而，道理固然简单，却又是一个很高的要求。尤其在从前的社会，多数人是做不到的，所以如此。因为它不仅取决于为官者的个人修养，而且还取决于为更大官者的示范。明朝另一个大臣王廷相曾一针见血地指出：“大臣法而后小臣廉”“大臣污则小臣悉效，京官贪则外臣无畏”。所以，刘大夏“居官以正己为先”之“官”，不拘级别，且官职越高的越需要如此。

正己之难，在对待现行制度的态度和行为上，最容易体现。在那些非同一般或自以为非同一般的大小官员看来，制度只是要别人来遵守的，自己可以排除在外。《明史·孝义二》载，正德皇帝微服闲逛，“由大同抵太原，城门闭，不得入”，于是“怒而还京，遣中官逮守臣不启门者”。再往前溯。《史记·李将军列传》载，李广罢官在家，每天打猎自娱。有天回来晚了，“还至灞（霸）陵亭”，但是喝了点儿酒的灞陵尉不给他开门。随从乃高声叫道：这是“故李将军”！那边不为所动，还送来嘲讽：“今将军尚不得夜行，何乃故也！”未几李广复出，重新踏上抗击匈奴的征途，大敌当前却前嫌不忘，“即请灞陵尉与俱，至军而斩之”。灞陵尉的话听了是不大舒服，尤其那是李广落魄的时候，但充其量是方法不当。首先，他的行为本身并没有错，李广违禁夜行，叫作犯夜，是可以抓起来的；其次，随从的自报家门流露出“我们可以例外”的霸气，仗着酒力的灞陵尉难免顶一回牛。

城门该关的时候就不能随便开启，况且皇帝是微服，守门人认不出他；落职的李广还要耍一回威风，当然也可以不被买账。客观地看，门卫都是在恪尽职守，但因为他们触犯的是享受特权惯了的人物，就得不到应有的理解，更不用说谅解。正德皇帝的大怒，使“巡抚以下皆大惧”，幸有布政使何麟挺身而出，“陛下巡幸晋阳，司城门者实臣麟一人，他官无预也。臣不能启门迎驾，罪当万死”，不仅把责任全都揽在自己身上，而且对之晓以大义：“陛下轻宗庙社稷而事巡游，且易服微行，无清道警跸之诏，白龙鱼服，臣下何由辨焉。”他还另举了东汉光武帝的例子，说刘秀夜猎归来，“至上东门，守臣郅恽拒弗纳”，但是刘秀认为郅恽做得对而奖赏他，“今小臣欲守郅恽之节，而陛下乃有不敬之诛。臣恐天下后世以为臣之不幸不若郅恽，陛下宽仁之量亦远逊光武也。”不过，正德还是打了何麟六十大板，怒才稍解。灞陵尉呢？没有人为他说话，就只剩下死路一条了，一代名将先不正己，气量又相当偏狭。可叹的是，后世人等也没有理智地看待这件事，众口一词地去责备灞陵尉。骆宾王感叹“朱门无复张公子，灞陵谁畏李将军？”杜甫有“乱离多醉尉，愁杀李将军”。辛弃疾夜读《史记》而“不能寐”，挥笔填了阕《八声甘州》，起首便道：“故将军饮罢夜归来，长亭解雕鞍。恨灞陵醉尉，匆匆未识，桃李无言。”在文豪们的笔下，因为李广有功彪千古的一面，灞陵尉就成了不可宽恕的势利小人，全然没有顾及李广是否当“正己为先”。

刘大夏位居高官，所以他这话无疑是说给自己和同僚的，他们这个层次的尤需“正己为先”。刘大夏本人做到了，实现了其“人生盖棺论定，一日未死，即一日忧责未已”的诺言。《玉堂丛语》云，弘治皇帝以“白金二笏”赐刘大夏等二人，要他们“将去买茶果用”。他说：“朕闻朝觐日，文官避嫌，有闭户不与人接者。如卿等，虽开门延客，谁复有以贿赂通也?”那些只抓下级、不抓自身，换言之谈不上“正己为先”的官员，没理由能达到刘大夏的境界。

（2019 年第 8 期）

“算计”与“自计”

今年第 8 期《党风》杂志中的“拍案惊奇”，披露了韶关市公安局原局长叶树养的腐败“宏伟目标”：贪腐三个 2000 万元，分别给儿子、女儿女婿和自己养老。为此，他到处“伸手”，过一个年，往往就能捞上一两百万元“礼钱”。

在没有落马时，叶树养跟魏晋间号称“竹林七贤”之一的王戎有得一比，当然，他比不了王戎“人伦鉴识”的长处，而是比他“性好兴利”的短处。《晋书·王戎传》载，王戎“积实聚钱，不知纪极，每自执牙筹，昼夜算计，恒若不足”。牙筹，象牙或兽骨制成的计算用具。王戎时时都在“算计”一天的进项，叶树养当初也该正是这副尊容吧。

与此种“算计”形成鲜明对照的，是范仲淹的“自计”。《邵氏闻见后录》云，范仲淹说自己每天晚上睡觉之前，都有个习惯，“自计一日食饮奉养之费及所为之事”，就是给自己做个当天总结，算一算一天拿的俸禄和所做的事情是否相称，亏不亏心。“果自奉之费与所为之事相称，则鼾鼻熟寐”，觉也睡得安稳；反之，“则终夕不能安眠，明日必求所以称之者”，第二天一定要努力弥补。这样一比较，王戎的“算计”与范仲淹的“自计”，不是高下立判、优劣自明吗？范仲淹的“自计”，无异于扪心自问，与当前主题教育中的检视问题，颇有异曲同工之处。

范仲淹的“自计”，是他自身修养达到一定程度而生成的道德感、责任感。他能够写出“先天下之忧而忧，后天下之乐而乐”的千古名句，是基于其表里如一的品格。不像唐武宗时的李绅，“谁知盘中餐，粒粒皆辛苦”，话说得何其漂亮，实际上他当官眼睛是向上看的。后蜀何光远《鉴戒录》云，李绅在淮南，“所为尊贵，薄于布衣，若非皇族卿相嘱，无有面者”，没有硬关系的，他连睬都不睬。而《宋史·范仲淹传》载，仁宗天圣七年（1029），江、淮等地蝗旱灾害齐来，范仲淹忧心如焚，“请遣使循行”，要到地方察看灾情，不料并没有得到答复。他私下里毫不客气地向仁宗发问：“宫掖中半日不食，当何如？”这一问触到了仁宗的痛处，旋即派其前往安抚。而范仲淹所到之处，“开仓赈之，且禁民淫祀，奏蠲庐舒折役茶、江东丁口盐钱”，并根据调查，“条上救敝十事”。

《东坡志林》里，苏轼记录了弟弟苏辙讲的一个故事。说有个死而复生的人问冥官：“如何修身，可以免罪？”冥官告诉他，准备个本子，“昼日之所为，暮夜必记之，但不记者，是不可言不可作也”。苏辙显然是在借故事来阐明一个道理：任何人对自己的行为都应该“自计”，对官员而言更是如此。不难发现，但凡为后世所称道的人物，往往也都有积极意义上的“自计”。司马光总结自己没有过人之处，“但平生所为，未尝有不可对人言者耳”。他说如果用一个字来作为行之终身的座右铭，那就是“诚”。在司马光看来，对一个官员而言，“诚意以行之，正心以处之，修身以帅之，则天下国家何为而不治哉？”刘安世问怎么才能做到诚，司马光说“自不妄语始”，就是从不说假话做起。众所周知，他和王安石是尖锐对立的政敌，在变法问题上水火不容，但当宋神宗问他“王安石何如”的时候，他不是借机对安石进行贬损，而是实事求是摆出自己的看法：“人言安石奸邪，则毁之太过，但不晓事而执拗耳，此其实也。”并且他对王安石的文章极其赞赏，说他“动笔如飞，初若不措意，文成，见者皆伏其妙”。相应地，王安石对他也有这样的评价：“自议新法，始终言可行者，曾布也；言不可行者，司马光也；余则前叛后附，或出或入。”言语中流露出对骑墙者的鄙视，以及对曾布和司马光的敬佩。

纵览形形色色的落马官员，虽行政级别不同，所处领域不同，贪腐程度不同，然殊途同归的是一举一动无不从为自己“算计”出发，拨弄的是权衡、计较个人得失的小算盘。贪官之外，如宋朝王嗣宗“有恩仇簿，已报者则勾之”，把手中的权力视为酬恩报怨的工具，这样的“算计”就更加可怕了，不过，钉上历史的耻辱柱也是必然。

（2019 年第 9 期）

“罚一人当取千万人惧”

日前，经中央纪委常委会会议研究并报中共中央批准，全国人大内务司法委员会原副主任委员、云南省委原书记秦光荣因严重违纪违法，被给予开除党籍处分，并按规定取消其享受的待遇，收缴其违纪违法所得，将其涉嫌犯罪问题移送检察机关依法审查起诉。反腐败动真碰硬，是纯洁干部队伍、赢得民心的重要前提。动真碰硬的一种，就是打“老虎”，用前人的话来表述，叫作“罚一人当取千万人惧”。

《魏书·高道穆传》载，北魏孝明帝时高道穆为御史，“其所纠擿，不避权豪”。他对御史台最高长官元匡如此阐述了自己的监察理念：“古人有言，罚一人当取千万人惧，豺狼当道，不问狐狸。明公荷国重寄，宜使天下知法。”在高道穆看来，亲贵重臣腐败应首先予以纠举处罚，才能使其他贪赃官吏受到震慑，也才能充分发挥监察的作用。他自己正是这样实践的。到相州巡察那次，他发现刺史李世哲（尚书令李崇之子）“贵盛一时，多有非法，逼买民宅，广兴屋宇”，当即采取措施，不仅“悉毁去之”，而且“发其赃货，具以表闻”。不要说地方官了，孝庄帝的姐姐寿阳公主违反朝典，“行犯清路”，公然藐视监察官员时，高道穆也“令卒棒破其车”。公主“泣以诉帝”，弟弟则告诉她：“高中尉清直之人，彼所行者公事，岂可私恨责之也?”高道穆后来见到孝庄帝，两人还各自客气了一番，帝曰：“一日家姊行路相犯，极以为愧。”道穆免冠谢曰：“臣蒙陛下恩，守陛下法，不敢独于公主亏朝廷典章，以此负陛下。”

“罚一人当取千万人惧”，高道穆也说是“古人有言”，更早到什么时候，需要专业人士考证了。但在北魏之前，也确实能看到诸多相应的实例。

《晋书·李憙传》载，御史中丞李憙“当官正色，不惮强御，百僚震肃焉”。他曾直截了当地上言：“故立进令刘友、前尚书山涛、中山王睦、故尚书仆射武陔各占官三更稻田，请免涛、睦等官。”武陔虽然已经死了，“请贬谥”。晋武帝司马炎认同他的做法，诏曰：“法者，天下取正，不避亲贵，然后行耳，吾岂将枉纵其间哉！然案此事皆是友所作，侵剥百姓，以缪惑朝士。奸吏乃敢作此，其考竟友以惩邪佞。涛等不贰其过者，皆勿有所问。”皇帝虽然有点儿袒护山涛他们，但肯定“憙亢志在公，当官而行，可谓‘邦之司直’者矣。光武有云：‘贵戚且敛手以避二鲍’。岂其然乎！其申敕群僚，各慎所司，宽宥之恩，不可数遇也”，非常认同李憙强化监察应从亲贵重臣开始的思想。

再往前溯，《后汉书·张纲传》载，汉顺帝时，外戚梁冀执掌朝政，权势熏天。朝廷“选遣八使巡行风俗，皆耆儒知名，多历显位”，张纲是为其一。八使时号“八俊”，巡行相当于今天的巡视。同书《周举传》说到了八使的使命：“刺史、二千石有臧罪者，驿马上之，墨绶已下便收；其有清勤忠惠宜表异者，状闻。”八使中，“唯纲年少，官次最微”，但正是这个年纪最轻、官衔最低的人，最不畏权势，其监察思想也最为后世称道。张纲没有奉诏立即出京，而是“埋其车轮于洛阳都亭”，干脆暂时还不走了。他打了个比喻：“豺狼当路，安问狐狸!”他把监察的矛头首先指向亲贵重臣：“大将军（梁）冀，河南尹（梁）不疑，蒙外戚之援，荷国厚恩，以刍荛之资，居阿衡之任，不能敷扬五教，翼赞日月，而专为封豕长蛇，肆其贪叨，甘心好货，纵恣无底，多树谄谀，以害忠良。诚天威所不赦，大辟所宜加也。谨条其无君之心十五事，斯皆臣子所切齿者也。”没有十足使命感的人，是说不出这番话的，令“京师震竦”，也完全可以想象。

《礼记·礼运》云：“大臣法，小臣廉，官职相序，君臣相正，国之肥也。”前人对此解释说：“大臣法，尽臣道也；小臣廉，不亏所守也。”成语“大法小廉”因之问世，意谓大臣尽忠，小臣尽职。明朝王廷相则对此作了进一步发挥：“大臣法而后小臣廉。”他认为“大臣污则小臣悉效，京官贪则外臣无畏”。的确，“罚一人当取千万人惧”，以儆效尤，一旦如此，无需强调，百姓亦知反腐败没有禁区。

（2019 年第 10 期）

“知人之要莫若考实”

年终岁尾，又到了对各级领导干部进行考核的时节。前文说了，考核的历史相当悠久，《书·舜典》已有“三载考绩。三考，黜陟幽明”的说法。孔颖达释曰：“三年有成，故以考功。九岁则能否幽明有别，黜退其幽者，升进其明者。”有没有政绩，三年时间是可以看出来的；考核三次也就是九年时间，这个官员究竟行还是不行，能够一清二楚。

考核在从前有许多同义词，考实、考课、考绩等等。战国、秦、汉时都是，中央对地方官员进行政绩考核的制度甚至叫作“上计”，要求每到年终岁尾，地方官要将境内的人口、财政、粮草、治安、狱讼等情况编制成“计簿”，然后遣吏逐级上报。春秋齐国晏婴治东阿时、战国魏之西门豹治邺时，都曾分别作为地方官员晋京上计簿。

考核的目的是对官员进行甄别，不行的下去，行的提拔。如《汉书·谷永传》中谷永所言："治天下者尊贤考功则治，简贤违功则乱。"宋人有句话提炼得更加精辟，叫作"知人之要莫若考实"。判断一个官员究竟如何，很大程度上取决于对他的考核。

不同时代对官员的考核标准自然不会划一。如《汉书·京房传》载，元帝时灾难频发，京房进言曰："古帝王以功举贤，则万化成，瑞应著，末世以毁誉取人，故功业废而致灾异。宜令百官各试其功，灾异可息。"于是，元帝就叫京房负责这件事，"房奏考功课吏法"。唐朝呢，前文也说到了"凡考课之法"，有四善，有二十七最。把"善"与"最"结合起来，考核结果便分为九等：大的层级是"上、中、下"，每一层级再套小的"上、中、下"，因此最高等级为"上上"，最低等级为"下下"。但是也必须看到，无论什么时代，尽管考核看起来都有一套严格的标准，但标准是死的，一旦"下有对策"，再好的制度也难免荒腔走板。比如"上计"的初衷是为国家全面了解地方现状提供依据，其中的统计数据无疑是关键，必须真实、准确。然而这数据是来自地方的，偏偏又作为考核地方官员政绩的凭证，所以在实际操作中，"上计簿"就免不了在数字上做些或大做文章。我甚至觉得后世所说的"官出数字"，源头就在这里。

且看《汉书》中的两处记载。其一，《宣帝记》载，黄龙元年（前49）宣帝诏曰："方今天下少事，徭役省减，兵革不动，而民多贫，盗贼不止，其咎安在?"问题在哪里呢，他认为是"上计簿，具文而已，务为欺谩，以避其课"。颜师古在此注曰，"具文而已"，即"虽有其文，而实不副也"。那么，汉宣帝已经知道，地方为了应对考核，往往编造数据来欺骗中央，使计簿徒存形式。其二，《贡禹传》中贡禹向元帝指出，郡国为了达到谎报实情的目的，"则择便巧史书习于计簿能欺上府者，以为右职"。颜师古在此又注曰："上府谓所属之府。右职，高职也。"这样来看，所谓"习于计簿"就是会在文字或数字上做手脚，以"能欺上府"，这种"一技之长"竟然成了小吏得以飞黄腾达的资本！值得一提的是，宣帝在明了真相的同时，责御史核查计簿，"疑非实者，按之，使真伪毋相乱"。汉宣一朝史称"中兴”，中兴的前提，与其“信赏必罚”恐怕密不可分。

因此，无论在古代还是今天，如果考核只是例行公事，不仅会失去考核的本意，而且还会起到不好的示范作用。倘若“课绩不实”，则“知人之要”也便无从谈起。

（2019 年第 11 期）

“得人在审举，审举在核真”

这些年，为了防止干部“带病提拔”，从中央到地方都进行了诸多探索。所谓“带病提拔”，是指某人能力不逮或自身问题多多，在群众中早有不良或较坏影响却仍然得到提拔的状况。这个问题前人已经认识到了。

《资治通鉴·晋纪二十五》载，前秦皇帝苻坚咨询高泰“为治之本”，高泰说：“治本在得人，得人在审举，审举在核真，未有官得其人而国家不治者也。”也就是说，选人要准，要名副其实，国家才有希望。苻坚评价“可谓辞简而理博矣”。明朝蒋德璟的见解也相当精辟。那是崇祯十五年（1642）他对皇帝的进言：“边臣须久任，蓟督半载更五人，事将益废弛。”崇祯说事实证明了不称职，那就得换人啊。蒋德璟道出问题的要害：“与其更于后，曷若慎于初。”后面再换，何不在事先把住选拔关口？这句话与“得人在审举，审举在核真”，异曲同工。

不同时代有不同时代的选人用人标准，难点正在于“核真”，弄清楚这个人到底怎么样。现实中总有那么一些人，在上级面前是人，而在公众面前是鬼。《旧唐书·卢杞传》载，唐德宗怎么也不能理解为什么自己看好的卢杞就是得不到众人的认同。表面上看，卢杞这个人“颇有口辩”，能说，而且“不耻恶衣粝食”，生活方面没一点儿讲究，更谈不上奢侈。所以德宗满面狐疑：“众人论杞奸邪，朕何不知？”李勉回答："卢杞奸邪，天下人皆知；唯陛下不知，此所以为奸邪也！"奸就奸在这里了。事实上也正是如此。卢杞在宰相位置上不过区区三年，"穷极凶恶"却是出了名的。袁高对他的评价很有代表性："三军将校，愿食其肉；百辟卿士，嫉之若仇。"

唐德宗时，也有一例非常典型的"带病提拔"，就是把严砺由州刺史兼监察御史"超授"为兴元尹兼御史大夫等。超授，即越等授官。兴元尹的位置相当有分量。泾原兵变德宗避难之时，那里起过"陪都"的作用，所以德宗将还京师之际，便"改梁州为兴元府，官名品制，同京兆、河南府"，甚至还用"兴元"做过短暂的年号。但严砺的问题不在官大官小，是否破格，也不在于他是否"资历甚浅"，而在于其人"带病"，德行俱差。所以李繁当面直陈，提拔严砺"众官以为不当"。谁怎么说的，又有谁人在场，一一列举。德宗遣三司核实李繁的说法，实际上是去抠他的字眼，转移问题焦点。比如李繁说谏议大夫苗拯"云已三度表论，未见听允"，他们就在苗拯究竟说了几次上做文章。调查结果苗拯承认"未言三度"，许孟容等作证"实言两度"，但苗拯说问题不在于自己说了两回还是三回，而要表达的是不该提拔严砺，所以他坚持"请依众状"。结果呢，德宗在"带病提拔"严砺之余，"贬（苗）拯万州刺史，李繁播州参军"。《旧唐书·严砺传》载，提拔后的严砺"在位贪残，士民不堪其苦"。别说百姓了，即使其他官员与之不睦，他也不会放过。如他"素恶凤州刺史马勋，诬奏贬贺州司户"。在他死后，御史元稹奉使按察，"纠劾砺在任日赃罪数十万"。

所谓"审举"，所谓"核真"，说的是执行的人如何拿捏标准。皇帝的例子有些特殊，不妨再看看职能部门的。《朝野佥载》云，唐中宗时的郑愔为吏部侍郎，"掌选，赃污狼籍"。有个候选人"系百钱于靴带上"，意思是"当今之选，非钱不行"，没有金钱开路，想都别想。乾隆时的进士邹炳泰，甚至"于政事堂谓铨部诸君曰：'汝部中皆卖法之人，何面目入此堂也'"。一棍子抡去，悉数打倒。大家生气了，"皆欲挂冠去"。这当中，自然不能排除真生气的，你邹炳泰纯粹胡说八道，但也不能排除佯为生气的。倘是后者，干过“带病提拔”的勾当便实在不足为奇了。

“得人在审举，审举在核真”，以及“与其更于后，曷若慎于初”，表明的都是非常浅显的道理，而已经发生的历史告诉我们，将之付诸实践其实很难，检验或曰考验的实际上是政治生态。杜绝“带病提拔”，归根到底在于避免那些可以避免的恶果。

（2019 年第 12 期）

“静以修身，俭以养德”

新的一年开始了。许多人在这个时候都会立志，来年如何如何，对自己寄予很多期许。这是我们的一个传统，古人也不例外。

比如明末鄢县知县刘振之，曾经“书一小简，藏箧中，每岁元旦取视”。当然了，那个时候的元旦是正月初一，在农历纪年的时代那是一年之始。刘振之每当看完，“辄加纸封其上”，家里人从不知道那条子上究竟写了些什么。等到刘振之被李自成的队伍破城后“乱刃交下”杀害，家人拆开封条，才发现原来小简上写的是九个字：不贪财，不好色，不畏死。刘振之显然把这“三不”视为座右铭，每逢一年之始便拿出来勉励自己。如此郑重其事，就肯定不是说说而已了。《明史》对他的记载过于简略，只突出城陷之时，“振之秉笏坐堂上。贼索印，不与，缚置雪中三日夜，骂不绝口”。即使这一简略的记载，也印证刘振之是践行了“不畏死”的。

对官员而言，刘振之的“三不”即使在今天也不失其积极意义。诸如此类的座右铭或曰箴言，史书中俯拾皆是。又比如诸葛亮《诫子书》云：“夫君子之行，静以修身，俭以养德。非淡泊无以明志，非宁静无以致远。”后两句人们再熟悉不过了，而“静以修身，俭以养德”，愚意以为更适合当代各级干部。尤其是“俭以养德”，不少前贤在言与行上均已经做出示范，易于参照。

俭如何养德？范仲淹的儿子范纯仁也曾身居高位，且在政声上毫不亚于父亲，他有这么个观点："唯俭可以助廉。"清朝陈其元说得更直接："居家俭，则居官廉。"把居家之俭与居官之廉直接挂起钩来。其《庸闲斋笔记》云，这句话是他祖父经常对他们几个兄弟讲的，陈其元认为很有道理：官员在行使权力时是不是廉洁奉公，和他在家里的生活作风有很大关系，节俭呢，则廉；奢侈呢，则贪。祖父这个结论源于经验之谈："吾历官数十年，见奢者未尝不以贪败。"陈其元自身也有相当体会，说自己"历官亦三十年矣，每见俭朴者，子弟类能自立；奢汰者，子孙无不贫穷"。居官之德，廉自然是其中的重要组成部分。

明朝被誉为"脊梁铁硬"的王信，"不营私产，金玉奇玩，一无所好"。早些年，厦门远华走私案主犯赖昌星有句话众所周知，叫作"就怕领导没爱好"，然而他要是穿越到彼时遇到王信，碰壁无疑，根本无从下手。王信笃信的道理其实谁都知道，只是很少有人做到："俭足以久，死后不累子孙，所遗多矣。"如史书所载，王信做到了。他原本是个武将，后来总督漕运，"帅府旧有湖，擅为利"，王信乃"开以泊漕艘"，且"势要壅水，一裁以法，漕务修举"。上任之际，他就曾豪迈地说："此行当以江水洗涤肺肠，少尽区区耳。"重臣刘大夏高度评价他："予在本兵日，每用一将官，思得王君实（信字）若人，那讨得来！"清朝乾隆时的进士，广东海康人陈昌齐有云："人必须节俭，然后可以立品。"王信正是这样一个官品与人品俱佳的典范。

当然，在"俭"的行为之下，也要擦亮眼睛，分清性质。《池北偶谈》里有个刘念台，"居常敝帷穿榻，瓦灶破釜"，结果别人登他的门时，"饰舆骑而来者，多毁衣以入"，好衣服也得弄破几个洞，与他保持同步。看到这个带动效果，刘念台也许会很高兴，但实际上别人是顺着他，做个样子给他看，说到底他还是被蒙了。对那些官场"油子"而言，做出这种样子委实不是什么难事，李宝嘉《官场现形记》里的"巧逢迎争制羊皮褂"，对此揭示得酣畅淋漓。因为署院强调节俭，结果“浙江官场风气为之大变。官厅子上，大大小小官员，每日总得好两百人出进，不是拖一爿，就是挂一块，赛如一群叫化子似的。从前的风气，无论一靴一帽，以及穿的衣服花头、颜色，大家都要比赛谁比谁的时样，事到如今，谁比谁穿的破烂”。不过，那个穿得顶顶破烂的人，大家都朝他恭喜：“老哥不久一定得差得缺的了!”

相对于“俭”，“静”比较难修，然而明朝胡居仁关于学问的一句话可以借用：“自无邪思，不求静未尝不静也。”邪思二字，不是很值得玩味吗？

（2020 年第 1 期）

“不敢欺、不能欺、不忍欺”

深刻把握党风廉政建设规律，构建一体推进不敢腐、不能腐、不想腐的体制机制，不仅是反腐败斗争的基本方针，也是新时代全面从严治党的重要方略。“三不”环环相扣，密不可分：不敢腐是前提，为“不能”“不想”创造条件；不能腐是关键，巩固“不敢”“不想”的成果；不想腐是根本，实现“不敢”“不能”的升华。

《史记·滑稽列传》中也有“三不”，讲的是“三不欺”，即三位政治家的三种施政方式：“子产治郑，民不能欺；子贱治单父，民不忍欺；西门豹治邺，民不敢欺。”了解一下古“三不”的内涵，不难发现今“三不”与之异曲同工。

不敢欺，说的是战国时魏的邺令西门豹。经历过 20 世纪 70 年代“评法批儒”的人，对他的事迹想必还能耳熟能详。西门豹一到任，“会长老，问之民所疾苦”，首先搞调查研究，了解到当地“苦为河伯娶妇”。漳河经常泛滥，地方一些官员和巫婆神棍相勾结，谎称河伯找了老婆就不会发怒，然后他们把百姓家的漂亮姑娘选出来扔到河里活活淹死。这且不算，还要借机“赋敛百姓”，每折腾一次，“收取其钱得数百万”，而“婚礼”费用只“用其二三十万”，余下的则“与祝巫共分”。西门豹看穿了其中的把戏所在，在下一回的新娘送行仪式上，他以姑娘容貌不佳、须请人通报河伯择日另娶为名，当着两三千观众的面，接连把巫婆及其三个弟子并一名官员投入河中，令“吏民大惊恐”，从此“不敢复言”。对舞弊贪赃、愚弄人民的家伙毫不留情，这就是西门豹的“民不敢欺”。

不能欺，说的是春秋时的郑相子产。《史记·循吏列传》载，子产为相三年，就做到了郑国“门不夜关，道不拾遗”，而他当初接手之时，还是一派“上下不亲，父子不和”的混乱局面。孔夫子极其推崇子产，赞扬他“其养民也惠，其使民也义”。子产去世时，郑国百姓悲痛得不得了，“丁壮号哭，老人儿啼”。孔子也哭了，边哭边说：“子产，古之遗爱也。”认为他确有古人的高尚德行。清朝有学者甚至称子产为“春秋第一人”。子产治郑，事无巨细亲力亲为，什么也瞒不了他。这就是子产的“民不能欺”。

不忍欺，说的是孔子弟子子贱。《吕氏春秋·察贤篇》载，子贱在单父为官，一天到晚就是在房间里“弹鸣琴”，但奇的是他“身不下堂而单父治”，孔子不解。《史记·仲尼弟子列传》载，子贱对老师说，别看他表面上整天弹琴，实际上很会“任人”，治单父，他“所父事者三人，所兄事者五人，所友者十有二人，所师者一人”，这些都是本地的贤人，他们人尽其能，治理单父便绰绰有余了。孔子总结道，这是“求贤以自辅”啊。子贱治单父，为政清净，虽身不下堂，然“是人见思，不忍欺之”。这就是子贱的“民不忍欺”。

“三不欺”虽然方式各异，但都达到了同一目的：使地方得到妥善治理。不敢欺，慑于西门豹的“以威化御俗”，手段严厉；不能欺，源于子产的明察秋毫，没有下手的机会。细细品味，这两者与不敢腐、不能腐不是可以直接对应吗？三国时，魏文帝曹丕和大臣们曾经谈论“三不欺”这个话题，他们探讨的是哪种施政方式更优。钟繇等人回答：“君任德，则臣感义而不忍欺；君任察，则臣畏觉而不能欺；君任刑，则臣畏罪而不敢欺。”在大臣们看来，孔子说为政以德，就像北极星一样，“居其所而众星共之”，所以，“以德”也就是子贱的“不忍欺”最可称道；但还有因地制宜、因人制宜的成分，比如西门豹的威在单父没有用武之地，子贱的德在邺也未必能打得开局面，不同的地方，情况千差万别。归根到底，“三不欺”虽各有所长，然如此探讨有将其相互之间割裂开来的意味。

今之“三不”显然更进了一步，把不敢腐、不能腐、不想腐作为相互依存、相互促进的有机整体加以推进，旨在通过强有力的举措、健全的制度以及高度的责任感，使三者能够在官员身上同时发生作用，达到标本兼治之效。这套从里到外的深度重塑组合拳，势必将走出一条中国特色的反腐倡廉道路。

（2020 年第 2 期）

“奉职循理，为政之先”

武汉新冠肺炎疫情尚未退去之际，已有相当数量的领导干部因不担当、不作为、乱作为以及欺瞒组织、阳奉阴违被追责问责。典型的如黄冈市卫健委主任唐志红、市疾控中心主任陈明星，对本市收治病人数、床位数量、检测能力数等关键问题，一问三不知。在当时，黄冈是湖北省疫情仅次于武汉的地区。

“经瘟疫则不畏，遇急难则隐形。”此乃葛洪《抱朴子》中的句子。葛洪落笔之时，自有他的原初用意，而移来借喻武汉此番战“疫”中作为与不作为的两类干部，倒也十分精当。何者“不畏”，何者“隐形”，从来自前方的报道中可以分辨得一清二楚。坐镇武汉督导疫情防控工作的中央指导组副组长、中央政法委秘书长陈一新更强调，打好武汉保卫战，抓激励动真格、抓问责不手软，优秀的火线提拔，不合格的火速问责。

《史记》辟有《循吏列传》，汇集的是从前表现优秀的官员。循吏，即奉职守法、清廉贤能且有治绩的官吏。所以要立此传，司马迁认为“奉职循理，亦可以为治”。司马贞《索隐》表达得更明确：“奉职循理，为政之先。”奉职，意谓奉行职事。司马贞将之视为官员行政的首要问题。踵《史记》之后，二十四史之《汉书》等九史也都纷纷开设《循吏列传》；《晋书》等七史则为《良吏列传》；《南齐书》为《良政列传》；《辽史》为《能吏列传》。循吏、良吏、良政、能吏，名称不同，实质都一般无二。此外，还有十部分别辟有《酷吏列传》，酷吏与循吏泾渭分明，褒贬的意味不言而喻。比较遗憾的是，二十四史均没有《庸吏列传》，庸吏只是散见于人物列传当中，要钩沉，要爬梳，不那么直观。如今被追责问责的这些——不独疫情蔓延之时，许多可归入庸吏的范畴。庸者，不高明、见识浅陋、尸位素餐也。

良、能，不同时代有不同时代的标准。用班固的话说，起码是“没世遗爱，民有余思”。明朝宣宗皇帝对《汉书·循吏列传》情有独钟，还写了篇文章，认为传中所载六人“兴学校，勤劳来，劝课农桑，修举水利，恭俭爱人而已”，都没有惊天动地的事迹，为什么班固给他们如此之高的评价呢？无他，这六人正是“以其奉职循理而民自化，异于尚威严以为治者”，而“自古有天下者，皆以民为本”。所以，他觉得“治天下之民，必用天下之善士”。

自古以民为本的官员，可以列举出许多。如《宋史·范仲淹传》载，仁宗天圣七年（1029），江、淮等地蝗旱灾害齐来，范仲淹忧心如焚，请缨到地方察看灾情，不料没有得到答复。他私下里毫不客气地发问：“宫掖中半日不食，当何如？”这一问，仁宗醒悟了。仲淹所到之处，“开仓赈之，且禁民淫祀，奏蠲庐舒折役茶、江东丁口盐钱”，并根据调查，“条上救敝十事”。又如《北游录》云，明朝永乐年间，知县王彬因为“河决未及筑堤，民居尽没，痛不能救，投水死”。治水无方，乃以死谢罪，这种责任意识更可称得上可贵了。没有灾害、疫情的平时呢，如何“奉职循理，为政之先”？西晋荀勖的见解值得咀嚼，事见《晋书·荀勖传》。像“（官）位不可以进趣得，誉不可以朋党求”，要讲实绩；像“事留则政稽，政稽则功废”，该办、能办的事情拖着不办，政令就不畅，再怎么拍胸脯保证也都白搭；像“简文案，略细苛，令之所施，必使人易视听”，不要搞形式主义那一套等。总而言之，“处位者”要“孜孜不怠”，“奉职司者”要“夙夜不懈”。

明朝丁宾去句容上任，他父亲说：“汝此行，纱帽人说好，我不信。吏巾说好，我益不信。即青衿说好，亦不信。惟瓜皮帽人说好，我乃信耳。”纱帽人，当大官的；吏巾人，普通官吏；青衿人，秀才；瓜皮帽人，寻常百姓。在丁宾的父亲看来，只有百姓说好的官，才算得上真正的好官。陈一新指出，要对那些在战“疫”一线特别是危险岗位的基层干部和下沉干部破格提拔，只要他们在危难时刻敢于挺身而出，经受住考验，表现优秀、业绩突出、群众公认。武汉疫情防控最吃劲的时候，无疑也正是考察考验干部最关键的时候。

（2020 年第 3 期）

“有耻且格”

去年 3 月修订颁布的《党政领导干部选拔任用工作条例》，第五十五条沿用了 2014 版：“实行党政领导干部辞职制度。辞职包括因公辞职、自愿辞职、引咎辞职和责令辞职。”四种辞职形式中，最难见到的，当推引咎辞职。

引咎辞职，前提在于“有过”，因自身工作严重失误、失职造成重大损失和恶劣影响，或者对重大事故负有领导责任，不宜再担任现职。孔子曰“有耻且格”，意谓人有知耻之心，则能自我检点而遵行正道。引咎辞职要求本人主动提出，那么他首先要知耻，认识到“咎”在自身，有自责的意识。倘若公认其“咎”，他自己却不以为意，甚至视为理所当然，“引咎”便无从谈起，遑论“辞职”了。历史上，唐朝姚崇的“频面陈避相位”，属于引咎辞职，虽然那时还根本没有这个概念。

姚崇是玄宗开元年间的一代名相，一度“独当重任，明于吏道，断割不滞”。大臣奏事，倘称旨，玄宗辄曰：“此必姚崇之谋也。”倘不称旨，则曰：“何不与姚崇议之？”至于同时期的宰相源乾曜等“但唯诺而已”，形同虚设。然而姚崇至少在两个问题上没有把握好自己，一个是对待子女，另一个是对待亲信，以致影响颇坏。

姚崇非常溺爱自己的孩子，因此而“为时所讥”。《旧唐书·姚崇传》载，他的溺爱超出了家庭界限，到了放纵儿子姚彝、姚异“广引宾客，受纳馈遗”的地步。《资治通鉴》卷二百一十一载，魏知古是因姚崇举荐得到擢升的，而姚崇这两个儿子“分司东都”，仗着“其父有德于知古，颇招权请托”。魏知古并不客气，在皇帝面前打了小报告。但当玄宗刚对姚崇问起“卿子才性何如？今何官也”时，姚崇即“揣知帝意”，来了个先发制人：“知古微时，臣卵而翼之。臣子愚，以为知古必德臣，容其为非。”玄宗本来是要试探一下姚崇是不是要袒护，这样一来倒“以崇为无私，知古负崇”了，欲罢知古官。姚崇乃“固请”曰：“臣子无状，挠陛下法，陛下赦其罪，已幸矣；苟因臣逐知古，天下必以陛下为私于臣，累圣教矣。”然魏知古未几“除工部尚书，罢知政事”，却正是姚崇的“阴加谗毁”。魏知古去世时，御史大夫宋璟闻而叹曰：“叔向古之遗直，子产古之遗爱，能兼之者，其在魏公。”可见魏知古的能力和作为了。

在对待亲信问题上，姚崇同样栽了跟头。赵诲“受蕃人珍遗，事发”，玄宗“亲加鞫问，下狱处死”，姚崇却积极营救他。如果说上次的“儿子事件”玄宗受了蒙蔽，错判了“葫芦案”，那么此番就是他所器重的高官在眼皮底下营私舞弊了。玄宗“由是不悦”，特赦京城系囚时，敕书特地点明赵诲不在其列，且要“决杖一百，配流岭南”。姚崇害怕了，连忙“荐宋璟自代”，应该有引咎辞职的意味吧？

自从引咎辞职在党内法规正式明确以来，说老实话，我还没有见到过真正的“践行者”。新闻报道中貌似的那些，定睛看去，大抵都有国务院“责成”有关部门对相关责任人作出处理的前提在先。而

“引咎辞职”与“责令辞职”在《条例》已然清楚地表明是属于并列关系的两种辞职，引咎就是引咎，责令就是责令，不能混淆，也不能合而为一。而不知是谁发明的非驴非马的“责令引咎辞职”，却俨然有用开的趋势。从这个意义上说，哪个干部哪一天真的“吃”了引咎辞职这个“螃蟹”，我们得为他欢呼才是。

北宋当过宰相的王旦口碑极佳。他在任时，朋友交了不少，然“无敢以私请”，因为他从不做无原则的事情。在修养方面，王旦也达到了极点，人们“未尝见其怒”。即使有人告他的状，他也“引咎不辩”，先检讨自己是不是确实存在那些问题。“有耻且格”之难，正在于引咎辞职属于道德层面，是一种个人的自觉行为。罢自己的官，又要由自己主动提出，没有一定的道德修养如何办得到？因此，它仅仅适用于那些尚有自责感的、尚存廉耻之心的官员。但是毫无疑问，引咎辞职对于提升官员的自律性和工作责任感，使之确立必须对重大事故承担一定责任的理念，具有相当的积极意义。这次新冠肺炎疫情中，一些干部的作为显然已经适用于引咎辞职的条款，他们还拿不出这种勇气就是。

（2020 年第 4 期）

“养心莫善于寡欲”

《枣林杂俎》云，明朝思想家、东林党领袖顾宪成从小就欣赏一句话：“养心莫善于寡欲，反之寡欲莫善于养心。”虽以学人见称于后世，顾宪成却也是当过官的，中央他在户部、吏部干过，地方他则有在桂阳（今湖南郴州）、处州（今浙江丽水）、泉州（今福建泉州）等地的基层经验。唯其如此，他以为这句话“最有味”才能产生实质意义，否则，有的或许就是酸葡萄味儿了。

顾宪成推崇的寡欲，寡的是物欲。物欲，想得到物质享受的欲望。纵观今天落马的高层干部，始而有事发突然之感，未几便会看到皆免不了个“贪”字，一概落入欲壑难填的窠臼。据 4 月 21 日最高人民检察院官网消息，河北省人民政府原党组成员、副省长李谦涉嫌受贿一案，由国家监察委员会调查终结后移送最高人民检察院审查起诉。去年 8 月李谦被立案审查调查时，便已说到他“非法收受巨额财物”，那么金额大小、明细未几可见分晓。李谦是党的十九大后，继河北省人大常委会原副主任张杰辉、省政协原副主席艾文礼之后的第三名落马高官，这两人的“伸手”程度已被坐实：张杰辉敛财 1.26 亿元，艾文礼敛财 6478 万余元。官不寡欲，便可能欲壑难填，贪的欲望大到很难满足的程度。

张怡《玉光剑气集》收录的明朝高官的寡欲故事中，成化时期登进士第的至少就有三人。其一李汰。李汰“以教谕聘入闱”，主持乡试，有人夜里来找上门，“以黄金私谒”，礼很重。他坚辞之后，上门的人还生气了，骂他“腐儒耳”。李汰并不生气，且题诗一首亮明态度：“义利源头识颇真，黄金难换腐儒贫。莫言暮夜无知者，充塞乾坤有鬼神。”这个李汰，无疑堪称“四知先生”杨震的正宗传人了。

其二罗伦。他的脑袋里，压根儿就没有物欲这回事，饶是如此，还时时反省自己。其守台州时尝云：“每见青天白日，便看吾心光明何如；每见云影蔽日，便看吾心昏蔽何如；每见草木生意，便看吾心生意何如；每见禽兽自适，便看吾心自适何如。”《明史》本传说他“为人刚正，严于律己。义所在，毅然必为，于富贵名利泊如也”。致仕后，他“筑室著书其中，四方从学者甚众”，然而有时生活之窘难以想象，“晨留客饮，妻子贷粟邻家，及午方炊”，但他并“不为意”。

其三章懋。官至礼部尚书，够大了。侄子章拯官至司空，“清操淳朴”与他口碑一样。不过侄子致仕回家，“有积俸五百金”，章懋知道后“大不乐”，数落道：“汝此行做一场买卖回，大有生意。”数落得侄子面有惭色。章懋在《明史》里与罗伦同传，说他 41 岁便“力求致仕”，专事读书讲学，而他的居家生活有时也到“贫无供具，惟脱粟菜羹而已”的地步，可见其寡物欲乃真寡也。

清朝汪辉祖围绕可操作层面也谈过自己的体会。如其《学治臆说》“嗜好宜戒”条这么说的：“一人之身，侍于旁者，候于下者，奔走于外者，不啻数十百人，莫不窥伺辞意，乘间舞弊。不特声色货利，无一可染，即读书赋诗，临池作画，皆为召弊之缘。”他不是要连嗜好诗书画一并绝了，而是提请注意所谓雅事也有成为突破口的可能。早些年，厦门远华走私案主犯赖昌星利用的就是这一点，他不是有句“名言”嘛：“就怕领导没爱好。”这个所谓爱好，实际上就是苍蝇要叮的蛋的那条缝隙。厦门海关原副关长接培勇就是收受了赖昌星送上的绝版《毛泽东评点二十四史》等物，而从此与之同流合污的。如果用明朝冯梦龙的话说，这叫“高飞之鸟，死于美食；深泉之鱼，死于芳饵”。

唐朝宋守敬“清白谨慎，累迁台省，终于绛州刺史”。然而，他在 58 岁的时候还只是龙门县丞，几年工夫就当上去了。他对那些眼热的人说：“公辈但守清白，何忧不迁。”宋朝苏轼还有个比喻：“士人历官一任，得外无官谤，中无所愧于心，释肩而去，如大热远行，虽未到家，得清凉馆舍，一解衣漱濯，已足乐矣。”如今许多官员都喜欢在办公室挂着“淡泊明志”一类的格言警句。淡泊，正恬淡寡欲之意。如果挂归挂，做归做，不仅属于“天桥的把式——光说不练”，而且势必外有官谤，仍然“无所愧于心”的话，便是厚颜无耻了。

（2020 年第 5 期）

“以百姓心为心”

《老子》第四十九章云：“圣人常无心，以百姓心为心。”有没有“常”字，是“常”还是“恒”，是“常无心”还是“无常心”，都不要紧，涉及的是版本问题，但老子的意思表达得很清楚。王安石说：“圣人无心……以‘吉凶与民同患’故也。”当代朱谦之先生说：“此言圣人不师心自用，唯以百姓之心为心而已。”陈鼓应先生译曰：“圣人没有主观成见，以百姓的心为心。”老子说的圣人，当然不是孔夫子，而是道德、智慧极高的那种人。

官员如何为政，是一个不知议论了多少世代的问题。在有识之士的认知中，一向强调百姓的重要性。如孟子说“民为贵，社稷次之，君为轻”。《尚书》说“民惟邦本，本固邦宁”。《管子》说“政之所兴，在顺民心；政之所废，在逆民心”。《贞观政要》说“怨不在大，可畏惟人；载舟覆舟，所宜深慎”。所谓“万变不离其宗”，大抵都是老子“圣人无常心，以百姓心为心”的翻版，至少道理是同样的道理。

元朝张养浩编有“三事忠告”，是“就其居官所得，剀切指陈，欲凡从政者知法所戒”（张元济语），也可以说是他践行“以百姓心为心”的写照。在《为政忠告》中，他明确了官员任命下达时该如何，上任时该如何，听讼时乃至闲居时该如何。比如上任，先要调查研究，“比入其境，民瘼轻重，吏弊深浅，前官良否，强宗有无，控诉之人多与寡，皆须尽心询访也。至则远居数舍，召掌之者语其详疏，其概先得其情”。《风宪忠告》的开篇，他以切身经历忠告官员要“自律第一”。他说：“士而律身，固不可以不严也。然有官守者则当严于士焉；有言责者又当严于有官守者焉。”层层递进的关系表明，官员的职责越重，自律应当越严格，“自律不严，何以服众？”至于什么叫严，他开列了一个“负面清单”：“或巧规子钱，或盗行盐帖，或荒耽曲蘖，或私用亲属，或田猎不时，或宴游无度，或潜托有司之事，或妄兴不急之工，或旷官第而弗居，或纵家人而不检，于斯数者而有一焉，皆足为风宪之累”。其中“盗行盐帖”“田猎不时”等有其时代的局限性，但总的说来，与今日官员理应具备之操守并无二致。

必须看到，实践中的一些官员讲起道理来比谁都明白，让他自己讲，还可能天花乱坠，见之于行动起则往往不是那么一回事。河南内乡有座据说是全国唯一保存完整的县衙，那里一副对联很典型：“得一官不荣，失一官不辱，勿说一官无用，地方全靠一官；吃百姓之饭，穿百姓之衣，莫道百姓可欺，自己也是百姓。”对当官应当持有的心态、官员的重要性，以及自己如何摆正位置，认识得可谓透彻不过，也算是对“以百姓心为心”的具体阐发了。从前各地衙门的厅堂之上，也无不高挂着“正大光明”“明镜高悬”一类匾额。不过，行为究竟正大光明与否、明镜能不能高悬，光靠表白或招牌显然是无济于事的。何以恰恰相反，百姓认定衙门是个“有理没钱莫进来”的所在？大抵正在于太多的事实让人不得不作此结论吧。如宋朝御史中丞王畴弹劾大理寺丞杨忱：“口谈道义，而身为沽贩；气凌公卿，而利交市井；畜养污贱，而弃远妻孥。”杨忱这种官员，就是典型的说一套做一套。

所以，“广东古八贤”之一、宋朝刘元城云：“说得一丈，不如行取一尺。”明朝周天佐云：“示人以言，不如示人以政。”道理虽浅显，却振聋发聩。明朝曹端更对官员作为提出过一个评价标准：其公廉乎。在他那里，口号叫得如何山响他不管，他只看结果。他对自己的观点进一步诠释道：“公则民不敢谩，廉则吏不敢欺。”

在注释“以百姓心为心”时，陈鼓应先生引述道：“理想的治者，收敛自我的成见与意欲，不以主观厘定是非好恶的标准，破除自我中心去体认百姓的需求，而敞开彼此隔阂的通路。”这一点，张养浩是做到了的。前人因此评价他：“执法牧民为贤令，入馆阁则曰名流，司台谏则称骨鲠，历省台则号能臣，是诚一代之伟人欤！”那么，张养浩就可称为“以百姓心为心”的“圣人”了。

（2020 年第 6 期）

“巧护己私，欺罔主上”

最近一段时间，山东接连曝出了冒名顶替上大学事件，要么买卖录取通知书，要么在他人不知情的情况下冒用他人的身份。严格来说，这算不上新闻，早几年在全国引起轰动的类似事件，就有湖南的罗彩霞案、湖北的王俊亮案。

如今的高考总被拿来与旧时的科举类比，最相近的一面就是都通过考试来“改变命运”。在没有更好的甄别人才方法的前提下，应当说二者均不失为相对公正的途径。然而，一旦由不确定的卷面之外因素所左右，必然造成事实上的不平等，一切又都要另当别论。在科举历史中，我们便见识了太多的舞弊。前些年某地发现了一种非常精致的书，不过掌心大小，却印满了四书五经。今人度其用途，是便于考生偷带进考场。这种舞弊，可归为民间小人物的伎俩，官场人士舞弊则有质的不同，它在侵入社会肌体时所折射出的，是腐败。

《世载堂杂忆》云，顺治十四年（1657）江南乡试榜甫一公布，学子哗然，因为“虽获隽者多江南名士，而中式举人，大半由出卖关节获选”。这科的正主考是左必蕃，副主考是赵晋，于是有人利用二人的姓氏，在贡院大门上贴了副对联：“赵子龙一身是胆，左丘明有眼无珠。”借用三国时长坂坡单骑救主的赵云的胆子，和著有《左传》的左丘明的双目失明，极尽嘲讽能事。又有人把门额上的“貢（贡）”字添了几笔改成“賣”（卖）字，“院”字遮住偏旁改成“完”字，“贡院”于是就便成了“賣完”，全是交易。种种做法，表达了对公然舞弊的愤慨。

再看一个个案。《明史·饶伸传》载，万历十六年（1588）黄洪宪典顺天试，录了大学士王锡爵的儿子王衡、申时行的女婿李鸿。结果一出，先有礼部主事于孔兼“疑举人屠大壮及鸿有私”，再有礼部郎中高桂“遂发愤谪可疑者八人，并及衡，请得覆试”。饶伸更追溯到了前事：“张居正三子连占高科，而辅臣子弟遂成故事……子不与试，则录其婿，其他私弊不乏闻。”张居正之舞弊，在他身败之后，丁此吕有过揭发，事见《明史·李植传》。丁此吕说：“礼部侍郎何雒文代嗣修、懋修（皆张居正子）撰殿试策，而侍郎高启愚主南京试，至以‘舜亦以命禹’为题，显为劝进。”张居正在台上时没人敢怎样，他倒了，也该对“捉刀”的官员有个说法了。不料申时行马上跳了出来，一方面他是张子那科的主试官，定然参与其中；另一方面，如江东之所云："时行以二子皆登科，不乐此吕言科场事。"这也可见，申时行料理了儿子的事情非但没有收手，后来又为女婿谋前程了。

清朝咸丰八年（1858），还是顺天乡试，再曝丑闻，后世定性为清朝三大科场舞弊案件之一。该案由御史孟传金弹劾而发，先后受到惩处的达 91 人之多，其中斩决者即有 5 人，包括主考官大学士柏葰，使这个一品大员成为科举史上死于舞弊案的职位最高的官员。这个案件固有时握朝政大权的载垣、端华、肃顺等人"平日挟有私仇"，借机"擅作威福"的成分，但柏葰听受嘱托，撤换试卷，副主考程庭桂于入闱后，其子程炳采收受关节条子，交家人带入场内等等，也确是事实。

国家选拔人才的方式，就这样被一些"巧护己私，欺罔主上"（饶伸语）的官员当成了以权谋私的工具，种种明火执仗的行为对社会所构成的腐蚀和危害不言而喻。究其原因，往往都是缺乏有效的监察。没人监察不行，监察不是高声大气、真刀真枪也不行。

6 月 20 日，十三届全国人大常委会第十九次会议表决通过了《中华人民共和国公职人员政务处分法》，7 月 1 日起正式施行。处分法对政务处分制度作出全面系统的规定，为监察机关强化对公职人员的管理监督、作出政务处分提供法律依据。如今若要冒名顶替上大学，先要获知并拦截录取通知书，进而要调换被冒名顶替者的学籍档案、户籍档案，篡改冒名顶替者的身份信息，这个链条上的参与人等，毫无疑问无不为国家公职人员。从这个角度看，处分法的出台适逢其时，但也面临严峻考验，要看各级监察机关如何运用这一法律利器大显身手了。

（2020 年第 7 期）

“妻贤夫祸少”？

如今不少地方反腐败，往往都喜欢做“内助”的文章，有的更总结出一个规律：清正廉洁的领导干部背后往往有一个“廉内助”，而腐败分子的背后往往都有一个“贪内助”。内助，旧称妻子对丈夫的帮助。《名贤集》有“妻贤夫祸少，子孝父心宽”句，则做“廉内助”文章或可算是对传统文化的一种继承吧。

历史上，我们的确能够看到“内助”行为对“主外”者所起到的作用。《三国志·吴书·孙休传》中，裴松之注丹阳太守李衡时引《襄阳记》曰：“衡每欲治家，妻辄不听。”所以，李衡临死的时候告诉儿子，他想给家里置办点产业，但你母亲不让，所以家里“故穷如是”。李衡妻子就是个“廉内助”无疑。

宋朝宰相蔡卞的妻子也是。蔡卞是王安石的女婿，“颇知书，能诗词”，但是“每有国事，先谋之于床笫，然后宣之于庙堂”，什么都要先跟老婆商量。蔡妻是王安石次女，“知书聪敏”，不过，她所传达的恐怕也是王安石的意见。《宋史》将蔡卞归入“奸臣”之列，说他“居心倾邪，一意以妇公王氏所行为至当”，今人已认为颇欠公允。妇公，妻父也。蔡卞不过是坚定地支持王安石变法，又受了哥哥蔡京作为的牵连罢了。蔡卞拜右相时摆家宴庆祝，伶人调侃云：“右丞今日大拜，都是夫人裙带！”意谓他“官职自妻而致”。检索《辞源》，此正“裙带官”一语的来源之一。王安石对女婿当然不这么看，他认为“元度（蔡卞字）为千载人物，卓有宰辅之器，不因某归以女凭借而然”。《宋史》尽管极力贬低蔡卞，还是承认他为官相当清廉。在广州任上，“广州宝贝丛凑，一无所取。及徙越，夷人清其去，以蔷薇露洒衣送之”。这里面，就不能排除“廉内助”的作用，如果王家二女儿贪一些，怂恿他捞一点儿，从他言听计从的一面看，很可能会从命。而蔡妻的修养显然来自家风的熏陶，王安石一生廉洁尽人皆知，即便大权在握时也是如此。

司马光《涑水记闻》云，郭逵的老婆常常给他吹枕边风：“我与公俱老，所衣食能几何？子孙皆有官，公位望不轻，胡为多藏以败名也？”这也是“廉内助”的作用，晓之以理，动之以情，帮助当官的丈夫调整好心态。当然，如《宋史·后妃传下》所载，哲宗欲册孟氏为后，太后告诉他：“得贤内助，非细事也。”况且，逻辑上成立的事，现实未必全然。

还说宋朝。有个宰相章惇，《宋史》本传中说他“穷凶稔恶”，大约也说过了头，他“不肯以官爵私所亲”，不就是一种为官的美德吗？但他妻子张氏“甚贤”是不错的。章惇刚入相时，张氏正在生大病，但是不忘“监督”他：“君作相，幸勿报怨。”这是让他不要胡乱使用权力。章惇和妻子的关系很好，张氏死后，他悲痛不已，对好友吐露心声：“悼亡不堪，奈何？”朋友说：“与其悲伤无益，曷若念其临绝之言？”这就或可表明，妻子的话对章惇没起什么作用。

明朝叶权《贤博编》还说到一件事，那是叶权认识的罢职还家的余姚县丞，富家子弟，官位本是买来的。叶权见他“居常怏怏”，便逗他说你的官瘾也过了，家又不穷，“何不乐也？”那人诉苦说这个官让他花了不少钱，原以为“为官当得数倍”，能捞回来，然而“今归不够本，虽妻子亦怨矣”，老婆孩子都不高兴。叶权愤愤地写道：“以够本获赢之心为民父母，是以商贾之道临之也。”那么，倘若那个人再有机会买个位子，那个“贪内助”就一定会唆使他不择手段地攫取了。

《清稗类钞》云，阮元平定海盗蔡牵，“得兵器，悉以镕铸秦桧夫妇像，跪于岳忠武庙前”。有人模仿秦氏夫妇口吻戏撰一联，并做成两个小牌，分别挂在两个人的脖子上。给秦桧脖子上挂的是：“咳，仆本丧心，有贤妻何至若是！”给秦桧老婆王氏脖子上挂的是：“啐，妇虽长舌，非老贼不到今朝。”这一联，形象地揭示了在腐败发生的过程中，“主外”与“内助”的“互动”关系。“贪内助”固然起到了作用，但不是决定性的作用。因此，如果过于抓住“内助”做文章，未免偏离了反腐败的方向。

（2020 年第 8 期）

“戒耳餐，戒目食”

俗话说：“民以食为天。”“人是铁，饭是钢。一顿不吃饿得慌。”但是怎么个吃法，吃到什么程度，也就是如何抑制不合理消费需求，是当前摆在举国上下的一个迫切需要解决的问题。“舌尖上的浪费”，早到了触目惊心的程度。

应该珍惜每一粒粮食，尊重农民的劳动，前人已有颇多告诫。“锄禾日当午，汗滴禾下土。谁知盘中餐，粒粒皆辛苦。”“一粥一饭，当思来之不易；半丝半缕，恒念物力维艰”等，阐述的都是这种素朴的道理。东晋陶侃还付诸行动。《晋书》载，陶侃“尝出游，见人持一把未熟稻”，就问那人拿它干吗，那人说不干什么，路上看见了，“聊取之耳”。陶侃大怒：“汝既不田，而戏贼人稻！”说罢“执而鞭之”，把那个自己不耕种却又祸害粮食的无聊家伙打了一顿。

历史上，舌尖上的浪费并不罕见。权贵就不用说了，晋朝有几个不是早被钉上了耻辱柱吗？《晋书·何曾传》载，何曾“性奢豪，务在华侈。帷帐车服，穷极绮丽，厨膳滋味，过于王者”，每次参加皇宫的宴会，至于“不食太官所设”。有回皇帝专门看了个究竟，发现何曾“蒸饼上不坼作十字（意谓不裂开成十字形）不食”。他最臭名昭著的，就是“食日万钱，犹曰无下箸处”了。他儿子何劭，“骄奢简贵，亦有父风”。举“舌尖上”来说，何劭“食必尽四方珍异，一日之供以钱二万为限。时论以为太官御膳，无以加之”。而读罢《晋书·任恺传》可以发现，“何劭以公子奢侈，每食必尽四方珍馔，恺乃逾之”，跟任恺相比，何劭又不算什么了。并且，无独有偶，任恺也是“一食万钱，犹云无可下箸处”。

清朝乾隆时进士、广东海康人陈昌齐说过：“人必须节俭，然后可以立品。”节俭，不是专指某个方面，自然包括“舌尖上”。陈昌齐说“人”而不是说“官”，可见他眼中之“品”，不是官品而是人品。节俭与否的确可以上升到人品的高度，尤其是在对待公款消费的态度上。陈其元《庸闲斋笔记》说自己“历官亦三十年矣，每见俭朴者，子弟类能自立；奢汰者，子孙无不贫穷。所谓‘以身教者从，以言教者讼’也”。

单就“舌尖上”而言，清朝著名美食大师袁枚《随园食单·戒单》中的两则议论，既生动有趣，又颇多教益，读来亦有解颐之效。一是要“戒耳餐”，二是要“戒目食”。什么是耳餐？袁枚这么说的：“耳餐者，务名之谓也。贪贵物之名，夸敬客之意。”如果片面追求所吃东西的名声，那就是给耳朵“吃”的，不是给嘴巴吃的。什么又是目食呢？“贪多之谓也。今人慕‘食前方丈’之名，多盘叠碗”。食前方丈，即吃饭时面前一丈见方的地方摆满了食物，形容吃得阔气或极其奢华。不过这样一来，吃东西又变成给眼睛看的了。

所以说袁枚讲得生动有趣，在于由此进行的发挥。如耳餐，他说“豆腐得味，远胜燕窝。海菜不佳，不如蔬笋”。他把鸡、猪、鱼、鸭，比作“豪杰之士”，因为它们“各有本味，自成一家。海参、燕窝，庸陋之人也，全无性情，寄人篱下”。有次某太守宴客，“大碗如缸，白煮燕窝四两，丝毫无味”，大家都赞叹不已，独袁枚笑曰：“我辈来吃燕窝，非来贩燕窝也。”他觉得“若徒夸体面，不如碗中竟放明珠百粒，则价值万金矣。”再如目食，他打比方说：“名手写字，多则必有败笔；名人作诗，烦则必有累句。”对名厨而言，虽然极尽心力，“一日之中，所作好菜不过四五味耳，尚难拿准，况拉杂横陈乎？”就算有人帮厨，“亦各有意见，全无纪律，愈多愈坏”。他说他曾到一商家赴宴，“上菜三撤席（换席三次），点心十六道，共算食品将至四十余种。主人自觉欣欣得意，而我散席还家，仍煮粥充饥。可想见其席之丰而不洁矣”。酒席虽然丰盛，但品位不高。南朝孔琳之云："今人好用多品，适口之外，皆为悦目之资。"袁枚则认为"肴馔横陈，熏蒸腥秽，目亦无可悦也"。

尽管我国粮食生产连年丰收，对粮食安全还是始终要有危机意识，今年全球新冠肺炎疫情所带来的影响更是给我们敲响了警钟。舌尖上浪费的成因，正有袁枚所讥"耳餐""目食"的因素，尤其后者，从观念上、心理上戒除之，舌尖上的浪费庶几才能得到有效遏制。

（2020 年第 9 期）

"买嘱百姓，必加倍治罪"

9 月 21 日，中央纪委国家监察委网站公布消息，江西省人大常委会原副主任史文清涉嫌严重违纪违法，目前正接受中央纪委国家监委审查和监察调查。有媒体翻出旧闻：2015 年史文清离任赣州市委书记时曾出现"千人送别"的场面。有网友还发表了《史文清深情话别赣州：我永远是个赣南老表》的图文微博，那个记录"上千名群众为史文清送别"的《挥别赣南》H5 页面也在网上传播开来。

记起此前几年，江苏泗洪县数百名群众也曾"自发地"排着整齐的队伍，撑着"万民伞"，打着"清官旗"，集中在县政府门前为离任的某个领导送行。万民伞是旧时绅民为颂扬地方官的德政而赠送的一种伞，属于待在古籍里的玩意，现代人把它翻出来，算是古为今用吧。那种伞不是借指，而是实体。至于形制，在以前的小人书上经常出现。我收藏的上海人民美术出版社的《官场现形记》系列，有一册就叫《万民伞》，画面看上去，大抵就像今天商贩用的遮阳伞，不过布幔垂得长了一些，又有点儿像蚊帐。现在，关于史文清的那些图文微博、H5，从"颂扬"的功能看，该是万民伞的升级版了。

政声人去后。官员离任，百姓的态度某种程度上确能说明一定问题。唐懿宗时，宰相路岩谪官，京城百姓在他出城时"以瓦砾掷之"。

《巢林笔谈》云："（乾隆）圣驾南巡，黜苏州知府某，清吏治也。"知府走的那天，"吴民将窘之"。赖另一位官员出面解围，说了番"狼狈至此，亦足矣，毋为已甚"的话，否则，知府可能像路岩那样要挨砖头了。《玉光剑气集》还记载了明朝的一个规定：凡京官外谪，出都门以眼纱自蔽。为什么呢？该书没有解释，但刘天民的话或可道破。嘉靖朝，刘天民以谏大礼被谪，出京时"掷眼纱于地"，说："吾无愧于衙门，何妨令人见吾面目耶！"那么，蒙眼纱可以理解为官方层面对不称职官员的一种羞辱。

但如奉送"万民伞"一类是否果真就说明官员赢得了百姓的爱戴呢？恐怕要具体情况具体分析。清朝有个裴阴森，说出的话像他的名字一样恐怖。他说官员离任之后，"凡德政碑、万民伞之最多者，其政声之恶可知矣"。这种完全的逆向思维，该是建立耳闻目睹太多丑陋不堪的表演之上吧。吴趼人《糊涂世界》中，杨愕传授为官之道："在任时第一要联络绅士，要晓得，地方官这些万民伞、德政牌，并不是百姓送的。百姓一样出钱，却亦不能不出钱，出钱之后，绅士来还官的情。上司闻知，他也不晓得这个诀窍，还只当是民情感戴呢。"李宝嘉《官场现形记》中，胡统领"剿匪"回朝，要地方送他万民伞。单太爷说："绅士、商人于统领的口碑都有限，如今要他们送万民伞，就是贴了钱也万万不会成功。"并且，他还奉送了一句"老实话"："若以现在外面口碑而论，就是统领大人自己把牌、伞做好交给他们，他们也未必就肯送来。"当然，胡统领的万民伞终究还是"送"成了，懂得操作的人总有办法。

历史上以清廉闻名的人数不胜数。同样做到了，西晋胡威又划分成"恐人知"与"恐人不知"两类。《晋书·胡威传》载，武帝与胡威聊天，赞赏其父胡质的品德，问他："卿孰与父清？"胡威答自己不如父亲，因为"臣父清恐人知，臣清恐人不知，是臣不及远也"。在胡威看来，父亲的清廉不声不响，而自己的清廉则到处嚷嚷，高下一目了然。胡威当然有自贬的成分，但清廉的确是为官的起码要求，本该如此的事有什么可值得夸耀的呢？

《永宪录》记载了雍正时的一个规定:“禁官员去任,士民擅行鸣锣聚众,罢市保留。”因为“该员在任,实有政绩,惠泽在人,爱戴出于至诚,理应赴上司具呈陈请。即或清正廉干之官,冤抑被劾,百姓为之抱屈者,亦可赴阙审理”。所以,“除将刁恶之人分别首从,从重治罪外,其被保之员,即系好官,然既买嘱百姓,亦必加倍治罪,以儆刁风”。即使是好官,“买嘱百姓”的做法也是要坚决杜绝的,何况纯粹出于自我粉饰。当年,史文清的送别仪式是否为“自发组织”,外界当时便有较多质疑。在他倒台之后才能真相大白,不免让人唏嘘。

(2020 年第 10 期)

“国之所以昌,微民不能尔”

10 月 16 日,正在直播的海南新闻广播《政风行风热线》节目中,有听众反映自己的农村土地承包经营权证迟迟未能领到。主持人乃连线涉事的万宁市万城镇政府,接电话的一名干部却称:“现在的刁民太多了,就是你们这些新闻媒体支撑着他们……”主持人旋即回之以“胡说八道”,但是干部的话仍然造成了恶劣影响。

刁民,奸诈邪恶之民,那是旧时官吏对不听管束的百姓的蔑称。刁者,无赖也,狡诈也。今天的基层干部对辖区百姓使用这样的字眼,听来的确分外刺耳。

“刁民”一词未知始自何时,有种说法是乾隆皇帝将之普及开来。乾隆皇帝下江南,有个地方看不顺眼,就说那里“穷山恶水,泼妇刁民”。被说的那个地方现在也还不服气,运用各种材料对该说证否。然就时间点而言,这个说法似乎有些道理,因为在清代以前的典籍中,很少见到“刁民”二字。当然,很少不等于没有。如明朝范濂《云间据目抄·纪风俗》云,海瑞治苏州时,一日“按临南察院,放告，词讼堆积如山”。海瑞“度不可阅，取火焚之”。这下百姓不干了，“皆囚服破帽，率以五六十为群，沿街攘臂，叫喊号呼”。在该书中，这些抗议的百姓就统统被称为“刁民”。至于海瑞放把火这件事可不可靠，另当别论。

“刁”字的出现可能较晚，东汉许慎《说文解字》中尚不见其踪影。《史记·货殖列传》载，燕国“地踔远，人民希，数被寇，大与赵、代俗相类，而民雕捍少虑，有鱼盐枣栗之饶”。雕悍，司马贞索隐云：“言如雕性之捷捍也。”雕，天上飞的那种大鸟，视觉敏锐，性凶猛，一个俯冲而下，被它瞄准的动物基本上就逃不脱了。后世的“刁悍”，可能就是从“雕悍”中来。这个演变，清朝桂未谷认为是写起来图省事的缘故，他说“吏胥苟趋省笔以代雕耳，犹福州书吏书藩臺为藩台是也”。不仅“雕”简成了“刁”是这样，而且“臺”简成了“台”也是这样。苟如是，那些偷懒的胥吏，无意中也算简化汉字的先驱了。

在清人笔记中，“刁民”已比比皆是。真正的刁民固然是有，但对那些违背了自己意志的人，无论人家是否在理，不少官员也都一概名之“刁民”。

《巢林笔谈》云，陆陇其为嘉定令，“抚字先于催科”，被人利用了。“有一刁民负欠，诳公且鬻女。公闻言流涕，戒勿鬻，取俸代完”。陆陇其不知道那家伙骗他，百姓知道。结果“民出，众怒其诈，竞殴之几毙”，差点儿把这个家伙给打死。这是真刁民。

还有一些就很难说了。如《榆巢杂识》云，乾隆八年（1743），“上、下两江被灾后，民俗刁顽。诏大学士等于翰林、科道内，拣选品行端谨、通晓民事者四员授为宣谕化导使”。这里的“民俗刁顽”就很值得玩味，有没有救灾不力而民怨沸腾的因素？

又如《啸亭杂录》云，孙嘉淦督直隶，“以近畿土地皆为八旗勋旧所圈，民无恒产，皆仰赖租种旗地以为生，而旗人自恃势要，增租直，屡更佃户，使民无以聊生，因建旗地不许增租夺佃”。而“有刁民故为抗欠者，许讦之官，官代为征收，解旗分领，至今旗、民赖以相安无事”。这里的“刁民”也值得玩味，很多出发点良好的政策，不是都有落实起来并不到位的因素吗？

比较起来，《啸亭续录》所云“官途刁风”，既新鲜又有破的一面。“山左吏治自吉伦以贪贿成习，同兴朱锡爵后以宽纵失职，故官途刁风日炽，专以欺凌上司为能，一倡百和，莫之能遏”。刁到了什么程度？知县蒋因培“筮仕齐、鲁，日为平康之游，裸身唱曲，偎妓饮酒，夏日尝插花拥髻，放舟大明湖中，遇上司亦不引逊，惟伛躯唱诺而已”。蒋因培也曾被“劾罢遣戍”，然“吴中士大夫尚有惜其才者，为之延誉，未期年复其职”。不妨设想，“官途刁风”与“刁民”之间，是否存在逻辑关联？

10 月 22 日，万宁市万城镇委、镇政府就“刁民事件”进行了通报，责成当事干部向节目组及主持人道歉。这种道歉，也只能说是舆论面前的被迫低头。元朝张养浩《为政忠告》中的诸多见解，仍然值得今天的各级干部一读。比如他说：“国之所以昌，四夷之所以靖，朝廷之所以隆，宗庙社稷所以血食悠久者，微民不能尔。”真正具有这种认识，“刁民”一词才不会顺嘴溜出。

（2020 年第 11 期）

“不是不报，时候未到”

最近这几年，那些退休了的官员因为在任时涉嫌严重违纪违法而被查处的案例越来越屡见不鲜。有的是即时，如山西晋城市公安局原二级高级警长郭国庆，今年 8 月刚退，10 月便接受当地纪律审查和监察调查。也有的，如广州市委原常委、原常务副市长苏泽群已经退了近 6 年，今年仍然被拎将出来。

曾几何时，退休似乎成了保险箱，正是反腐力度的加大，才真正应验了“不是不报，时候未到”的民谚。

官员退休，从前叫作致仕，至少相当于吧。前些年金文明先生出了一本《石破天惊逗秋雨》的书，专门把余秋雨先生著作的差错一一罗列，其中余先生对“致仕”的误用是为其一。余先生在《山居笔记》里这样写道：“大量中国古代知识分子一生最重要的现实遭遇和实践行为便是争取科举、致仕。”显然，这是把致仕理解成了走上仕途了，实际上恰恰相反这本不存在任何疑义，可惜，博学如余先生坚持说可以那么理解，极不理智。

今天的退休年龄基本上是60岁，从前，至少宋朝官员的退休年龄大抵以70岁为界。王栐《燕翼诒谋录》中有不少此类记载，不妨按时间顺序来看看。宋真宗咸平五年（1002），“诏年七十退者，许致仕，如因疾或历任有赃犯者，不在此限”。这是说，身体不行或伸了手的，不用非要到70岁不可，该退则退。又，大中祥符九年（1016），“诏乞致仕者，审官院具历任有无赃犯检勘，吏部申上取旨”。这是说，那些没到年龄而申请退休的，要进行离任审计，干干净净的才能退。又，仁宗景祐三年（1036），侍御史司马池上言：“文武官年七十，令自陈致仕，依旧敕与一子官，如分司给全俸，违者御史台纠察，特令致仕，更不与子官及全俸，诏榜朝堂。”这是说，到点了就下来，别赖着，况且像以前一样，还荫及你一个儿子，俸禄也不会少你一个子儿；但是，如果自身有问题不仅要另当别论，而且还要公之于众。又，庆历二年（1042），“御史中丞贾昌朝上言，臣僚年七十筋力衰者，优与改官致仕。诏从之”。这是说，70岁了，精力不济的要优先退休。又，嘉祐三年（1058），“诏年七十，居官犯事未致仕，更不推恩子孙”。诸如此类，都把退休的年龄界限指向了70岁，虽然不是像今天这样到点就退那么斩钉截铁。

从这些记载也可知，那时的官员退休及退休待遇，与在任时“犯事”与否也是紧密关联的。因为不至于立马拿下，所以退休还可能成为“犯事”者逃避追责的挡箭牌。《宋史·王十朋传》的一则记载说得更清楚。王十朋先是弹劾史浩有“怀奸、误国、植党”等八罪，孝宗乃左迁史浩为绍兴知府；王十朋接着又弹劾史正志，说他与史浩根本不是同支，却“拜浩而父事之”，其人“倾险奸邪，观时求进”；还有林安宅，“出入史浩、龙大渊门，盗弄威福”，二人均应黜之以正典刑，林安宅就来了一招“诈病求致仕”。不过，他的最终结果是与史正志一道，“皆罢去”。套用今天的标准：不是“自愿辞职”，而是“责令辞职”。

古代退休而被追究的，余之浏览视野有限，极其少见。如明朝张居正死后被抄家，当算一例，然颇多研究者为之鸣不平。敢是抄出的黄金 2400 两、白银 107 700 两等，在他们眼里属于“小儿科”？又或许，张居正开创的“万历新政”，使这一时期成为有明一代最为富庶的几十年，可以将之抵消？《明史·张居正传》载，晚年张居正“其所黜陟，多由爱憎。左右用事之人多通贿赂”。于是，冯保的门客徐爵被提拔为锦衣卫指挥同知，负责南镇抚司事，张居正的三个儿子都在科举考试中列为上等，甚至“苍头（即仆隶）游七入赀为官，勋戚文武之臣多与往还，通姻好”。这一切，张居正实则都难逃干系，不知鸣不平的研究者该如何看待。

《柳弧》里收录了一则笑话：有名官员退休回家，打开箱子，忽然从箱子里钻出一个老人，“庞眉皓首”。退休官员吓坏了，惊问他是谁。老人说：“我乃某地土地也。”土地，就是土地神，《西游记》里，孙大圣走到某个地方遇到问题便动辄唤出来的那位。但听老人又说：“君临行刮地皮时，误将我刮入箱中。”刮地皮，正是民间对贪官污吏搜刮民财的活写真。像这样的官员，即便退休了，不管退了多久，当然都要追究，毫不手软。如此，才能应验另一句民谚：“天网恢恢，疏而不漏。”

（2020 年第 12 期）

“公然取去，以充囊箧”

12 月 28 日，中央纪委国家监委公开通报六起违反中央八项规定精神典型问题。其中之一，是华电蒙能金通煤业有限公司原党委书记、执行董事杨宝智借操办其子婚宴敛财等问题。从细节看，杨宝智还于 2020 年 3 月，同意该公司设立“小金库”涉及金额 50 万元，用于支付其违规吃喝等费用。

金库，是保管和出纳国家预算资金的机关。前面加一“小”字，味道全变，性质全变，成为违反国家财经法规及其有关规定，侵占、截留国家和单位收入的一种手段。权力人物借此，将能够控制的各项资金不列入本单位财务会计部门的账内或不纳入预算管理，私存私放。小金库，从前虽无其名，但有其实。

唐朝有个叫崔戎的官员，其“改华州刺史，迁兖海沂密都团练观察等使”。不过，在他要上任出发的时候，百姓“恋惜遮道”，不让走，有人甚至“解靴断镫”，把崔戎的靴子给脱下来，马镫给割断。这是《旧唐书·崔戎传》中的记载。《新唐书》稍微详细一些，说崔戎“徙兖海沂密观察使，民拥留于道不得行，乃休传舍，民至抱持取其靴”。当时来宣布调令的“诏使尚在”，百姓就哭着找他，“请白天子丐戎还”。诏使口头答应下来，实乃缓兵之计，于是，崔戎“夜单骑亡去，民追不及乃止”。

百姓为什么对崔戎产生如此好感呢？崔戎的能力是一方面。“裴度领太原，署（戎）为参谋。时王承宗据镇州叛，度请戎单车往谕之，承宗感泣受教”。虽然王承宗最后献地谢罪，有唐朝大军讨伐的因素，但崔戎的勇气和胆识可窥一斑。又如其为剑南东、西两川宣慰使，“既宣抚，兼再定征税，废置得所，公私便之”。还有不可忽视的一点，就是崔戎对“小金库”的态度。在华州刺史任上，“吏以故事置钱万缗为刺史私用，戎不取”。在这里，“为刺史私用”的“钱万缗”，还不就是十足的“小金库”吗？崔戎不仅在任的时候不用，走的时候还交代：“籍所置钱享军，吾重矫激以夸后人也。”也就是把这笔钱用作享军费用，以给后任一个示范，让他们也能照办。在惯例如此的前提下，崔戎之举便不能不让百姓心生敬意了。

《玉堂丛语·廉介》讲到明朝大臣刘大夏也是这样。刘大夏“为广东方伯时，广中官库有一项羡余钱，自来不上库簿，旧任者皆公然取去，以充囊箧，相袭以为固然”。这里的“羡余钱”，可以由“一把手”自由支配或中饱私囊，自然也属“小金库”无疑了。刘大夏初来乍到，“发库藏，适前任有遗下未尽将去者，库吏以故事白，云不当附库簿”，当作“账外账”好了。刘大夏内心也许经历了“私字一闪念”，因为他“沉吟久之”后有个大声自责：“刘大夏平日读书做好人，如何遇此一事，沉吟许多时，诚有愧古人，非大丈夫也。”然后，“命吏悉附簿，作正支销，毫无所取”。

与这些正面形象相对应的，就是如杨宝智等私设并挥霍“小金库”的负面甚至反面形象了。这方面的实例同样不少，逻辑上推断，崔戎、刘大夏们的前任就是这样。另，《异辞录》云：“庆邸势利之交，金钱作用，夫人而知之。”庆邸，庆亲王奕劻。就是说，奕劻当政时，“有钱能使鬼推磨”到了公开的地步。其王府每年开销要三十余万银子，奕劻“虽有禄俸养廉，相差甚巨”。这个“邸中用度不足”的亏空填补，大家“咸知取诸北洋，然究于何项开支，何人过付，无人能测也”。实际上这笔钱正来自北洋新军的“小金库”。新军“六镇每月皆有截旷之饷不下三四万”，意谓“小金库”的主要来源是截留军饷。对奕劻的“一切贿赂之妙用，悉具于此”，钱是袁世凯“公然取去”的，而“仅以夹单上陈，如各营官之于统将也。无文件为据，无案牍可稽，知者绝少，故屡经言官指摘，无从查察”。奕劻为什么如此重用、提拔袁世凯，也就不言自明了。

“小金库”的性质，正是“公然取去，以充囊箧”。应当看到，崔戎、刘大夏们的举动多是出于个人修养，而彻底纠正之，必须依靠制度的约束，强化制度的刚性。现在，杨宝智受到了撤销党内职务、撤职处分，违规收受的礼金予以退还。露头就打，才能对那些对陈规陋习未能彻底摒弃、对触碰纪律红线仍然心存侥幸的官员起到震慑作用、警示作用。

（2021 年第 1 期）

“直须风采动朝端”

前几天去江门市走了一趟，其中在开平参观了余氏后人为纪念先祖余靖修建的“风采堂”即“名贤余忠襄公祠”。余靖逝后，谥曰襄。风采堂始建于清光绪三十二年（1906），得名则可上溯至北宋。仁宗庆历年间，欧阳修、余靖、王素俱除谏官，蔡襄以《喜欧阳永叔余安道王仲仪除谏官》诗祝贺：“御笔新除三谏官，喧然朝野尽相欢。当年流落丹心在，自古忠贤得路难。必有谋猷裨帝右，直须风采动朝端。世间万事皆尘土，留取功名久远看。”诗中的“风采”尚是三人“专利”，到仁宗以“风采第一，广南定乱，经略无双”赞誉余靖，“风采”便为余靖所专美了，与其前代同乡张九龄之“风度”，相映成趣。

风采堂于 2019 年 10 月被列为全国重点文物保护单位，那是对其中西合璧建筑风格的认可。“三雕两塑”（石雕、木雕、砖雕，陶塑、灰塑）一应俱全，一座祠堂不啻一座建筑艺术博物馆。在人文内涵方面，作为北宋名臣，余靖留下了颇多事迹，以“从政六箴”最为知名。箴者，箴言，用以规诫他人或自己为目的的一种文体。“从政六箴”即清、公、勤、明、和、慎。那是余靖从政生涯的经验之谈，同时结合了历史教训。风采堂中，正镌刻了“从政六箴”全文。

在“从政六箴”中，清，也就是清廉、清白，被余靖排在首位。而被他排在最后的慎，同样值得玩味。为什么要慎？“太行之险，摧辀折辕；龙门之浚，舟沉楫翻。危乎宦路，逾兹阻艰”，因为“巧者争进，挤之疾颠。青蝇止棘，谗其无间。薏苡似珠，谤亦有端”，总有那么一些人要搬弄是非，那就不要给人留下口实。但是，余靖的“慎”，却也不是谨小慎微，保住自己的官帽子，更不是不作为。

余靖以敢于直言著称。《涑水记闻》云，蔡襄诗成之后，欧阳修等“三人以其诗荐于上，（蔡襄）寻亦除谏官”，这就有了“庆历四谏官”。余靖都谏过些什么呢？《宋史·余靖传》小结说，“尝论夏竦奸邪，不可为枢密使；王举正不才，不宜在政府；狄青武人，使之独守渭州，恐败边事；张尧佐以修媛故，除提点府界公事，非政事之美，且郭后之祸，起于杨、尚，不可不监”云云。除了这些“例牌”（常见）的进谏之外，至少有两事能颇见其风采，前一件在司职谏官之前，尚属非职务行为。

先看前一件。“范仲淹贬饶州，谏官御史莫敢言”，所谓“缄口避祸”。其时情形如欧阳修痛责谏官高若讷所言，朝廷“戒百官不得越职言事，是可言者惟谏臣尔。若足下又遂不言，是天下无得言者也”。然而余靖站了出来：“仲淹以刺讥大臣重加谴谪，倘其言未合圣虑，在陛下听与不听耳，安可以为罪乎？……陛下自亲政以来，屡逐言事者，恐钳天下口，不可。”虽然“疏入，落职监筠州酒税”，被贬了，但是余靖显然给仁宗留下了深刻印象，后来他“锐意欲更天下敝事”，想到将余靖增为谏官。

再看后一件。《渑水燕谈录》说得比较简略：庆历中，开宝寺塔灾，国家遣人凿塔基，得旧瘗舍利，迎入内庭，送本寺令士庶瞻仰。传言在内庭时，颇有光怪，将复建塔。余靖这时又说话了：“彼一塔不能自卫，何福逮于民？凡腐草皆有光，水精及珠之圆者夜亦有光，乌足异也。”他举例说梁武帝造长干塔，“舍利长有光”，然“台城之败，何能致福！”仁宗虽然“从之”，过程却并非轻而易举。《续资治通鉴长编》卷一百五十记述颇详。

余靖是从天人感应论起的，“开宝寺塔为天火所烧。五行之占，本是灾变，朝廷宜戒惧以答天意”云云，进而指出“自西陲用兵以来，国帑虚竭，民间十室九空”的现实，认为“天下之民，皆厌赋役之烦，不聊其生，至有父子夫妇携手赴井而死者，其穷至矣。陛下若恤民之病，取后宫无用之物、内帑自馀之币，出助边费，勿收中民一年田租，明降诏书而告中外，此则陛下结天下之心，感召和气，虽造百塔，无以及之。若作无用浮侈之事，民益怨矣”。推断其情其景，余靖一定越说越激愤，加上他“素不修饰”，至于仁宗退朝后气呼呼地说：“被一汗臭汉薰杀，喷唾在吾面上。”

综观余靖一生，很好地践行了“从政六箴”。如时人石介所评价：“言论磥砢，忠诚特达。禄微身贱，其志不怯。尝诋大官，亟遭贬黜。万里归来，刚气不折。屡进直言，以补予阙。”六字箴言有其历史局限性是必然的，但其中一些无疑也是超越时空的，值得后世咀嚼、借鉴，为国家谏言有益之事，“直须风采动朝端”。

（2021 年第 2 期）

“地辟民勤，谷丰物阜”

2 月 25 日，北京市朝阳区太阳宫北街 1 号，“国家乡村振兴局”的牌子正式挂出。乡村振兴，是十九大报告提出的一项战略。报告指出，农业农村农民问题是关系国计民生的根本性问题，必须始终把解决好“三农”问题作为全党工作的重中之重。

前人极其重视农业生产，视之为一切之“本”。成语“舍本逐末”，比喻抛弃事物根本、主要的部分，而去追求枝节、次要的部分。而此中之“本”，原初意义即指农耕，“末”指工商。春秋时期的《管子》有云：“士农工商四民者，国之石民也。”其中“士农工商”的“农”，所指与今天大致没什么两样。这四大社会集团的划分，在中国历史上是第一次，在此后的两千多年间一直成为中国社会的典型分类。

《礼记·月令》载，孟春亦即春季首月，“天子乃以元日祈谷于上帝”，开年即有此举，意谓岁事莫重于农。届时，“择元辰，天子亲载耒耜，措之参保介之御间，帅三公、九卿、诸侯、大夫，躬耕帝藉”，耕地的家什都自己拿着走。但这终究只是一种仪式，所以“天子三推，三公五推，卿诸侯九推”，象征一下就可以了。推，“以耜入土也”。仪式结束，则“执爵于大寝，三公、九卿、诸侯、大夫皆御，命曰劳酒”，开怀畅饮一番。接下来的事要具体落实，则“王命布农事，命田舍东郊”。田，田畯，主农事之官，他们要住在当地，靠前指挥，举凡“修封疆，审端径、术。善相丘陵、阪险、原隰土地所宜，五谷所殖，以教道民，必躬亲之”。天子的“示范”传统一直得到延续，北京见存的先农坛，就是明清两代帝王躬耕之时的载体。明朝宣德皇帝更有过实操。某次他谒陵归来，“道中遥见耕者，以数骑往视之，下马从容询其稼穑之事”，同时还“取所执耒耜三推”。这一体验，你说他是作秀吧，毕竟令他心生感慨，对侍臣们说了几句心里话：“朕三举耒，已不胜劳，况常事此乎？人恒言劳苦莫如农，信矣。”

眼下已过立春，“春雨惊春清谷天”，立春是二十四节气的头一个，如今乃等闲之日，从前则大不然。自立春起，关联农业生产的象征性活动便拉开了序幕。《后汉书·礼仪志》载：“立春之日，夜漏未尽五刻，京师百官皆衣青衣，郡国县道官下至斗食令吏皆服青帻，立青幡，施土牛、耕人于门外，以示兆民，至立夏。”还有鞭春牛，也是借此劝耕，提醒农家春天已至，应该及时播种谷物，勿违农时。鞭打的并不是真牛，而是“土牛”，由泥塑成，肚子里预先放置五谷。鞭打之，打碎了，五谷就流了出来，人们欢笑着拾起，预示着一年的五谷丰登。宋朝时，鞭春牛已成为一项自官方至民间的遍及全国的民俗。杨万里《观小儿戏打春牛》诗，洋溢着率真活泼的生活气息：“小儿著鞭鞭土牛，学翁打春先打头。黄牛黄蹄白双角，牧童缘蓑笠青箬。今年土脉应雨膏，去年不似今看乐。儿闻年登喜不饥，牛闻年登愁不肥。麦穗即看云作帚，稻米亦复珠盈斗。大田耕尽却耕山，黄牛从此何时闲?”打春牛本是成人做的事情，该诗描写的则是稚气的孩童参与其中，模仿成人的样子体会打春的快乐。诗人以孩童的视角，把期待投射到牛的身上，而牛也染上了孩童的思维：要是那样，自己岂不是太过劳累而长不肥了？连同尾句，借对黄牛不得闲的感叹，表达了对农民的体恤。

从前的地方官员，“熟谙农功”往往是基本要求。乾隆二年(1737)，云南督抚张允随有个条奏，说现在“州县牧令熟谙农功者少”，不如要农民“自治”。他的办法是先定十条标准：筋力勤健、妇子协力、耕牛肥壮、农器充锐、耘耔精良等等。然后把具备这些条件十之七八的人家定为“上农”，再从中“选老成谨厚之人专司教导”，每年秋收后由州县进行考评。如果“地辟民勤，谷丰物阜”，就“觞以酒礼，给以花红，导以鼓乐，以示奖励”。条奏的精华，在于通过“上农”的自身致富经历示范，来避免官员为了政绩而瞎指挥。

民族要复兴，乡村必振兴。中央一号文件连续 18 年聚焦三农，强调了“三农”问题在中国社会主义现代化时期“重中之重”的地位。前人重农的思想、思维和实践，以及那些关联农业生产的民俗事象，是值得今天借鉴和弘扬的。

（2021 年第 3 期）

“吏不廉平则治道衰”

日前闭幕的广东省纪委十二届六次全会部署了 2021 年的工作任务，其中，坚定不移深化反腐败斗争，不断实现不敢腐、不能腐、不想腐一体推进战略目标，仍然是工作重点。研究指出，腐败对政权的严重危害性，在中国第一个奴隶制王朝——夏朝便十分明显地出现了。第三代王太康，因“盘于游田，不恤民事”，荒淫腐败曾一度“失国”；末代的夏桀更“不务德而武伤百姓，百姓弗堪”，从而导致王朝的彻底覆灭。

前人对腐败严重危害性的充分认识，催生了反腐败思想的萌芽、深入、不断发展。数千年来，腐败与反腐败的较量也从来没有中止过，要么“道高一尺魔高一丈”，要么相反。西汉有个在位25年的皇帝叫刘询，庙号宣帝，在位期间，不论是政治经济还是外交军事，都将汉王朝推向了一个前所未有的高度。他不那么知名，一个原因怕是在他之前，武帝的开疆拓土以及与民休息的“文景之治”，辉煌耀眼。然班固评价宣帝这个时期：“信赏必罚，综核名实，政事、文学、法理之士咸精其能，至于技巧、工匠、器械，自元、成间鲜能及之，亦足以知吏称其职，民安其业也。遭值匈奴乖乱，推亡固存，信威北夷，单于慕义，稽首称藩。功光祖宗，业垂后嗣，可谓中兴，侔德殷宗、周宣矣!”殷宗，商王武丁，在位时史称“武丁盛世”；周宣，西周君主姬靖，在位时史称“宣王中兴”。则班固的这个比方，可知宣帝政绩之一斑。刘向更认为超过了“文景之治”的那个“文”，他说宣帝时“政教明，法令行，边境安，四夷清，单于款塞，天下殷富，百姓康乐，其治过于太宗之时”。

宣帝之所以有这样的作为，在于深谙“吏不廉平则治道衰”的道理，如果腐败占了上风，国家治理一定不堪。这就抓住了问题的根本或曰要害。《汉书·宣帝纪》说他从前“高材好学，然亦喜游侠，斗鸡走马”，却并非一味寻欢作乐，而是以此“具知闾里奸邪，吏治得失”。即是说，他在民间生活时就埋下了认识的种子。昭帝之后，刘贺只当了27天皇帝即被霍光等人废黜为海昏侯，皇位因而意外地来到了刘询的头上，算是霍光等人的歪打正着。登基之后，宣帝的两道诏书，相当于对“吏不廉平则治道衰”作了进一步注解。

其一，元康二年（前64）之诏，指出司法官员若“用法或持巧心，析律贰端，深浅不平，增辞饰非，以成其罪。奏不如实，上亦亡由知。此朕之不明，吏之不称，四方黎民将何仰哉！二千石各察官属，勿用此人”。在他看来，“吏务平法。或擅兴徭役，饰厨传，称过使客，越职逾法，以取名誉，譬犹践薄冰以待白日，岂不殆哉!”其二，黄龙元年（前 49）之诏，指出地方官员若渎职，“以不禁奸邪为宽大，纵释有罪为不苛，或以酷恶为贤，皆失其中。奉诏宣化如此，岂不谬哉!”他要官员们好好想想：“方今天下少事，徭役省减，兵革不动，而民多贫，盗贼不止，其咎安在?”与此同时，他对统计数据的造假深恶痛绝，认为“上计簿，具文而已，务为欺谩，以避其课”，要求“御史察计簿，疑非实者，按之，使真伪毋相乱”。上计簿，是当时中央对地方官员进行政绩考核的一种制度，每到年终岁尾，地方官需要将境内的人口、财政、粮草、治安、狱讼等状况编造成“计簿”，逐级上报。

吏之廉平与否，端赖监察。在一些历史时期，更以查处亲贵重臣等大案要案，来对腐败官员提升震慑。如《史记·田叔列传》所载，田仁上书言：“天下郡太守多为奸利，三河尤甚，臣请先刺举三河。三河太守皆内倚中贵人，与三公有亲属，无所畏惮，宜先正三河以警天下奸吏。”河南、河内太守都是御史大夫杜周的“父兄子弟”，河东太守则是丞相石庆的“子孙”。结果“三河太守皆下吏诛死”，田仁也因此“威振天下”。汉顺帝时的张纲，留下“豺狼当路，安问狐狸”的名言，直指的是当朝贵戚梁冀，即便“诸梁姻族满朝”，他也毫不畏惧，令“京师震竦”。

“吏不廉平则治道衰”，强调了监察的重要性。而监察效果的取得，正在于职司监察的官员必须敢于“打虎”。张纲就说过：“秽恶满朝，不能奋身出命埽国家之难，虽生吾不愿也。”汉桓帝还有个硬性要求：“长吏臧满三十万而不纠举者，刺史、二千石以纵避为罪。若有擅相假印绶者，与杀人同弃市论。”前人已经认识到，监察官员的选拔和任用，与对监察官员自身的监督和考核，同等重要。

（2021 年第 4 期）

“功废于贪，行成于廉”

如今被查处的许多领导干部，殊途同归地都关联了一个“贪”字。从《党风》杂志每期《警钟长鸣》栏目的各种剖析案例中便可窥一斑。

纵深地看，中国历史上的官吏贪污腐败，属于一种常见现象。著名明史专家吴晗先生曾经恨恨地说，一部二十四史就是一部贪污史。《北史·祖珽传》载，祖珽有句挂在嘴边的话很有代表性，叫作“丈夫一生不负身”。不负身，就是不管干什么都不能亏着自己。所以，他还只是个仓曹的时候，因为代管征收赋税，便弄得“丰于财产”。负责补充十几个胥吏，他也“皆有受纳”，谁给钱谁进来。《辽史·张孝杰传》载，张孝杰更加赤裸裸，宣称“无百万两黄金，不足为宰相家”。在他的思维意识中，当官就是要弄钱，当小官弄小钱，当大官就要弄大钱，所以像他这样当上了宰相的，不借此发笔横财，简直要有愧于这个官职的含金量了！这样的人一旦权力在手，“贪货无厌”几乎是必然的。

当然我们还要看到，历史上涌现出的清廉官吏也灿若群星。在中华民族优秀传统文化中，廉政文化是一笔极其丰厚的宝贵遗产。千百年来，先贤围绕廉政提出过许多精彩深刻的论述。明朝薛瑄把为官清廉者划分为三个层次：“有见理明而不妄取者，有尚名节而不苟取者，有畏法律保禄位而不敢取者。”不妄取、不苟取、不敢取，与今天反腐倡廉所要达到的“不想腐、不能腐、不敢腐”，颇有异曲同工之处。历史上的诸多清官，践行了这一点。

《旧唐书·崔玄暐传》载，崔玄暐甫一为官，母亲卢氏就给他敲了警钟。她说从姨兄那里听到这么一句话：“儿子从宦者，有人来云贫乏不能存，此是好消息。若闻赀货充足，衣马轻肥，此恶消息。”她说这句话太对了，“比见亲表中仕宦者，多将钱物上其父母，父母但知喜悦，竟不问此物从何而来。必是禄俸余资，诚亦善事。如其非理所得，此与盗贼何别？纵无大咎，独不内愧于心？”因此她告诫儿子：“汝今坐食禄俸，荣幸已多，若其不能忠清，何以戴天履地？”崔玄暐“遵奉母氏教诫，以清谨见称”。这就是不妄取。

唐朝名相房玄龄的父亲房彦谦，也是在史书上留下了口碑的官员。《隋书·房彦谦传》载，房彦谦致仕回家后总结往事，“从容独笑”，对儿子说：“人皆因禄富，我独以官贫。所遗子孙，在于清白耳。”他将所得俸禄也都用去“周恤亲友”，自己“车服器用，务存素俭”，并且他“自少及长，一言一行，未尝涉私，虽致屡空，怡然自得”。隋文帝仁寿年间，“上令持节使者巡行州县，察长吏能不，以彦谦为天下第一”。这就是不苟取。

《明史·山云传》载，山云镇广西，“初至，土官率馈献为故事”，然“帅受之，即为所持”，拿人家手短嘛。山云问郑牢：“不受，彼且生疑，奈何？”郑牢回答：“黩货，法当死。将军不畏天子法，乃畏土夷乎？”山云乃“尽却馈献，严驭之。由是土官畏服，调发无敢后者”。这就是不敢取。

不过，何良俊《四友斋丛说》说，明朝有个叫郑九石的，“始事之日，即率公正良民人等至城隍庙设誓”，但何良俊听说后笑了，笑什么呢？他认为：“信不由衷，质无益也，况要盟者无信乎此。”发誓的人自己都未必相信，发什么发呢？何良俊说得有道理：“朝廷大事，苟一心持正而峻法以行之，谁敢不肃，乃必假之盟誓耶？”接着，他又进一步指出：“夫朝廷赫然显著之法，彼不知畏，犯者接踵；若但怖之以冥漠无据之神，彼亦何惧哉！”在他看来，这是徒有其表的不敢取罢了，摆个架势给人看的。

《庸闲斋笔记》云，清朝道光年间广东有个叫吴昌寿的知县政声卓然，被称为“吴青天”，谈及如何获得民心，他说：“无他伎俩，惟实心任事，不要钱耳。”其实，用一句话来概括官员的正反两面，则苏轼的“功废于贪，行成于廉”，一言足以蔽之。许多道理根本不用讲，谁都能懂，前面那个张孝杰还是状元呢，他什么不懂？而之所以“后人哀之而不鉴之，亦使后人而复哀后人也”，归根到底还是要靠制度的制约，“清官文化”起到的只是示范作用而不是决定作用。当然，这个道理也谁都懂得。

（2021 年第 5 期）

“邪之所凑，其气必虚”

在落马官员案例中，每能发现迷信的内容。推而论之，还在位的某些人，未必不然。倘若只有落马的才保留了原始人类传衍下来的这种愚昧信仰，也太巧了。耳闻目睹，笃信风水一类，今天在各级领导干部的一定范围内仍然颇有市场。放在封建时代，这才算不上奇怪的事情。历朝历代，可谓不绝如缕。

先看看唐朝的事。如《朝野佥载》云，源乾曜当宰相时，有天不知为什么“移政事床”。这下可不得了了，当时宰相的一个迷信是不能挪床，“移则改动”，官要当不成。“时姚元崇（即姚崇）归休，及假满来，见床移，忿之”，气坏了。源乾曜吓得够呛，以至于要向姚崇“下拜”来表示歉意。在《唐语林》转引的《大唐传载》里，政事堂中也有一张挪不得的“会食之床”，迷信说法是“移之则宰臣当罢”，或者“不迁者五十年”，当不成宰相，或者 50 年内升不上去。但宰相李吉甫觉得非常荒谬，他说：“朝夕论道之所，岂可使朽蠹之物秽而不除？俗言拘忌，何足听也！”他坚决要移，因为床底下实在太脏，必须得打扫了。他声称自己若是因此而罢官，“余之愿也”，不怪别人。结果从床底下“铲去聚壤十四畚，议者称焉”，大家还是叫好的。姚崇是玄宗时人，李吉甫是宪宗时人，相距差不多百把年，因而两床虽然未必是同一个，但群僚迷信的心态并无二致。

源乾曜移床之后，他和姚崇的相位也确实丢了，是不是真的触怒了什么庇护的神灵呢？显然不是，问题还在于他们本身。源乾曜为官纯粹是一个摆设，当到宰相这个级别，他已经相当满足了，接下来就是明哲保身，遇事“皆推让之”，自己一点儿主意没有，“但唯诺署名而已”。因为挪床，让玄宗终于找到了一个下手的借口也说不定。姚崇呢，是个人才绝对不假，但在一些原则问题上不能把握好自己，纵容子女收受贿赂又百般庇护，为下属开脱而徇私枉法。如此等等，使得玄宗对他不再信任，姚崇害怕了，才“频面陈避相位，荐宋璟自代”。那么，二人为相不成，与挪不挪床又有什么关联呢？

再看看宋朝的事。《清波杂志》云，宋徽宗时，“除擢侍从以上，皆先命日者推步其五行休咎，然后出命”。侍从，随侍君王左右之人。日者，职司占候卜筮之人。升官之前先给算命的过一下，那些靠迷信吃饭的人难免不神气起来，“谓士大夫穷达在我可否之间”。《老学庵笔记》说的是宋神宗时，“建尚书省于皇城之西，铸三省印”，米芾说“印文背戾，不利辅臣”，很不吉利，所以“自用印以来，凡为相者，悉投窜，善终者亦追加贬削”，只有苏颂是个例外。蔡京信了米芾的说法，“再领省事，遂别铸公相之印”。后来，又有人说尚书省居白虎位，不好，蔡京“又因建明堂，迁尚书省于外以避之”。种种迷信要求都做足了，蔡京“亦窜死，二子坐诛，其家至今废”。陆游说：“不知为善而迁省易印以避祸，亦愚矣哉!”

明朝的人嘲笑宋朝的人，说他们“中书省官一半岁月，与神鬼干事”，尽搞迷信了。其实他们正属于“老鸦落在猪身上——看见别人黑，不知道自己也黑”。《菽园杂记》云：“今人以正、五、九月，新官不宜上任。俗吏信之，而见道明者固不忌也。”俗吏为什么要忌讳这三个月呢？有人说，“宋尚道教，正、五、九月禁屠宰”，而“新官上任，祭告应祀神坛，必用宰杀”，因为没有牺牲可用，所以新官不愿意这三个月上岗。明朝这些人不知原委，还以为大不吉利。

清朝还是这样。以翰林院的迷信为例，《郎潜纪闻三笔》云：“堂不启中门，启则掌院不利。又门前沙堤中，有土凝结成丸，倘或误碎，必损翰林。又原心亭之西南隅，翰林有父母者，不可设坐，坐则有刑克。又左角门久闭不启，启则司事者有谴谪。”如此等等，把个充满文化气息之地直弄得乌烟瘴气。

《黄帝内经》是我国现存最早的医学典籍，里面有两句话却可以抛给那些脑子里还装着封建残渣的各级干部，一句是“正气存内，邪不可干”，另一句是“邪之所凑，其气必虚”，虽然这两句讲的是前人“三观”中的医理。尤其“邪之所凑，其气必虚”，不是值得笃信迷信之辈去细细咀嚼、品味吗？

（2021 年第 6 期）

“督邮分明善恶于外”

《三国演义》第二回前半段的故事，是“张翼德怒鞭督邮”。张飞的形象历来很正面，反衬督邮的形象很负面。但督邮究竟是干什么的，我此前一直未求甚解。原来，督邮是那个时候职司对县级官吏监察的官员。

陈仲安先生认为，督邮之职始见于西汉中叶以后，所掌有三：一曰督察，如《汉书·韩延寿传》所云：“督邮分明善恶于外。”因此，“督邮不用本部人，盖避免同部有私也”。二曰督送邮书、奉宣教令，此概其本职。三曰杂职。即与督察有关之附职，包括奉诏捕系，追案盗贼，录送囚徒，催租点兵，询核情实等。督邮的重要，杜佑《通典》说它是“功曹之极位”。

浏览所见，督邮之督送邮书的“本职”尚缘悭一面，行使监察职能的倒比比皆是。《汉书·黄霸传》载：“许丞老，病聋，督邮白欲逐之。”黄霸说话了：“许丞廉吏，虽老，尚能拜起送迎，正颇重听，何伤？且善助之，毋失贤者意。”他是这么看的：“数易长吏，送故迎新之费及奸吏缘绝簿书盗财物，公私费耗甚多，皆当出于民，所易新吏又未必贤，或不如其故，徒相益为乱。”不管黄霸的辩解有没有道理吧，督邮的监察职能明白无误。

《后汉书》中的这类记载就更多了。

《卓茂传》载，卓茂为河南密县令，“数年，教化大行，道不拾遗”。平帝时，天下闹蝗灾，“河南二十余县皆被其灾，独不入密县界。督邮言之，太守不信，自出案行，见乃服焉”。这当然要姑妄听之了，援引只在于强调督邮的作用。

《郅寿传》载，郅寿为冀州刺史，“时冀部属郡多封诸王，宾客放纵，类不检节，类犹皆也。寿案察之，无所容贷。乃使部从事专住王国，又徙督邮舍王宫外，（近王宫置督邮舍，以察王得失）。动静失得，即时骑驿言上奏王罪及劾傅相，于是藩国畏惧，并为遵节。视事三年，冀土肃清”。

《苏不韦传》载，不韦父亲苏谦“初为郡督邮。时魏郡李暠为美阳令，与中常侍具瑗交通，贪暴为民患”，前面的人拿他没办法，“及谦至，部案得其臧，论输左校”，苏谦反而被诬受难。《钟离意传》载，钟离意“少为郡督邮，时部县亭长有受人酒礼者，府下记案考之”。

《陈球传》载，陈球为繁阳令，“时魏郡（繁阳隶魏）太守讽县求纳货贿，球不与之，太守怒而挝督邮，欲令逐球”。即便上司动怒，督邮仍然没有从命，他说：“魏郡十五城，独繁阳有异政，今受命逐之，将致议于天下矣。”太守这才缩手。

《张俭传》载，桓帝延熹八年（165），张俭为东部督邮，“时中常侍侯览家在防东，残暴百姓，所为不轨。俭举劾览及其母罪恶，请诛之”。结果侯览“遏绝章表，并不得通，由是结仇”。

从苏谦、张俭诸人身上，可窥督邮履职之艰。但当时规定，督邮作为郡一级监察官，有权对属县官员进行纠举弹劾，而属县令、丞、尉等官吏，在任何情况下都不得凌辱督邮。张飞为什么要打督邮呢？按罗贯中的描写，刘备镇压黄巾起义之后，以功劳“除授定州中山府安喜县尉”。上任不到四个月，“朝廷降诏，凡有军功为长吏者当沙汰，玄德疑在遣中”，觉得自己没得干了。这个时候督邮来到，“玄德出郭迎接，见督邮施礼。督邮坐于马上，惟微以鞭指回答”，随后又把刘备训斥了一番。县吏认为：“督邮作威，无非要贿赂耳。”刘备说自己居官清廉，拿不出钱；张飞乃酒后“径入馆驿”，大喝：“害民贼！认得我么?”督邮还没来得及开口，“早被张飞揪住头发，扯出馆驿，直到县前马桩上缚住；攀下柳条，去督邮两腿上着力鞭打，一连打折柳条十数枝”。

不过，《三国志·蜀书·先主传》载，打督邮的却分明是刘备，也没有督邮索贿的前提。“督邮以公事到县，先主求谒，不通，直入缚督邮，杖二百，解绶系其颈着马柳，弃官亡命”。那么，不能排除刘备想要跟督邮套近乎没能如愿而气急败坏；又因为知道气急败坏的后果，只好溜之大吉了。督邮中当然也有败类，如《后汉书·戴封传》载，戴封为西华令，“时督邮行县，蝗忽大至，督邮其日即去，蝗亦顿除”。剔除荒诞不经的成分，对该督邮的愤恨之情溢于言表。但《三国志》中的督邮只是正常履职。《三国演义》为了回护刘备，往往不惜颠倒黑白，此一回瞄准了污名“分明善恶于外”的督邮就是。

（2021 年第 7 期）

第二部分

中国历史上的官吏贪污腐败，是一种常见现象。但历史上的廉政思想也同样体量丰富，不乏品行高洁而留下治声的清官。2020 年 1 月起，广东省纪委监委与《南方日报》合作开设《廉润南粤》栏目，纵贯全年，从古代、近代遴选了或生长于广东本土或在南粤任职的那些典范。此中所辑，是本人执笔的点评部分。

杨孚

如果说，杨孚是南粤本土的第一位先贤，怕不为过。所谓本土，自然是相对于外来而言。广东早些年对南粤先贤有过评选，还建立了相应的场馆。然如韩愈、苏轼、包拯等诚然鼎鼎大名，对南粤也确有“开化”之功，但他们来这里为官的前提，往往是被贬谪、被放逐，很有些委屈或憋屈。寇準有“到海只十里，过山应万重”句，悲凉尽在其中。

东汉时的杨孚不然，在京师洛阳为官之后，他荣归故里，还带回洛阳松树移植宅前。相传为杨孚故宅后花园的水井，至今见存于广州市海珠区下渡路。虽然杨孚的事迹和著作只是散见于历代典籍之中，然而将这些零星的史料爬梳出来，集结在一起，仍然可以还原出活生生的杨孚形象。他是史家公认的岭南第一位著书立说的学者，其著作《异物志》是我国第一部地区性的物产专著，第一次对岭南风物进行系统整理，凭此便无愧为岭南文化的开拓者。而杨孚关于“吏治必务廉平”的主张，以及在为官方面身体力行所留下的政声，更足令后人景仰。

一个人为国家、为社会究竟做了些什么，无论如何是不会被埋没也是埋没不了的。为塑造南粤文化作出杰出贡献的外来先贤无疑是值得我们纪念的，与此同时，我们还要光大那些受南粤文化熏陶又反哺南粤文化，为之增光添彩的本土先贤。杨孚正为其一。

吴隐之

吴隐之饮贪泉水而言志的故事，大抵世人皆知。他也许是最早对贪泉“功能”证否的官员，所以房玄龄等撰写的《晋书》赞曰：“吴隐之酌水以厉精，晋代良能，此焉为最。”

位于广州石门的贪泉，不仅名字不那么好听，而且“相传饮此水者，即廉士亦贪”，还有能够使好人变坏的“实用功能”。泉水能使人“易心为墨”，十足令人惊诧莫名。然广州刺史吴隐之上任之际，专门去贪泉“酌而饮之”。结果呢？为官却是“清操逾厉”，践行了自己“试使夷齐饮，终当不易心”的承诺。用晋安帝的话说，叫作“处可欲之地而能不改其操”，而当初派他前来，正是“欲革岭南之弊”。之后，唐朝广州都督冯立也是这样。面对贪泉，他说：“饮一杯水，何足道哉！吾当汲而为食，岂止一杯耶，安能易吾性乎！”说罢“毕饮而去”。在职数年，冯立也是“甚有惠政”。

清代学者屈大均是广东人，他对家乡的泉水负“贪”之恶名十分不服。在他看来，这不过是历史上来岭南做官的人，在捞得脑满肠肥之后，无法向粤民交代的一种托词罢了。他进而指出，如果贪泉“饮之辄使人贪”，东莞还有廉泉，“未闻有饮之而廉者也”，没听说有喝了之后变得廉洁的。为什么同样是泉水，“廉者不能使人廉，贪者乃独使人贪？其人累泉乎？泉累人乎？”

屈大均之问，何其振聋发聩！“泉之见罪，非有吴刺史不能释”。的确，从吴隐之为贪泉平反开始，后之仍持“易心为墨”论调者，暴露的只是其流氓性的一面。

冼夫人

“亲被甲，乘介马，张锦伞，引彀骑卫，从裴矩巡抚二十余州”，寥寥二十余字，冼夫人飒爽英姿的形象跃然纸上，后人赋予她“中国巾帼英雄第一人”的美誉。

而冼夫人之所以为后世所纪念，首先在于她的国家观。她不像秦末的龙川令赵佗，中原易主，“佗即击并桂林、象郡，自立为南越武王”，实际上他是称帝，建立了南越国，定都番禺（今广州），为南越武帝。1983年广州市区象岗山发现了第二代南越王墓，那枚“文帝行玺”金印道得分明：仍然在称皇帝。冼夫人并不是没有赵佗那种立国的资本。《北史》载，其家族“世为南越首领，部落十余万家”，且有“海南、儋耳归附者千余洞”，表明其家族具有相当的割据实力。丈夫冯宝死后，“岭表大乱，夫人怀集百越，数州晏然”，表明冼夫人自身具有相当的号召力。“陈国亡，岭南未有所附，数郡共奉夫人，号为圣母”，表明冼夫人还有恰当的割据时机。但是，她没有。他们本来听命于南朝的陈国，“晋王广遣陈主遗夫人书，谕以国亡，命其归化，并以犀杖及兵符为信”。在确认陈朝确实已经灭亡之后，冼夫人先“集首领数千人，尽日恸哭”，然后派孙子冯魂前去迎接隋朝官军。

国家观是冼夫人的大节，相对而言，她的廉政观历史并无明确记载，但是从《隋书》所载的她上书惩办贪官一事中，却也不难窥见一二。“时番州总管赵讷贪虐，诸俚獠多有亡叛”，鉴于此，冼夫人派人密奏朝廷，“论安抚之宜，并言讷罪状，不可以招怀远人”，这样的官员是完全不称职的。朝廷调查后，“得其（赵讷）赃贿，竟致于法”。冼夫人此举诚然仍是从安定团结的角度出发，但其对贪官疾恶如仇的一面也尽显无遗。

宋人洪天锡说："在廷无严惮之士，何以寝奸谋？遇事无敢诤之臣，何以临大节？"后半句用到冼夫人身上，恰如其分。

张九龄

"风度得如九龄否？"《旧唐书·张九龄传》中唐玄宗的这一问，定格了张九龄"曲江风度"的历史形象。曲江，张九龄的故乡。风度，人的言谈举止和仪态。

张九龄的仪态如何，史无明确记载。玄宗之问，发生在张九龄罢知政事后，"宰执每荐引公卿"时，并且是"上必问"。那么，玄宗眼中的风度，无疑是极其认同张九龄的言谈举止亦即所作所为。成为太上皇时，他对张九龄仍然思念不已，说他"谠言定其社稷，先觉合于蓍策，永怀贤弼，可谓大臣"。

历史上的许多官员，都有类似的"盖棺论定"。张九龄的得自钦定，更多的则来自百姓心中的那杆秤。比如东汉杨震暮夜却金，告诫对方"天知地知子知我知"，所以人们称之为"四知先生"。宋朝王珪自执政到宰相干了十六年，"无所建明，率道谀将顺"，口头禅就是三句话：上殿进呈，云"取圣旨"；皇帝有了批示，云"领圣旨"；下来传达，云"已得圣旨"，所以人们称之为"三旨相公"。明朝万安上朝，"止知呼万岁耳"，所以人们称之为"万岁阁老"。至于非著名人物的，更可以说数不胜数。

"高节人相重，虚心世所知。"张九龄的清廉自守，只是他从政的一个侧面。典籍中的张九龄，尚直守正，坚持原则，既不唯上、不徇情，也不偏私、不阿党。所以如此，清廉这个侧面或正是必要前提，足以使他具备一种底气。用宋朝杨伯子的话说："公忠仁明，皆自此生。"

韩 愈

如果从唐朝及以前的文人中推选一名最富有的，《旧唐书》说了，应该是李邕，所谓“自古鬻文获财，未有如邕者”。而紧随其后或与之齐名的，该是韩愈。昌黎先生也是为文“必索润笔”，他的门生刘义对老师有“谀墓”之讥，知道老师为了钱，给认识或不认识的人写了太多的墓志铭。

但这充其量只是韩愈的小节，大节比如廉洁问题上他的头脑就很清醒。其《潮州谢孔大夫状》可为一例。孔戣以韩愈“贬授刺史，特加优礼，以州小俸薄，虑有阙乏，每月别给钱五十千”，但韩愈觉得家属还没来，这地方又没什么朋友可招待，自家俸禄已经就够了，孔戣这些钱“实无所用”，关键是，“积之于室，非廉者所为；受之于官，名且不正。”这就表明，韩愈对钱虽然看得很重，但对名不正的却看得很轻，“君子爱财，取之有道”。

如何杜绝官员的贪腐，世世代代议论不休。要贪的无非是钱财，所以“药方”往往在“俸禄”上打主意。比如明朝宣宗时孔有谅提出过“量增官俸”，以为“重加旌赏”廉洁之士，就可以使“贪者知戒”；英宗时陈泰又提出过“量增禄廪，俾足养廉”，以为厚禄则“贪风自息”。出发点都是要“养廉”，通过“养”来使官员奉公守法。他们的建议都没有得到采纳。不难想见，用在韩愈这种修养很高的人身上，大抵可以行得通，但是换了另外一种人，就只能说是理想化。“和珅跌倒，嘉庆吃饱”，怎样的厚禄才能满足如此胃口？

官员廉洁从政，“伸手必被捉”尤其必要；同样必要的，还有如韩愈这样对公私界域的把握。公私之间，隔着鸿沟一道。

李 勉

“处富贵利达而清约类寒士者，李勉一人而已。”费枢《廉吏传》中的这句话，为李勉的定性恰如其分。所谓“富贵利达”，指的是李勉的唐朝宗室身份。在广州刺史兼岭南节度观察使任上，李勉便可圈可点。“性廉洁”的他，不仅“在官累年，器用车服无增饰”，而且卸任之时，“至石门停舟，悉搜家人所贮南货犀象诸物，投之江中”。后世包拯离开端州有停舟掷砚之举，正效仿李勉也说不定。

身份特殊，一举一动所起到的示范作用会更明显。唐代宗有过“毁除白渠水支流碾硙，以妨民溉田”的诏令。碾硙，即利用水力启动的石磨。但是郭暧家的四轮碾硙，“所司未敢毁撤”。因为郭暧是“安史之乱”中领军收复两京功臣郭子仪的六儿子，老婆则是代宗的四女儿昇平公主。父亲告诫女儿：“吾行此诏，盖为苍生，尔岂不识我意耶？可率为众先。”果然，公主“即日命毁”自家碾硙之后，“势门碾硙八十余所，皆毁之”。李勉之廉，大家是看在眼里的，所以他离开岭南后，“人吏诣阙请立碑”。

明朝刘宗周给崇祯皇帝提出了一种识人方法，要义正来自李勉。唐德宗怎么也不能理解为什么自己看好的卢杞就是得不到大家认同，满面狐疑地问：“众人论杞奸邪，朕何不知?”李勉站出来回答：“卢杞奸邪，天下人皆知；唯陛下不知，此所以为奸邪也!”几百年后，刘宗周念念不忘，甚至将之视为“万世辨奸之要”，任何时候用之验证都屡试不爽。“要”在哪里？如果一个人在长官面前是人而在大众面前是鬼，必奸邪无疑。在肃宗朝，李勉当过监察御史，那该是他实践中的总结概括了。

“李勉一人而已”，足见“处富贵利达而清约类寒士”之难。唯其难，更见李勉品行的可贵。以之立朝，更有十足的底气。

刘禹锡

刘禹锡再贬连州后，在当地建吏隐亭以明志。吏隐，谓不以利禄萦心，虽居官而与隐者同。后来在和州任上，他又写就了名篇《陋室铭》，达观地说到居所尽管“苔痕上阶绿，草色入帘青”，但是因为“谈笑有鸿儒，往来无白丁”，又“何陋之有”？合而观之，刘禹锡的清廉形象已经呼之欲出。

不以利禄萦心，理论上乃为官的前提条件。王阳明这样阐释自己提出的知行合一：“正要人晓得一念发动处便即是行了，发动处有不善，就将这不善的念克倒了，须要彻根彻底，不使那一念不善潜伏在胸中。”在他看来，那种“不善”的念头想都不要想，一旦想了，也是在“行”。对为官者而言，“不善”的一个典型特征，便是利禄萦心。在主要依赖个人修养的封建时代，刘禹锡之外，我们还可以看到一些以身作则的清廉之士。如元朝张养浩的《风宪忠告》，开篇即以切身经历忠告各级官员要“自律第一”。他说：“士而律身，固不可以不严也。然有官守者则当严于士焉；有言责者又当严于有官守者焉。”这种层层递进的关系表明，官员的职责越重，自律应当越严格。为什么呢？“盖执法之臣，将以纠奸绳恶，以肃中外，以正纪纲，自律不严，何以服众？”又如明朝范景文之所以为后世尊称“二不尚书”，在于他职司吏部典选之时，在大门上张贴的“不受嘱，不受馈”六个大字。

“宽一分则民受赐一分，取一文则官不值一文。”能够不以利禄萦心的官员，才能够“不以物喜不以己悲”，才能够干事创业豪气干云，才能够即便遇到挫折也平心静气。刘禹锡二十多年的贬谪生涯，足以印证这一点。政治上，“羞为洛阳拜尘友”；文化上，贬谪期间他写就的那些竹枝词，不仅在中唐诗坛别开生面，而且还成为人类学意义上的珍贵民族志材料。

包 拯

《宋史·包拯传》载：“徙知端州，迁殿中丞。端土产砚，前守缘贡，率取数十倍以遗权贵。拯命制者才足贡数。岁满，不持一砚归。”寥寥四十来个字，明晰地勾勒了包拯在端州（今肇庆）任职时的作为和廉洁形象。

所谓作为，是前面那三十来字。端砚，众所周知为“中国四大名砚”之首，肇庆特产。从前，但凡出特产的地方，那特产往往都异化为地方“公关”甚或邀功取宠的媒介。因而拥有特产，有时分不清是上天眷顾的好东西，还是会贻害百姓的坏东西。《枣林杂俎》收录的《富春谣》，道出了害在何处：“富阳江之鱼，富阳山之茶。鱼肥卖我子，茶香破我家。采茶妇，捕鱼夫，官府拷掠无完肤。昊天何不仁？此地亦何辜？鱼胡不生别县？茶胡不生别都？富阳山何日摧？富阳江何日枯？山摧茶亦死，江枯鱼始无。”特产无辜，特产之害实乃“邪臣”之害。明了诸如此类的背景，再明了唐朝以来端砚已是钦定贡品，包拯不能抗拒，但较之前任“率取数十倍以遗权贵”，便知其作为究竟在何处了。

所谓廉洁，后面那几个字足矣。包拯从端州卸任，一方端砚也没带走。传说别人在他行李中悄悄塞上，被他发现后还是扔掉了，后人便在那故事发生的地方修了“掷砚亭”。这亭子不知今天还在不在，不在了的话，重修一个无妨，在这个问题上不必纠结于原装与否。包拯的廉洁形象亦当此一建。

包拯不仅自律甚严，而且也如此教育子孙。其家训曰：“后世子孙仕宦，有犯赃者，不得放归本家，死不得葬大茔中。不从吾志，非吾子若孙也。”历史上，“包青天”所以能够做到“铁面无私辨忠奸”，那个“廉”字正是刚正不阿的基础。如明朝杨瀚贴在自家门口的对联：“门如市，心如水，一尘不染；提得起，放得下，百事敢为。”

余 靖

余靖的《从政六箴》——清、公、勤、明、和、慎，无疑是超越时空的。其中“清”，也就是清廉、清白，被他排在首位，以为“政为民纲，清本士节。立于寡过，先乎自洁。根不坚固，枝必颠折”。

清廉的官吏历来受人爱戴，所以才有清官戏的长演不衰。历史上但凡留下口碑的官员，也都对“清”在宦海生涯中所占的位置有比较深刻的认识。明朝张翰的“清白信居官之要”，更言简意赅。清官的前提正是清廉，倘若收受了人家的贿赂，断案、裁决就不可能有公正可言。战国时的神医扁鹊认为“病有六不治”，没得医，必死无疑，“轻身重财”居其一。官场上的那些身败名裂者，应该最能体会出扁鹊的话的意味。官员一旦把“清”置诸脑后，而一味地盯住钱财，就会不择手段，不顾一切。

与此同时，也要看到还有一种“清”，实际上是“伪”的。如《魏书·刘仁之传》载，刘仁之“对宾客，破床敝席，粗饭冷菜，衣服故败，乃过逼下”。长官如此之“清”、之“俭”，对下属甚至产生了不小的精神压力。然而刘仁之是个表面功夫能做得十足的人。他“外示长者，内怀矫诈”，在官场上“善候当途”，很能把握身居要职、掌大权的人的心理。这一切也十分奏效，令“浅识者皆称其美，公能之誉，动过其实”。伪“清”能换取丰厚的政治资本，许多官员都深谙其道，屡试不爽。

客观地说，即便真“清”，也是为官的起码要求，委实不值得张扬。本该如此的事又有什么可夸耀的呢？但具有真“清”的这种境界及其相应的作为，在人治社会里实在弥足珍贵。因为现实中，事实上，许多本该如此的事情并不如此。余靖的《从政六箴》，在今天仍然不失其借鉴意义，值得发扬光大。

周敦颐

听到“予独爱莲之出淤泥而不染”，鲜有人不知道出自周敦颐的《爱莲说》吧。

咏物以自况，语意双关，是我们的一项文化传统。如屈原颂橘，“后皇嘉树，橘徕服兮。受命不迁，生南国兮。深固难徙，更壹志兮”云云，表达了自己虽遭受谗言而赋闲，仍将橘树视为砥砺志节的榜样。如骆宾王咏蝉，“无人信高洁，谁为表予心”云云，以蝉的高居树上、餐风饮露，来借喻自己的高洁品行无人能够理解。周敦颐选择了颂莲。莲，虽其所赖以生存的根部不那么干净，露出水面之后却是不沾污浊。

《爱莲说》为后世所传诵，道理通达、字字珠玑只是其中一个方面，重要的还在于周敦颐心口如一、知行合一。论讲道理，历史上讲得比周敦颐动听的比比皆是，不过，相当多一部分言清行浊，如朱熹所概括：“叫他说廉，直是会说廉，叫他说义，直是会说义，及到做来，只是不廉不义。”今天我们叫这种人为“两面人”，朱熹那时叫他们为“能言鹦鹉”，但知学舌而已。

周敦颐则不然。《宋史》本传载，周敦颐“为广东转运判官，提点刑狱，以洗冤泽物为己任”。黄庭坚称其“人品甚高，胸怀洒落，如光风霁月。廉于取名而锐于求志，薄于徼福而厚于得民”。具体来说，潘兴嗣《周敦颐墓志铭》举了一例，云周敦颐“在南昌时，得疾暴卒，更一日夜始苏，或视其家，只一敝箧，钱不满百”。

荀子说过：“口能言之，身能行之，国宝也；……口言善，身行恶，国妖也。治国者敬其宝……除其妖。”按照这个标准，周敦颐无疑属于国宝；国妖呢，不惟旁观者看得清楚，即口是心非者自己也心里有谱。

苏 轼

历史上但凡留下口碑的官员，对“廉”字在宦海生涯中应当占有怎样的地位，往往都有比较深刻的认识。

如宋朝罗大经认为：“士大夫若爱一文，不值一文。”杨伯子的话更狠：“士大夫清廉，便是七分人了。”元朝张养浩是讲道理：“普天率土，生人无穷也，然受国宠灵而为民司牧者，能几何人？既受命以牧斯民矣，而不能守公廉之心，是自不爱也，宁不为世所诮耶？”因此，“与其戚于已败，曷若严于未然”。清朝金埴的说法是：“一丝一粒，民之脂膏也。故廉是居官分内事。”诸如此类，数不胜数。

苏轼对“廉”之见解，以其《六事廉为本赋》为代表。六事，即《周礼》所开列的评判官吏素质和能力的六项标准：廉善、廉能、廉敬、廉正、廉法、廉辨。苏轼在郑玄注疏的基础上予以了进一步阐发，在指出六事“各以廉而为首，盖尚德以求全”的同时，提出“功废于贪，行成于廉”的论断，明确为官“廉为本”，舍此则一切都毫无意义。他还有个形象的比喻：“士人历官一任，得外无官谤，中无所愧于心，释肩而去，如大热远行，虽未到家，得清凉馆舍，一解衣漱濯，已足乐矣。”苏轼在中央和地方担任过许多职务，不乏左迁，无论在哪里，“文章之雄隽”自不待言，“政事之精明”也是《宋史》的定论。这一切，该得益于他对“廉”之透彻认识的前提吧。

清朝陈康祺说：“士未有未仕时律身不严，而居官能以清廉著闻者。”此说或有些许绝对，然而逻辑上可以成立。倘若居官前德行不堪，居官后脱胎换骨，可能吗？苏轼少年时读到石介《庆历圣德诗》，便“历举诗中所言韩（琦）、富（弼）、杜（衍）、范（仲淹）诸贤以问其师”，声称“正欲识是诸人耳”。那么，他的《六事廉为本赋》的出世及践行，岂是偶然？

刘安世

刘安世之所以为后世称道，正野史各载的一件事足以说明问题。

正史见《宋史·刘安世传》，云其尝从学于司马光，“光教之以‘诚’，且令自不妄语始”。野史见《玉堂嘉话》，载有他的一句话：“说得一丈，不如行取一尺。”这句话出自多人之口，追根溯源的话，大抵要到刘安世这里。

司马光是非常看重“诚”的，他认为：“君子所以感人者，其为诚乎！欺人者不旋踵人必知之，感人者益久，人益信之。”对一个官员而言，“诚意以行之，正心以处之，修身以帅之，则天下国家何为而不治哉?”刘安世继承了老师的这一衣钵，从不说假话、秉公行事做起。诚，对相当部分的官员来说，当然是个高不企及的要求。如宋真宗时王钦若每一奏事，“或怀数奏，出其一二，其余皆匿之”。为什么要准备几个版本？因为哪个“己意称圣旨”，才把哪个拿出来。有一次，同僚不知是刚发现还是有意要戳穿，当着真宗的面说他：“怀中奏何不尽出之?”

“说得一丈，不如行取一尺”，更加振聋发聩了。谁要是编纂一册从古到今的中国漂亮话大全，必可洋洋大观。刘安世针对的正是那些“天桥把式”，讲起来天花乱坠、唾沫横飞，却是“光说不练”。至于“口谈道义，而身为沽贩；气凌公卿，而利交市井；畜养污贱，而弃远妻孥”，典型说一套做一套的，今天早已冠之以“两面人”，更加可鄙了。刘安世“在职累岁，正色立朝，扶持公道”，尤其“面折廷争”之时，“旁侍者远观，蓄缩悚汗，目之曰‘殿上虎’，一时无不敬慑”。其所践行之“行一尺”，由此可窥一斑。

“家居未尝有惰容，久坐身不倾倚，作字不草书”，如果说那还只是刘安世的个人修养，那么，“不好声色货利”，就是为官清廉的基础了。晚年时，大权在握而“能生死人”的梁师成，派人前来请他重新出山，以“为子孙计”诱之，他笑了：“吾若为子孙计，不至是矣。”在这种心态或境界面前，今天的许多官员真该感到汗颜才是。

崔与之

岭南历史上的“二献”，千百年来俱享崇高地位。这就是“谥文献”的曲江张九龄和“谥清献”的增城崔与之。前人评价崔与之：“与张九龄齐名异代，诚吾广百世师表也。”必须看到，相较于张九龄所在的“开元盛世”，崔与之身处风雨飘摇时的赵宋政权，建功立业无疑要增添几分艰难。但是，崔与之“出处一生无玷玉，功名千载不刊碑”。

在廉政方面，崔与之可堪称道之处亦颇多。如其在任时，“所得广帅月廪钱一万一千余缗、米二千八百余石，悉归于官，一无所受”；致仕时，“所得祠禄衣赐，悉辞不受”。人家问他为什么，他说：“仕而食禄，犹惧素餐，今以佚我以老，而食君之赐可乎！”连自己应得的那些也不要，遑论“伸手”，在他的脑海中根本没有“负能量”的那些概念。与此同时，他对贪官污吏就没那么客气了。他为广西提点刑狱，“吏奸民瘼，纤悉毕载”，并且他毫不手软，“劾四郡贪黠吏数人”，令“官吏始知有国法，不敢害民矣”。尤其是，“以公击搏不避权势，贪污之徒有望风解印绶去者”，吓跑了，真孙子“不战而屈人之兵”的承平版本。用《宋史》的说法，崔与之“奖廉劾贪，风采凛然”。须知崔与之生活的南宋理宗时期，“馈赂公行，薰染成风，恬不知怪”。

“无以嗜欲杀身，无以货财杀子孙，无以政事杀百姓，无以学术杀天下后世。”崔与之曾节录刘皋的话作为自己的座右铭。事实证明，他以自己的一生完美地践行了这个座右铭。如崔与之这种做人、做官、做学问等方方面面所体现出的高标准的道德修养，完全超越了时空，对今天各个领域、各个行业的人们都不无启迪意义、借鉴意义，不独各级领导干部。

湛若水

增城有幸，于宋明两朝先后出现了两位青史留名的贤人，既是名臣也为硕儒。前一个是崔与之，后一个是湛若水。

在名臣与硕儒的“平衡”上，湛若水似乎更倾向于后者。在广东本土，他是白沙先生的衣钵传人，但修正和发展了老师的学说，形成了另一个被称为“湛学”的学派，所以《明儒学案》在“江门学案”之外另辟“甘泉学案”，《广东新语》紧随“白沙之学”另辟“甘泉之学”。放眼全国，湛若水则可与“心学圣人”王阳明齐名比肩。用黄宗羲的话概括：“王、湛两家，各立宗旨，湛氏门人，虽不及王氏之盛，然当时学于湛者，或卒业于王，学于王者，或卒业于湛，亦犹朱、陆之门下，递相出入也。”

湛若水生活在明朝从全盛走向衰落的时期，作为朝臣，目睹朝政的腐败，对“天下民庶实为邦本”有更深切的认识。他说得很通俗：“人君全倚靠那百姓去护卫他才得安富尊荣。若非百姓，则城池谁与他守，社稷谁与他保?”借“治官舍后小圃种蔬”，湛若水阐发了“不熟知时馑，举箸思氓疲”的民瘼意识，得出“始知农圃事，是为太平基”的结论。他这个历任南京吏、礼、兵三部尚书的高官能够关怀民生，诚非偶然。宏观政策方面，他提出“分田”“劝农”“平物价”“轻赋税”，力戒奢靡之风；日常生活中廉洁自爱，淡泊名利。屈大均说：“甘泉翁官至上卿，服食约素，推所有余以给家人弟子。”拜访学界的朋友，湛若水常常骑驴前往，时人因此发出感叹：“其在今日，则万万无舍车而骑者。”因为人们“必以失体诮之矣”，有待遇不享受，根本不像个当官人的做派。

“人民之心即上天之心。”秉承如此理念，湛若水焉能不眼睛向下，又焉能不令后世记怀？

陈子壮

陈子壮的事迹，“发策刺阉竖”亦即开罪魏忠贤之外，大抵与拥立南明小朝廷及抗清密切相关。但是从一些细节中，也着实不难推断出他的“三观”。

其一，魏忠贤曾有意拉拢他，请陈子壮为他新建的宅邸书写“元勋”两个字作匾额，许诺“书此二字，可得好官”。而陈子壮全然不为所动，且将来人赶走，令魏忠贤勃然大怒：“何物陈子壮，竟敢逆我意!”魏忠贤嘴里的所谓“好官”，显然不是循吏，不是奉职守法、清廉贤能的官员，而是肥差。此前，宋朝有两个官员说的话便很有代表性。一个是邓绾，他说：“笑骂从汝，好官须我为之。”这是属于为了能当上自己心目中的好官，连廉耻都可以抛弃的一类。另一个是曹彬，他说：“好官亦不过多得钱耳，何必使相也。”这是属于当什么官是次要的，能弄来多少钱是主要的一类。在所谓“好官”就摆在眼前的前提下，陈子壮丝毫不受诱惑，其廉洁自律以及刚正不阿的一面凸显无疑。

其二，陈子壮兵败被俘后，先有李成栋“亲为释缚舆车，具宾主礼”，而陈子壮“谈笑引满，举止如尝”，跟平时并没什么两样。再有佟养甲发出许诺：“汝降生且富贵，否则族。”投降的话，不仅能活命，而且还能享受荣华。对此，陈子壮的回答是：“但求死所耳，他非所计也。”告诉我在哪里执行就是，不用多说别的。貌似轻描淡写，实则凸显陈子壮大义凛然、视死如归的一面。在生与死、“生且富贵”的抉择面前，最能检验一个人的“三观”成色。陈子壮经受住了这种检验。

明朝嘉靖、万历时的海瑞，时人评价“不怕死，不要钱，真是铮铮一汉子”。这样的人物，历朝历代皆有，皆不乏人。以同朝而言，陈子壮便堪称其一。

陈　瑸

“贪不在多，一二非分钱便如千百万。”在数不清的关于贪廉的论述中，我最欣赏海康陈瑸的这一句。

道理很浅显：判断一名官员是贪还是清，就看他是否伸了手，所得是否“非分”，这是个原则分野；逾越了，性质就变了。至于“非分”的量上多寡——是“一二钱”还是“千百万”，没什么本质区别。这句名言足以超越时空。陈康祺《郎潜纪闻初笔》在推崇陈瑸的同时发出感叹：“士未有未仕时律身不严，而居官能以清廉著闻者。”那些一味归结为制度不健全的“伸手”者，真该汗颜才是。

近二十年仕宦生涯中，陈瑸任职过许多地方，台湾、四川、湖南、福建等等。无论在哪里，他都能做到清廉始终，“官厨以瓜蔬为恒膳，其清苦有为人情所万不能堪者”。在调往福建时，康熙皇帝曾对廷臣说：“朕见瑸，察其举止言论，实为清官。瑸生长海滨，非世家大族，无门生故旧，而天下皆称其清。非有实行，岂能如此？国家得此等人，实为祥瑞。”他戏称陈瑸为苦行老僧，甚至断言：“从古清官，计无逾瑸者”。这个结论是否绝对不去论它，陈瑸赢得了上下的认可是毫无疑问的。

历史上的清官，细看去都能够在对“贪不在多”的认识上很好地把握住自己，这也是他们在当时以及后世为人津津乐道的前提。王有光《吴下谚联》提到与陈瑸同时期的嘉定邑侯陆陇其，离任时，百姓“扶老携幼，哭巷攀辕”，人们用“有官穷似无官日，去任荣逾到任时”来评价他，当一回官，家产和没当官时没什么两样。陆陇其没有捞取一分一毫的“非分钱”，在于他如陈瑸般一贯严于律己，而在百姓看来，因为有捞取“非分钱”的“资本”而没有利用，没理由不表达敬意。

如今我们的廉政建设，应该多做“贪不在多”的教育文章，各级干部果真懂得了“非分钱”的含义，现实中才有不逾越雷池半步的可能。

林则徐

提到林则徐，人们马上会想到“虎门销烟”。这是人类历史上旷古未有的壮举，展示了中华民族反对外来侵略的决心。实际上，林则徐不仅有其“民族英雄”的一面，而且有其廉洁奉公、勤政爱民的另一面。他被贬谪到新疆后，发动当地大规模修建坎儿井，于是，这种自汉代已经出现的自流灌溉方式，被百姓亲切地称之为“林公渠”。

像历史上的有识之士一样，林则徐也十分看重清廉。他有个观点，叫作察吏“首以清廉为重”。判断一个人该不该提拔，先看他清廉与否。林则徐自己是做到了的。1839 年他离京赴粤查禁鸦片，行前便知会广东有关方面，“此行并无随带官员供事书吏”，也“并无前站后站之人”，沿途“所有尖宿公馆，只用家常饭菜，不必备办整桌酒席，尤不得用燕窝烧烤，以节糜费”等。总之，一不准下属远迎，二不准摆酒席，三不准随行人员索贿受贿。他特别强调“此非客气，切勿故违”，自己“言出法随”。

某人专注于某事而成癖，往往易为人们津津乐道。如西晋王济善相马又“甚爱之”，有马癖；杜预痴迷研究《左传》，有《左传》癖；唐朝郭子仪厉行节约，有“陶侃癖”。然而，在众多癖好中，独有钱癖者为世所贬损，众口一词。再拿西晋王戎为例，他“积实聚钱，不知纪极”，经常“自执牙筹，昼夜算计，恒若不足”。因此，王戎虽跻身“竹林七贤”之一，但“性好兴利”而不免“获讥于世”。对官场中人而言，注重清廉才可能洁身自好，如明朝曹端所言：“廉则吏不敢欺。”反之，一旦东窗事发，势必身败名裂。

当年，林父教育林则徐“不妄与一事，不妄取一钱”，不难看到，林则徐继承了这种家风，在此基础上，他根据自己修养标准提炼出的“十不益”，更超越了林家家训，在社会价值观方面具有普遍意义。

詹天佑

詹天佑最为世人所熟知的，是他作为总工程师主持修建了京张铁路。那是中国第一条完全不依赖外国，在资金、技术上完全由中国人自己修筑的铁路。而詹天佑不大为世人熟知的，是他在临终口授《遗呈》中的真情表露：“从事路工始终垂三十年，只知报国，从不敢殖产营私。”简单的话语，也是他对自己一生的高度概括。

“中国地大物博，而于一路之工，必须借重外人，引以为耻!”是为詹天佑的报国观。在留美幼童中，回国后服务于铁路界的约有三十人，在铁路界担任过要职的也有十多人，他们遍及全国各地，参与了国家各条铁路的修筑，这当中最杰出的代表无疑当推詹天佑。他打破的是“中国人不能独立修建铁路”的预言，而在层峦叠嶂、石峭弯多的崇山峻岭间修成从北京到北方重镇张家口的这条铁路干线，对祖国的赤胆忠心与精湛的技术本领，缺一不可。弥留之际，詹天佑也语不及私，对培育工程学后人、国家铁路事业发展、维护中国铁路权益等三件大事提出建议，以“得尽天佑未了之血忱”。

“从不敢殖产营私”，是为詹天佑的廉洁观。京张铁路比原计划提前两年完成，节约经费二十八万两白银，比让外国人修建节省五分之四的费用。仅此一点，已足窥詹天佑勤俭节约、廉洁奉公的工作作风。我们有理由相信，《詹氏家训》对詹天佑起到了熏陶作用。家训中的“训尔廉”一条，有“惟义是从钱不爱，利害两字总无干”“我劝儿孙廉居心，合浦还珠只因廉”等教诲。詹天佑不仅践行了这一优良家训，而且在此基础上将之发扬光大，对青年知识分子提出了“修业、进德、守规、处事”等必须具备的立身要则。

在詹天佑身上，我们既看到了半殖民地半封建社会中国知识分子所体现出的爱国情怀，也看到了中华传统美德所塑造出的经久不衰的人格魅力。

张维屏

“县官不愿收漕，世罕见也!”这是清朝道光时人对广济知县张维屏的评价。收漕，即收漕粮，利用水路转运粮食。隋唐以后，农业经济重心南移，而首都仍在北方，由东南而西北的漕运制度由此诞生。

在张维屏为官的时代，漕运体制已经败坏到整顿了一轮又一轮的程度，但是征漕加派的繁多名目以及各级官吏胥役的贪索，仍然屡禁不止。从漕粮征收到兑运，从长途挽运到京通交仓，几乎无处不弊，无官不贪，其结果，“州县取之于民，弁丁取之于州县，部书仓役又取之于弁丁，层层需索，无非闾里之脂膏”。在这种背景之下，张维屏以一区区知县身份，没有力挽狂澜的任何可能，然而他对这种腐败现象疾恶如仇。他说：“不浮收，则漕费无所出，浮收则理不直，理不直则气不伸，吾宁弃官以伸气。”可以趁机也捞上一把却不肯同流合污，并且连官位都不要了，愤然辞去，何其难能可贵!

历史上有许多像张维屏这样不很知名却足以成为后世楷模的官员。又如明朝徐问，当了四十年的官，刑部、兵部、知府，从中央到地方，有职有权的地方他都干过，但是“敝庐萧然”，连自家的住房还都很不像样子。他当长芦盐运使的“肥差”时，一上任就开宗明义："吾欲清是官也。"有了这个指导思想，他"终任不取一钱"。焦竑则借汉代大司徒王良自己"布被瓦器"，妻子每"布裙曳柴从田中归"的事迹而发问："今之人有官清要而蒲席布被褥者乎？其妻有操井臼以养者乎？第施施然藉其权力，渔猎小人，为肥家饱妻子之计而已。"不必斤斤计较焦竑所用的字眼，需要思考的是他所阐发的实质问题。

"世罕见也"，无异于相当之高的评价。张维屏的作为，也无异于污淖中的一股清流。这股清流得以涌现，是社会的希望所在。因为能够做到这一点，首先需要正气，其次需要勇气。

赵 翼

赵翼以精于史学、考据而闻名，所著《陔馀丛考》《廿二史札记》享誉后世。但赵翼同时也是一名官员，在中央当过内阁中书、翰林院编修，在地方当过广西镇安府知府、广东广州府知府、贵州贵西兵备道，并在云南参与过缅甸之役的军务等，同样留下了可圈可点的事迹。

举《清史稿》其本传所载一例。赵翼在任镇安府知府期间，当地百姓往常都是用竹筐向社仓交谷，"以权代概"，以称量的方式代替用概板刮平。后来，主管部门因为要买马接济滇军，"别置大筐敛谷"。一个"敛"字，道出了"民苦之"的必然结果。赵翼到任后，则"听民用旧筐，自权，持羡去"，不仅允许百姓沿用旧筐，亲自过秤，而且让百姓把盈余的部分拿走。这一来，令百姓感激不已，以至于赵翼"每出行，争肩舆过其村"，争着用肩舆抬着他经过他们的村落。

用今天的话来表述赵翼此举，可谓"金杯银杯不如百姓口碑"，而用《五灯会元》中的说法，叫作"劝君不用镌顽石，路上行人口似碑"。镌顽石，即刻石碑。石碑与口碑是两个事关颂扬的品种，前者是有形的，通过把颂扬文字镌刻于石质材料之上，以期不朽于后世。后者是无形的，属于人们口头、行为上的嘉许，所谓不胫而走。相对而言，无形的口碑无疑更接近客观真实。南宋曾极有《金陵百咏》，其中的《没字碑》咏道："漫漫荒地浸绿芜，残碑一丈载龟趺。当年刻画书勋伐，雨打风吹字已无。"不就很难说他在"就事论事"之外，没有其他的意味吗？

赵翼在学术上的成就辉煌耀眼，其宦海生涯中锐意革新除弊、为民利民的作为显得有些微不足道。但是他这样做了，历史便书写了这一笔。古往今来，口碑如何理当作为考察官员的标尺之一，因为它等于纳入了民意。

阮　元

"三朝阁老、九省疆臣、一代文宗"，是时人对阮元之誉。从中不难窥见，他既是一名高官，也是一名鸿儒。用梁启超综合起来的评价，阮元乃"达官中之真学者"。

作为高官，阮元在广东时可能最为风光，总共佩有六印：两广总督、两广盐政、摄广东巡抚、太平关税务、广东学政、粤海关庶务。作为鸿儒，他对经史、小学、天算、舆地、金石、校勘，皆有造诣，若论对广东文化上的贡献，当以其领衔编撰的《广东通志》最可称道，今人称之为"阮通志"，具有极高的史料价值。

阮元还有难能可贵的一面，那就是洁身自好。这里面有家风起的作用。有人借为其父拜寿之名摸去他的家，带着厚礼。阮父之问振聋发聩："君奈何无故而为我寿，不恤千金？"他当然明白对方的用意："若曰有乞于吾之子，吾子受朝廷重恩，清廉犹不足报万一，而以此污之乎！"接着他厉声说道："君以礼来，吾接君以礼，君以贿来，恐今不可出此门阈。"阮父身体力行，把捍卫儿子的"清白"看得非常重要。阮元显然继承了这种家风。他的儿子在粤督署出生，“一时僚属馈献悉令却去”之余，还写了首绝句：“翡翠珊瑚列满盘，不教尔手一相拈。男儿立志初生日，乳饱饴甘便要廉。”度其诗意，该是在儿子抓周的时候。

家风对塑造一个家庭成员的“三观”作用明显。明末清初理学大家孙奇逢有个观点：“迩来士大夫绝不讲家规身范，故子若孙鲜克由礼，不旋踵而辱身丧家者多矣。祖父不能对子孙，子孙不能对祖父，皆其身多惭德者也。”当然，家风也不是万能的，必欲其发挥功能，家训本身先需发自肺腑，而不仅仅是一些具有普适性的华丽句子的堆砌；再要知行合一，上一代给下一代作出良好示范。阮元父亲及阮元本身，就是这样的“廉”字示范。

第三部分

早些年，为新华社《瞭望》《半月谈》杂志撰写了不少时评类文字。此中辑录了刊发于《半月谈·内部版》的一些。虽时过境迁，自觉也没有完全失去意义。

拿什么增强爱国情感

张艺谋导演的新作《十面埋伏》不久前在法国戛纳电影节风光了一阵。开始我还以为，张导演是把楚汉相争中垓下之战的惨烈故事搬上了银幕，人们耳熟能详的琵琶传统大套武曲《十面埋伏》不就是这么描绘的吗？原来不是。这一个，故事发生在唐朝末年，是帮会反抗官兵的故事。

据看过的人说，长达两个小时的电影气氛非常紧张，主要就是“章子怡”和“金城武”在躲避追杀。我立刻明白了，琵琶曲《十面埋伏》是历史，而电影《十面埋伏》则是戏说。不过，这种不同，成年人明白起来不是难事，对那些未成年人呢？记得“小燕子”风行的时候有一篇文字说，一个十来岁的孩子游览故宫时兴奋不已，因为电视剧中的场面不断印证在他眼前，比方在乾清门外，他就看到了“五阿哥”练剑的地方。

加强和改进未成年人思想道德建设的主要任务，首先是从增强爱国情感做起。拿什么增强爱国情感呢？毫无疑问，进行民族历史优良传统教育和革命传统教育，把中国历史特别是近现代史潜移默化于广大未成年人的头脑中是少不了的。这当中我们既要骄傲于文明的灿烂辉煌，也要直面那些曾经饱受的屈辱。把未成年人的民族自尊心、自信心和自豪感从小树立起来，他们才能真正怀有爱国之情、滋养爱国之志，也才会产生爱国之举。

因此，我们在思考社会能够给未成年人提供什么的同时，也不妨思考社会已经给他们提供了什么。“刘罗锅”的弯背上的确驮着历史，“纪晓岚”的烟袋里也的确装着历史，但我们应当从这些历史人物身上筛选出哪些有积极意义的成分？倘若一味地插科打诨，兼且无中生有，就是只考虑到了成年人瞬时的愉悦，而忽略了未成年人成长的要素。影视固然有其自身的创作规律，不可苛求，但它对培养未成年人传统意识的培育功能不容小觑，甚至可以说是萌动并增强他们爱国情感的一个重要载体。

（2004 年第 6 期）

看奥运的感觉

落笔之际，雅典奥运会激战正酣。

看奥运的最大感觉是什么？要我说，是考验观众心脏的承载能力。竞技体育，本质上的追求是“决一雌雄”，对观众来说，倘若有本国运动员参与的赛事，完全抛开比赛胜负，专注于欣赏以寻求乐趣更是不可能的。当杜丽、王义夫都在最后一枪才乾坤奠定的时候，当复赛排名第七的罗雪娟奋勇夺金的时候，当“铿锵玫瑰”黯然凋谢、羽毛球男子项目早早全军覆没、跳水出现惊天一摔的时候，当卫冕冠军男子体操团体的队员们纷纷失误的时候……每一个目睹比赛过程的中国观众的心，都由不得不跟着跌宕起伏。或许，竞技体育就是这样，在“定数”与“变数”的变幻莫测之间，散发着迷人的魅力。

既然体育是竞技，就必有成功与失败。失败既然不可免，也就并不可怕，重要的是能够直面失败。在优势项目上失守，我们有一条惊人相似的原因：不是输给了对手，而是输给了自己。依我分析，造成这种状况，首先是我们在实力评价上过于藐视对手。举个例子，球类项目比赛，我们打得好，往往叫作发挥得淋漓尽致；人家打得好，则叫作“打疯了”。这是一种以自我为中心、高高在上的心态。其次，普通的竞赛项目背负了太多的责任感和荣誉感，胜与负，已经不再是简单的输与赢，而是涉及了祖国的重托、人民的期望，更涉及了个人将来命运的否泰……看上去，这些都是表象，然凡事一旦成为类的现象，偶然中就蕴涵了必然。

忽然想到，社会其实也是一个“赛场”，在这里不断进行着的，是文明与陋习、有序与无序，乃至正义与邪恶等的较量。当各地五花八门的制度频繁出台却不见持续发威的时候，当一些习见的不良现象每须三令五申仍然得不到有效遏制的时候，当腐败分子千方百计贪婪鲸吞人民血汗且有恃无恐的时候，考验的实际上是我们这个社会的心脏承载能力。但是，倘若每揪出一个贪官都同样地总结出缺乏监督的教训，只能说我们并没有吸取教训。

在社会这个“赛场”，虽然没有竞技赛场那种面对面的“剑拔弩张”，但胜负的影响却关系到社会肌体的健康，关系到国家的命运。因此，种种较量都是许胜而不许负。这一点，该是看奥运与看社会的本质区别了。

（2004 年第 9 期）

让“撤销称号”成为制约力量

近日，国家环保总局向广东某个“国家环境保护模范城市”亮出了“黄牌”，要求该市务必于 2006 年底前达到各项规定的考核指标，否则将撤销其称号。该市是 1999 年获得这一称号的，因为市区扩大等因素，在去年 11 月国家环保总局的复查中，全部 27 项考核指标中的 5 项没有达标，另有 4 项因为资料、数据欠缺，无法认定是否达标。

荣誉称号，乃是达到了规定标准而被授予的一种奖励。兵法有云：“军不赏，士不往。”移之于社会生活领域，荣誉称号正相当于“赏”，为的是树立一个标杆，引领风气之“往”。因此，荣誉称号不仅有激励的作用，而且有示范的功能。正因此，为了维护荣誉的权威，必要有相应的制约力量。如果获得了就能一劳永逸，人们的浑身解数将集中在为获而获之上，就背离了设立该项荣誉的初衷；而且，也会使荣誉自动贬值。在规定的整改时间内仍然达不到整改要求，则撤销“国家环境保护模范城市”称号，就是制约的力量在发挥作用。

对这种力量其实我们都不陌生，越来越为人们熟知的“世界遗产”称号就是如此。这两年，申报世遗在咱们国家热得烫手，但凡有点影响的文化遗产，都到了言必称之的地步。尽管许多地方的申报动机纯粹是盯住了潜在的经济利益，但在世遗条款的制约之下，确实起到了保护效果。尤其是它动辄“评估”——相当于“黄牌”的威力，使那些称号已经到手的，也不得不约束自己的行为，被曝了光的，赶紧老老实实地整改。这同时提醒我们，如果称号撤了就撤了，没什么人在乎，则说明这荣誉并没有存在的价值，可以取缔。

比较可惜的是，现实中还是对荣誉称号授出太多，而制约则太少。这一定程度上导致荣誉的“含金量”不高，很难在人们的心目中神圣起来。不仅如此，还往往造成尴尬甚至荒诞的一面。比如 2001 年 11 月被判处无期徒刑的前中国足协副主席刘盈福，其“广州市荣誉市民”的称号直到去年 10 月才被撤销。概因为在此前，只有授予荣誉市民的办法而没有撤销办法。与之类似，不少贪官身上的耀眼荣誉，明明是其在位之时巧取豪夺来的，却很少有个追回或者摘掉的说法，这也需要引起重视。

（2005 年第 3 期）

学术界更要树立荣辱观

4 月 13 日的《人民日报》，以一个整版篇幅“纵深报道”了一个“论文迷局”。起因是西安交通大学教授司履生致信中国科学院，公开举报中科院院士魏于全分别发表在国内、国际学术刊物的两篇论文涉嫌造假。

假以时日，这个“论文迷局”最终会因为专业人士的介入而真相大白。但人们之所以对“司魏之争”如此强烈地关注，恐怕与学术界的声名密切相关。如今，证据确凿的学者造假、论文抄袭等丑闻，早有此起彼伏之势。一位致力于学术批评的教授甚至认为：“国内（全部）1300所高校几乎都存在学术腐败问题。”因此，人们关注“司魏之争”恐怕是在关注在院士这个神圣领域内，还能不能保住“最后一方净土”。

我国学术界呈现上述态势，与学术制度缺少对学术腐败的惩罚机制密切相关。前不久，清华大学解聘了一位涉嫌论文、履历造假的教授，但是，这种做法在国内高校却并不多见；多见的，是一些所谓“一流大学”对学术腐败所持的包庇态度。包庇无疑意味着纵容。个人方面，一些学者已不知廉耻为何物，只要能达到自己的目的，用什么卑劣的手段都无所谓。印象中，好像只有去年年底，汕头大学一位教授因涉嫌论文抄袭而引咎辞职，其他的，鲜有愧疚意识，即使被按住了不是还会抵赖三分吗？

“以诚实守信为荣，以见利忘义为耻。”时下，全国上下都在树立社会主义荣辱观，学者和学术界更应走在前面。诚信是一个公民的道德底线，学者作为有一定知识、素养较高的现代公民，其行为取向已不仅仅代表个体，更具备对社会的示范性意义。而学术界存在的价值，也在于能为提高一个国家、一个民族的整体文化水平和学术水平贡献力量，如果这样的领域也无视诚信，那么它存在的意义又在何处？

道德自律产生的羞耻感是人类趋于完善的动力，它使人自爱、自重、自尊、自律。中组部要求把“八荣八耻”作为干部考核任用的重要标准。对于学术界而言，无论将来惩罚学术腐败的机制建立得如何，“八荣八耻”都应当作为一个衡量标准，敦促学者以模范行为推动整个社会的道德进步。

（2006年第5期）

一个少女对“包二奶”的识见

自从去年6月至今，山东女大学生王静用了整整一年的时间，两次只身进京举报父亲——山东国土资源厅干部王志华包养“二奶”，强烈要求党组织“清除这个党内败类”。日前有报道说，少女之举引起了中纪委的重视，并责成山东省国土资源厅调查此事。

二奶，在第5版《现代汉语词典》里能够找到词条解释：有配偶的男人暗地里非法包养的女人。这个释义，实际上已经给“包二奶”的行为定了性，用社会主义荣辱观的尺度来衡量，属于该以之为“耻”的一类。然而“包二奶”却不幸成了社会的一颗毒瘤。有法律专家提供的数字说，领导干部腐败的60%以上都跟“包二奶”有关系；在被查处的贪官中，95%都有“情妇”。值得注意的是，这一丑恶现象至今仍未断绝。这说明，虽然是性质一目了然的问题，不同的人仍有不同的“识见”。

“你是个共产党员，你应该严格要求自己，按照党纪要求自己。”这就是少女王静的识见。我们的党纪条文也的确有针对她爸爸行为的白纸黑字。《中国共产党纪律处分条例》（2004年版）第一百五十条：“与他人通奸，造成不良影响的，给予警告或者严重警告处分；情节较重的，给予撤销党内职务或者留党察看处分。情节严重的，给予开除党籍处分……重婚或者包养情妇（夫）的，给予开除党籍处分。”对女儿的举报，王志华虽然大呼冤枉，但却无法否认与一个女人“一直住在他们家楼下101室”达6个月，直到被他妻子发现的事实。也许他并没有“包二奶”，却无疑做出了败坏道德的行为。不管怎么说，在王静举报的一年时间里，王志华都不该“泰然无事”，正如王静所说，“单位上应该管这样的事。”

少女王静的识见，是个非常浅显的因果关系。然而，现实中的一些党员却对此极其漠然。道理他们都懂，讲起来还可以一套一套，做出来的龌龊事却往往不以为耻、反以为荣，远不及一个少女的识见。相信举报事件最后会有一个说法，但笔者感到不解的一点是：在中纪委责成调查之前，有关部门对少女的举报装聋作哑，又该是基于什么“识见”呢？

（2006 年第 7 期）

纪念碑之“立”与“拆”

最近，北京有两名艺术家给“超女”立了个纪念碑，网上有照片为证：两位超女雄赳赳的造型，让人想起以前电影厂的那些厂标。差不多与此碑“立”的同时，上海又有个消息，说“顾正红烈士殉难处”的纪念碑被房地产开发商给“拆”了，记者前去采访的时候，那里已成了一堆瓦砾，同样也有照片为证。

超女纪念碑之“立”与顾正红纪念碑之“拆”，在时间上碰到了一起，应当说完全是巧合而已，绝没有逻辑上的任何关联。但这纯属巧合的一“立”一“拆”，还是能折射出一些问题，说是暗合了时下部分国人的价值取向，并不为过吧。

对超女纪念碑，不少人都表现出义愤填膺的态度，大抵源于对湖南卫视举办的《超级女声》这一中国大众女性歌手选秀节目的所谓成功模式的非议，其实这大可不必。准备修订的新版《辞海》声称不会收“超女”词条，不仅气量上露出“小”来，而且与其“海纳百川”的书名寓意也有偏差。不管你收还是不收，它都俨然已是客观存在。不收，不过是为后人了解这个历史名词时增添一点麻烦，但给擅长考证的人们提供了相应的素材而已。于辞书上查“纪念碑”条，乃是为纪念有功绩的人或重大事件而立的石碑。超女的收视，一时间万人空巷，至少在今天的文化界算得上比较大的事件，立一个碑没什么大不了，况且还是艺术家的个人行为；且迄今为止，并没有不准为超女立碑的任何规定。问题在于不要顾此失彼。我们在关注现实，诸如关注超女碑的“立”的同时，不能有意无意地淡忘历史，漠视诸如顾正红碑的“拆”。谁都知道，发生于1925年的五卅运动，是中国共产党领导中国人民反对帝国主义的革命运动，是当代中国历史上早已定格了的一个重大事件；而共产党员顾正红的壮烈牺牲，正是五卅运动的导火线。烈士的牺牲地点，在空间上具有无可替代性。倘若这样一个带有“唯一”色彩的革命纪念地，却要让位于兴建寻常得不能再寻常的所谓高档住宅小区，那么，对烈士，以及对历史，都有一种亵渎之嫌。

超女纪念碑之与顾正红纪念碑，尽管对比鲜明，但并非水火不能相容，它们毕竟分属于不同的时代。这几天又看到一则消息，上海市有关人士对此表态，在原地块改造完毕后，顾正红烈士纪念碑将安放回原处，供人们瞻仰。这是一个好消息。但愿这样的好消息，不是在舆论的压力之下作出，而是发自文物所在地政府管理人士的内心。因为，该不该“立”超女之类的碑，可能还存在争议；而不该拆顾正红烈士纪念碑，却是一个早就明确了答案的问题。

（2006年第11期）

“文化墙”与“遮羞墙”的分野

甘肃永靖县最近在县部分公路两边，砌了九处，总长度两公里多的鲜亮整洁的高墙，墙面还被统一涂成蓝色，并画上了图案，一些墙上还盖有琉璃瓦，煞是好看。当地政府称之为绿化美化农村环境的“文化墙”，而当地农民则毫不领情地称之为“遮羞墙”。

“文化墙”与“遮羞墙”，正面与反面，针锋相对。究竟孰是孰非，到墙的背后伸一伸头，瞧一瞧就不难明了。新华社记者代我们瞧过了，发现两米高墙的背后是农民的土坯房和破旧的院落，还有部分农户家里缺粮断水，生活极其贫困。作为一个个别乡镇贫困面达到70%以上的国家扶贫重点县，永靖县的贫困和破旧是可以理解的事实。奇怪的是，当地官员们似乎不肯承认，也不愿承认，不仅如此，他们还要迫不及待地向公路上过往的人们展示自己在“新农村建设中探索出来的做法”，这就难怪农民们称之为“遮羞墙”了。

最近几年，贫困县传出的新闻每每令人惊诧，或纷纷大建豪华办公楼，或斥巨资举办豪华晚会，此起彼伏。贫困地方的“炫耀”似乎成为一种流行。这样做的动机有千个万个，而归根到底可能只落下一个：遮羞。贫困本身无羞可言，可羞的是地方官员对脱贫乏术、致富无门的遮掩。他们当然知道，主客观条件累积造成的贫困状态，不可能靠自己这一届得到根本改变，但是他们要显示“政绩”，关键是要显示看得见的“政绩”，所以才无不在形式上大做文章，用寅吃卯粮、饮鸩止渴的方式制造各种华而不实的表面效应，给不识其底细的人们一种良好的错觉。殊不知，这种做法就像永靖的“文化墙”一样，留下的只是羞耻印记！

不积跬步，无以至千里。越是贫困地区的领导干部，越要深知自己肩上的重任，越要踏踏实实，苦干实干。如果每一届领导班子都抱着“急功近利”的浮躁心态，没有一点“前人栽树，后人乘凉”的胸襟的话，甚至为了达到出“政绩”的目的不惜走旁门左道的话，可以断定，贫困地区的脱贫不仅没有指望，反而会雪上加霜。

一堵漂亮的墙，在官员的眼中是“文化”，在农民的眼中是“遮羞”，这样南辕北辙的认识分野，实际上是干部与群众的心理分野，至少昭示着当地干群之间还隔着一堵无形的墙。最让人担心的是，虽然墙一类的东西还立在那儿，但是干部的形象在群众心目中已然倒了。

（2007 年第 5 期）

对历史，颠覆还是发覆

不久前，在孙子著书地苏州穹窿山下，举行了“苏州吴中孙武文化园奠基、孙武书院成立典礼暨苏州第三届孙子兵法国际研讨会”活动。开幕式上有大型歌舞《风起穹窿》表演，但在演出其中一组历史篇章时，出现身着暴露衣服的女子在“兵圣孙子”塑像前跳起的激情舞蹈，让不少观众感到别扭，认为不仅太俗气，而且是对圣人的不敬。

孙子若在世，对此未必太以为意。他是见过这种场面的。当年，吴王阖闾为检验孙子的兵法效果，把自己的 180 名宫女交给他训练，还让最为宠爱的两名美姬担任队长。结果大家都知道，因为嘻嘻哈哈，严肃不起来，两名美姬成了孙子严肃军纪的牺牲品。孙子可能不以为意，但问题在于，今天的人们为什么要在其圣像前安排“身着暴露的女子”起舞？想来，孙子也不能幸免地成为一面可以招徕什么的大旗，那么他就还要吸引俗人的眼光，而俗人就得用俗事来对待。

关于历史的东西现在比较吃香。某朝的多少帝王如何，某朝的这些事、那些事又如何，接二连三。大体上看，影视方面的“戏说”迭遭诟病之后，所谓“正说”也难逃“别扭”的嫌疑。西安一位教授跟《出师表》较上了劲，先认为它表的是愚忠，再认为它做的是皇帝梦；郑州一位教授“发现”司马相如原来有另一面，“动机不纯，骗财骗色，涉嫌‘包二奶’”……

《出师表》究竟是什么性质的作品，司马相如究竟是什么样的人，有了教授们的“颠覆”，相信多数人的认识反而迷茫了。由此想到陈寅恪教授的“发覆”。陈先生善于从寻常史料中发现别人视而不见的问题，“发古人未发之覆”，亦即把历史深处被掩盖的东西发掘出来，让人们更清楚地认识历史。比如在《唐代政治史述论稿》中，他利用两唐书等人人都看得到的史料记载，指出唐代四次大的宫廷政变的成败，取决于谁的心腹把守玄武门。发覆与所谓颠覆的分野，正在这里。

颠覆，也许是颠覆者的偏好。值得追问的是，颠覆者究竟要向大众传递些什么信息？他们的着眼点、着力处，究竟是历史的精华，还是历史的鸡零狗碎？

（2007年第6期）

公布新词焉能不考虑多数人明白

前不久，教育部、国家语言文字工作委员会联合发布了《中国语言生活状况报告（2006）》，列出了171条汉语新词语选目，诸如房奴、奔奔族、独二代、国际高考移民、换客、梨花体、晒客、学术超男等等，均收录其中。据介绍，这是国家语委今年第一次尝试公布新词。

像许多人一样，笔者对大量的所谓新词也先是“不懂”，然后是“质疑”。先说“不懂”的，诸如“压洲”乃“压力最大的亚洲”之类，不加注释，无论如何我也不会弄明白。这一点，发布者应该没想到，所以才会说：“很多人对这些新词究竟是何含义并不理解。再公布新词时，我们会同时配有例句和注释。”既然如此，就不能不让我们质疑：公布新词焉能不考虑多数人明白？多数人都不明白其含义的新词，可以成其为新词吗？尽管这些词“不会很快收入词典”，但是公布汉语新词的标准是什么，仅仅取决于其在某个范围内比较流行吗？

打个也许并不恰当的比喻，新公布的很多所谓汉语新词，类似于行话，也就是某个行业的专门用语。“晒客”“博斗”之属，可能只是在网民群体内某个年龄段的人们才能够了然。不能排除的是，它们中的一些词将来经过一段时间的检验与积淀，很可能融入汉语语词队伍，但是现在一股脑儿地端出来（当然也是经过了筛选的），难免泥沙俱下，良莠不齐。

有专业人士认为，发布新词不是为了引导公众使用，只是表明官方对曾经流浪在民间的词汇的承认。然而，有谁敢保证过了十年八年，或者也许就是明年、下个月，这些所谓的新词仍然生机盎然呢？如果不能，这种“承认”又有何意义？虽然说，发布者的主观意愿“不是为了引导”，但客观效果上却可能南辕北辙，因为一些中小学生可能看了权威部门发布的这些词，会想当然地认为可以效仿、使用，这不是制造混乱吗？

因而，明年“再公布新词时”，笔者斗胆提个建议，“多数人”不理解的新词就免了，也不用费心费力地配例句和注释，单纯公布那些“多数人”能够理解的就行了。因为，语言词汇的生成毕竟是约定俗成的，没有多数中国人的认可，还何谈代表“中国语言生活状况”？

（2007 年第 9 期）

撼动文山会海的力量在哪里？

9 月 14 日，重庆市委、市政府出台了《关于进一步改进机关会风文风的规定》，明确限制会议规格、规模、时间和控制发文数量等。此前几天，广州市也出台过类似规定，并且还明确了以多大的篇幅或多长的时间，报道什么级别的领导干部活动。

“文山会海”已成社会痼疾，不表示一点儿决心，不下一点儿猛药，看起来是不行了。这几年，因为开会时有人台下睡觉而导致台上领导拍案一怒的新闻，已不新鲜。这不是偶然的，其中既有与会者的态度问题，更有会风的冗长乏味问题。其实，即便没到鼾声大作的程度，开会的时候如坐针毡，开完的时候如蒙大赦，这种情形我们也都经历得多、听得多了。

广州、重庆出台的相关规定可谓“细致入微”。重庆方面，除法定会议外，全市重要会议会期不超过两天，市委、市政府召开的工作会议，会期不超过一天，电视电话会议一般不超过 1.5 小时。全市重要会议领导讲话和报告原则上控制在 90 分钟以内；全市专题会议讲话不超过 70 分钟；电视电话会议不超过 60 分钟；一般会议讲话不超过 40 分钟；交流发言不超过 8 分钟。广州方面，对以市委、市政府名义召开的其他会议，新闻文字稿一般不超过 1000 字，广州电视台全市新闻联播不超过三分钟。对市委书记、市长公务活动，由市委办公厅、市政府办公厅发新闻通稿，文字稿一般不超过 1000 字，广州电视台全市新闻联播不超过两分钟……

如此等等，似乎很有可操作性，届时对照执行就是了。不过，问题可能没有这么简单。严格说来，这样的规定前些年已经有过。那个时候为什么没有奏效，抑或只是奏效一时？如果我们找不到或分析不出其中的原因，或分析出来了却无奈于现实社会的掣肘，那么这一回也就难报以期望。前几年各地都纷纷制订无会周乃至无会月之类，操作性更强，起到过作用吗？作为一种载体，会议本身无辜，完全不必对之咬牙切齿，难道控制在规定的时间内，会议和讲话就能赢得听众吗？

广州、重庆出台相关规定，目标指向都是一个：搬“文山”、填“会海”。出发点是可以肯定的，但是，如果高估了规定的功效，以为凭此就能从制度上解决问题，难免失之于幼稚。会风文风在今天，已经不是单纯的某个领域的问题，也不是某个地方的局部问题，一两个规定，还不具备撼动它们的力量。

（2007 年第 10 期）

公布领导办公电话不仅需要决心

昆明市通过新闻媒体，正式向社会公布了副县级以上党政部门领导干部的职务、分工和工作电话号码。公布的范围包括：市委党委、市长、副市长、14 个县（市）区党政班子成员和市属各部门班子成员。于是，这一天的报纸“洛阳纸贵”，很多市民都买来收藏，以备一时之需。

公布领导干部电话，是作为政务公开的一种形式来进行的，其实，这更像是“×长热线”电话的延伸版，昆明覆盖更全面而已。不管怎样，这种姿态还是可取的，但从另一角度看，可能也暴露了职能部门存在工作效率、工作作风方面的问题，而这种问题由群众监督已然无济于事，就改由领导监督。大量的事实表明，由一把手过问或拍案，鲜有不能治标的。《人民日报》报道里讲到的市民周先生的遭遇就很典型。前段时间他为办一件小事跑了“衙门口”五六趟，窝火得很，看到电话后他说，以后再碰到这种事，一定找领导投诉。“如果没有答复，我就直接打书记、市长的电话！”因此我想，电话公开之后，主要领导干部可能要有足够的被寻常“小”事“骚扰”的精神准备。

开弓没有回头箭。任何一种出发点良好的制度设计，都面临如何贯穿始终的问题。这方面当下有不少教训，从历史上看，也有前车之鉴。比如隋唐之际紧接李渊父子而自建郑国的王世充。《旧唐书》载，称帝之后，王世充很想有一番作为，“轻骑游历循衢，亦不清道，百姓但避路而已”。他在“按辔徐行”的同时，在大街上公开对百姓承诺，自己要像一个州刺史一样，“每事亲览，当与士庶共评朝政”。他甚至担心衙门里“门禁有限”，使百姓的意见不能充分上达，乃在“顺天门外置座听朝”，公开办公。结果，“献书上事，日有数百，条疏既烦，省览难遍，数日后不复更出”，信誓旦旦的一切全都不算数了。因此，公布领导干部的电话在一定程度上需要的只是决心，而坚持下去，需要的则是恒心。

昆明的公布之举可能取得什么样的成效，需要假以时日来作评判。不过相对而言，还有更多本质性的内容值得而且也应该公布，比如千呼万唤未出来的领导干部财产收入。当然，这是另一个话题了。

（2008 年第 3 期）

吴建民先生只关注到了技术层面

驻法前大使吴建民先生在多种场合谈到过我们的一些官员不大懂得与外国人交流的情况，新近一次发表在 11 月 20 日《人民日报》上。他说他在法国时，每年光副部级以上的代表团就要接待 200 多个，很多代表团在介绍他们那儿的投资环境时，都把大量时间浪费在充满套话、废话和空话的无效交流上，有鉴于此，这些年他一直致力于“交流学”。

吴先生肯定是在做一件有意义的事情。不过，他关注到的仅仅是属于技术层面，而不是本质层面。想来他早就关注到本质了，在他的位置上不好直说罢了。问题明摆在那里，我相信许多人和我一样，决不会纳闷“为什么我们的官员到了国外，几句话能把别人的兴趣调动起来的人这么少”，因为我们都知道这样的官员在国内同样也见不到几个。比如开会时不少官员“念稿子念得满面通红，长篇大论”，这样的情形在我们这些从未踏出过国门的人不是也都司空见惯吗？那么，官员在国外的表现，充其量是在国内表现的延伸罢了，惯性使然。

医治这种膏肓之病，作为讲究技巧的“交流学”，恐怕力有不逮。在我看来，前提条件是要从根本上扭转时下官场的讲话风气。毛主席当年批判党八股，说“空话连篇，言之无物”的文章是“懒婆娘的裹脚，又长又臭”，今天的许多讲话也未尝不是如此。建筑大师梁思成说过：“总有一天我要组织一个废话协会，我任会长，我的废话是最多的。”这当然是他的气话。为了保护北京的古都风貌，任他怎样论证、怎样痛陈，怎样晓之以理，全不及上面一句话。他在痛心之余，不可能不感到自己是在说废话。然而不恭敬地说，即使成立了这个协会，梁先生也没有资格当会长，而要当仁不让地奉送在本地、本部门有“话语权”的大小官员！因此，必须找出一种办法，让那种“下决心”不要群众听的讲话毫无市场，以期同样形成一种惯性——讲真话讲实话的惯性，以之对抗目前讲空话讲套话的惯性，并且使前一种惯性能够占领上风。这样才可能根治“文山会海”，我们的官员出去，也才可能消除自己已经浑然不觉的恶劣习气。

字里行间看得出，吴建民先生一定是真正关心官员形象——其实也是关心国家形象的人。逻辑上不难推断，我们的代表团不会只是在法国才如此废话连篇，但似乎只有吴先生在不遗余力地试图改变。然而，把不知要蔓延到何时的官场“说话”习气改变了，“交流学”才会有真正的用武之地吧。

（2008 年第 12 期）

会议直播或有助改变会风

杭州市市长蔡奇在不久前的一个研讨会上表示：“老百姓有权知道政府在做什么。”为了进一步揭开政府决策的神秘面纱，他提出今后杭州市政府的重要活动或全体会议，都可以通过视频直播、网络直播形成互动。杭州市的这个做法如果得以实现的话，其意义可能不仅在于政务公开，使老百姓享有知情权和参与权，甚至参与决策，而且有可能助推会风的改变。

方方面面下决心整顿“文山会海”不知多少年了，但是现实情形谁都知道，用贺知章的说法叫作“春风不改旧时波”。因此，关于会议的“负面新闻”总是不绝如缕。一会儿是哪里的干部开会时睡觉惹得领导拍案大怒，一会儿是哪里的领导派遣“山寨”替身去假装自己到会，诸如此类。对这一类事情，惯常参加会议的人不会大惊小怪，许多所谓重要会议貌似重要罢了，用冗长乏味来形容可能更恰当一些。这种司空见惯的现象，倘若只是由几个打呼噜流口水的人承担责任——批评甚至撤职，就难免让人心生同情。至于那些为了让场面好看而被拉来凑数的听众，简直要用可怜来形容了。

“不识庐山真面目，只缘身在此山中。”当然，这只是我的一个“大胆假设”。实际上，当下会风的弊端在哪里，用不着“负面新闻”出现时的舆论出主意如何改进，主席台上端坐着的官员们最清楚，不过他们自己一方面被“规则”裹挟着随波逐流，一方面又以自身的行为强化了“规则”而已。我一直想出个主意，开会的时候，要么就不发印好的材料，由与会者径自引颈伸项，凝神聆听；要么印好的材料就让人留到会后去看。总之，开会不能好像检验扫盲成果。当然，我也知道，达到让人凝神的效果，说明此会非开不可；而开会不成宣读，也许主办者要手足无措。

会议直播就有这个好处——哪怕只是视频，等于把底牌亮给了百姓。让百姓看看这些会究竟是为了解决问题，还是属于单纯的例行公事。可以想见，如果直播的重要会议毫无重要内容，百姓就会骂娘。我所说的有助改变会风，道理就在这里。这等于是在借助民间的力量监督会风，尽管其所产生的任何效果都是客观上的。那么，再进一步的话，不妨考虑用“点击率”来衡量会议的效果，由民间评判重要会议果真重要还是无关紧要。因此，杭州的做法值得推广，推广到其他地方，并推广到非重要会议。

（2009 年第 1 期）

广州保住小洋楼只能算惨胜

广州新河浦地区建于二十世纪二三十年代的400多幢小洋楼，在当地是很有一些名气的，早几年更发现中共三大会址就在其中。2000年，这些洋楼即被广州市列入首批“历史文化保护区”。但是不久前，开发商来这里“开发”了。大锤之下，九幢小洋楼顷刻间死于非命。当第一锤落下时，当地媒体即齐声声讨，由强大舆论压力触动了更强大的上级压力，开发商才终于抵抗不住。

一件性质非常恶劣的事件看起来得到了“圆满”解决，不过，事件关联的各方却没有赢家，结果是双输或者全输。政府有关部门赢了吗？没有。须知开发商不是在蛮干，而是“拆迁手续齐全”。明知是保护区而批准建设商业住宅楼，则备受诟病的政府依法行政能力无疑雪上加霜。开发商赢了吗？也没有。虽然政府准备斥巨资收回地块，但显然仍不及已经到口却被生生夺走的肥肉更肥，所以他们愤愤地说：“批地的是规划局，收回的又是你。”关心文物命运的人们赢了吗？更没有。好端端的东西毁掉了，尽管政府官员明确表示要重建，重建出来的玩意模样可能也不差，但还称得上文物吗？

在民国时期，广州新河浦地区是华侨、富商和政要的聚居地，几乎每一座洋楼都留存着一个望族或政界名人的故事。或许正是因此，去年10月，广州市报送的“新河浦历史文化保护区保护项目”荣获世界大都市奖第二名。谁能想到，时隔不足一年，洋楼的命运却有了如此强烈的反讽意味！事情的结局倘若就像现在这么轻描淡写的话，则根本不要指望类似的行径不再重演。当事有关官员必须为此引咎辞职！

如果硬要说公众一方赢了，也说得过去，毕竟“该拆”的还留了两座，但充其量只能说是“惨胜”。相对而言，南京古城保卫战目前仍处于“惨败”状态。自2006年起，有“南京之根”称誉的老城南历史街区，因为大面积拆迁，国家领导人两次批示，成为举国关注的公共事件。但是今年以来，拆迁的烽烟再起。那些呼吁保卫古城的人，竟被拆迁人员形容为“螳臂当车，不自量力”。很想知道的是，究竟什么力量才能使决策人物在对城市文明构成要素挥起屠刀之时产生一丝敬畏！

各地发生的类似事件有一个共同特点，那就是只有“民间”才能真正认识到文化的价值。别看不少大小官员动辄言必称文化，其实是学舌的鹦鹉而已。这个问题需要引起文化建设的高层注意。

（2009年第10期）

政府部门对突发事件宜慎重表态

从不少在全国造成了恶劣影响的事件中，我们都能看到当地政府或当事部门前后表态的自相矛盾：始而言之凿凿，继而在舆论的追问面前吞吞吐吐地道出真相，而真相往往正与当初的言之凿凿南辕北辙。

就在这一来一往构成的自我否定之间，政府的公信力毫无疑问受到了极大伤害。公信力是政府的影响力与号召力，同时也反映着公众对政府的满意度和信任度。如果我们还能正视现实，就会承认当前一些地方政府公信力正在面临危机。在云南的“躲猫猫”事件中，在上海的“钓鱼式执法”事件中，在贵州的“警察枪击村民”事件中，我们都通过当地政府或部门的表态，窥到了它们对自身公信力的伤害。充满温情的“躲猫猫”，其实是暴力杀人的遮羞布。据当时公布的“地方应对网络舆情能力排行榜”中，“钓鱼式执法”成为十大“舆情热点事件”中最有损政府公信力的事件。“枪击村民”事件到目前为止，仅仅在探明真相的征途上刚刚起步。在这些恶性事件之后，如何恢复公众的信任，对他们来说不啻一道艰难的课题。前车之辙，后车鉴之。避免政府的公信力继续受损，显然对任何地方而言都不能忽视，不容忽视。

众所周知，当下我们这个社会处于矛盾的多发期和凸显期，一些恶性事件的发生及发展往往匪夷所思，难以预知。在这样的背景下，如何在事件发生的第一时间及时表态，考验的是政府部门的智慧乃至诚信。越是面对突发的恶性事件，越能检验出政府的处置能力以及诚信水准。然而，无论如何表态，首要的前提是严肃认真，开诚布公，尤其不能欺瞒公众，包庇违法。只有政府的声音显示出权威，才能对平息事态、对嘴边常说的把损失降到最低之类起到真正的作用，才能体现出政府的公信力。因此，在没有调查清楚的时候不要遽下结论，调查清楚了就该有一说一。那种明知真相但无意揭示甚至刻意遮掩、回避的，都属于自戕行为。而我们在现实中不难看到，有的地方政府或部门往往从所谓“稳定”或者“大局”（常常不过是它们的自身利益）出发，试图以谎言蒙蔽公众，求得一时的息事宁人。在有的地方，这种不分青红皂白几乎成了本能，令公众对政府部门居然袒护害群之马百思不得其解。

时至今日，已无人否认我们这个社会是诚信严重缺失的社会。重建诚信，尤其需要政府的榜样力量、带动力量。政府的诚信缺失，就会破坏整个社会的信用基础。但知夸夸其谈，说的比唱的都好听，说唱之后却是没有下文，口惠而实不至，这样的事情也不鲜见，但面对突发事件的表态，影响更直接，一旦沦为负面，影响也更恶劣。而重建诚信对于政府并不是苛求，完全可以做到，在行政理念、行政制度以及行政行为上先要避免“失范”之举。不难想见，政府公信力的高低，直接影响到政府的形象和权威。一个不具公信力的政府，就是没有权威的政府，苟如此，哪怕它某一回讲得千真万确，出面辟一个流传很广的谣言，也未必奏效。这就是“狼来了”童话的现实版本。

提高政府公信力，是巩固党的执政基础、提高党的执政能力的必然要求；而对突发事件慎重表态，则是提高的重要抓手。

（2010 年第 3 期）

对一则“发威”新闻的解读

关于湛江市徐闻县人大常委会“发威”的新闻，最近成为媒体持续关注的热点。所谓“发威”，就是今年 4 月，徐闻县人大常委会联合县委组织部对县政府组成部门、公安系统六个大队及其下属中队等实权部门的领导进行了考评，结果 4 名县政府组成部门班子成员、公安局交警大队大队长和巡警二中队中队长的考评结果为“不称职”，徐闻县委跟进作出决定，给予以上 6 人免职处理。到目前为止，徐闻县人大常委会组织的考评和测评一共摘掉了 14 名官员的乌纱帽。

很显然，这里的“发威”就是“考官”没有走过场，监督落到了实处，而“考官”在许多时候，在许多地方，往往就是热热闹闹走个过场。虽然监督从来都是宪法和法律赋予地方各级人大的一项重要职权，但许多地方人大实际作为并非如此，说两句锦上添花的话，举举手，就算代表人民管理国家了。名目上的监督也不少，然弹性监督多，刚性监督少；注重程序的监督多，重实质的少，诸如质询、罢免，特定问题调查和撤职等刚性监督手段更相当罕见。也就是说，对“一府两院”及有关部门的监督，至少在力度上谈不上大。因而徐闻人大牵头拿意见，党委跟进拿行动，便呈现了一抹亮色。

地方人大工作可以发挥其应有的作为，徐闻的实践证实了这一点。今年，他们可能还将再进一步，对所有副县长进行考评。他们的举动令人期待。浅层次看，这是人大为地方的吏治清明作出的应有贡献；深层次看，则是使地方人大职权某种程度上“回归”本位的一种表现。无论深浅层次，意义都不可低估。当然，我们也必须认识到，加强人大监督的意义并非仅仅是简单地发一下威，更应该关注的是如何正常地行使人大在制度设计中的应有职能。徐闻之举显示了他们的一种创新思维，这种引起一时轰动的行为能否持续下去，以及有没有可复制性，都值得我们继续关注。事实上，在徐闻之外，这几年各地时不时地都有因为某个轰动事件而令社会瞩目的“人大现象”，却“只见树木，不见森林”。各地人大的每一“惊艳”都会令舆论兴奋不已，表明人们期待人大的更大作为；而之所以“惊艳”，又恰恰证明种种举措不是制度催生的结果。从报道上看，徐闻人大也是这样，他们的监督原来也很薄弱，“转机出现在县委书记的支持上”。宪法和法律赋予人大的权力几时才不会因为强势领导的意志得到实现，而是在宪法和法律的保驾护航之下得到保障和畅通行使呢？这样的话，某一天，就算人大罢免了地方的一把手，也不会令我们觉得诧异，反而认为自然而然。

无论社会各界还是人大本身，实际上都对监督功能的缺失习以为常，徐闻之举才得以备受瞩目。偶尔“发威”固然呈现了一抹亮色，但同时也映射出多数时候的“蔫巴”。当下越来越频密的“炮轰”以及“拍案怒斥”之类，同样暴露了正常职能行使的缺位。而倘若“发威”之后故态复萌或者根本没有触动什么，那就只是吸引了一下眼球，一时热闹而已。积重难返需要“发威”，但也意味着常态并不正常，这层关系需要明确，如此对“发威”之类的理解认识会更进一步。

（2010 年第 10 期）

第四部分

时评类的作品，前七集文字大致有个分类，此为该系列的最后一集，因而除了近年新作，还收容了以前的一些，有杂烩之嫌，但属于个人的一个总结。关于非典的，对眼下的新冠肺炎疫情未尝不是一种参照。许是人类学出身之故，仍以关注文化类的事件为主。

放松与放纵

过年是种休闲，古已如此。对古人来说，一年中整日忙碌于劳动生产，很少有休闲玩乐的机会，各种节日就具备了调剂的功能。同时，官方也提供了种种方便，比如唐代京城中平时实行宵禁，但到元宵节，则禁令解除，人们可以自由自在地观灯赏灯。但是，掷骰子、推牌九等具有赌博性质的游戏活动，在过年期间也不受禁止，这就超出了放松，而有放纵的嫌疑了。

如今过年，提倡过文化年，还有一种提法说要把春节变成“文化狂欢节”。“仓廪实而知礼节”，随着物质生活水平的不断提高，精神需求日渐引起人们的重视。各种“好去处”的预告，年前新闻媒介已经作了不少。就说在广州吧，国内外的各式旅游叫人眼花缭乱；即使不想动弹，这里的展览，那里的演出，也使你目不暇接，光是音乐会就有不少种：中外电影经典音乐欣赏晚会、情人节交响音乐会、王洛宾情歌音乐会等等。毫无疑问，过年的文化味道的确越来越浓了。

氛围归氛围，百姓怎么过年，还是十分值得关注的。节前有位先生撰文，说节日的舞台虽然色彩缤纷，自己也有的是时间，但他“不敢看戏”，因为票价太高，望而兴叹。相信这是说了不少人要说的话。不去旅游，“不敢看戏”，过年了，还是可以找出许多乐子。但在笔者所居的高等院校，甫一放假，即有麻将声声声入耳，邻里的一家，经常通宵达旦。节前还有篇报道，披露的是某城市“色情歌舞也在忙着过年”。这表明，如果失去节制，放松在今天同样容易发展成放纵。

写到这里，记起隋朝的柳彧。柳氏曾建议文帝把正月十五元宵节“禁绝之”，不要了。他的理由有荒谬的一面，比如他指责那天夜里“充街塞陌，聚戏朋游”就不妥，人们都猫在家里还叫过节吗？不过柳氏不是看不得人们高兴，而是看到了热闹背后的放纵，“以秽谩为欢娱，用鄙亵为笑乐”是一种，“竭赀破产，竞此一时”又是一种。在柳氏看来，人们的放纵，导致“秽行因此而生，盗贼由斯而起”，到头来不仅“非益于化”，反而“实损于民”，所以干脆不如废了。柳氏的做法走了极端，出什么问题就解决什么问题，岂能因噎废食？但柳氏无疑也指中了要害，否则隋文帝就不会“诏可其奏”了。

真正地把文化的氛围转化为文化的实际，不是件轻而易举的事，需要一个过程，也还有许多的工作要做。但作为百姓，放松而不放纵，必须先明此理。

（1999 年 2 月 21 日）

有些“洋缩写”变成了故弄玄虚

缩写，是对于常用词组所采用的一种简便写法。此中的“洋缩写”，指的是以英文缩写取代中文译名，索性不要汉字，直接用人家字母的做法，如 GDP、GNP、WTO、CEO 等。

随着我国与国际接轨的方面越来越多，这一类词汇的涌现也渐成一种趋势，越来越多地占据着人们的视野。多了，问题也就来了。前面列举的几个是极著名的，尚不至于有什么非议，但随机从手边的报纸上抽出一些，SP、CFA、GSP、IMU、IPG 呢？一家国内著名的新闻周刊，有个栏目名称干脆叫作“CIS”。说出这些“洋缩写”的中文意思，我看就要难倒不少英雄好汉了。说老实话，这个 CIS 究竟何意，笔者至今还蒙在鼓里。又比方，在学位领域，刚开始只有 MBA，后来又添了 MPA、EMBA、MPH，就这样不断地续下去的话，眼花缭乱的恐怕不会只是普通百姓，不是这个领域的人们可能都会给弄糊涂。值得注意的是，有一些“洋缩写”已经变了味，那副莫测高深的模样，变成了故弄玄虚。

缩写是为了简洁。“国内生产总值”与“GDP”，“世界贸易组织”

与“WTO”，繁简的确一目了然。但是简洁一旦到了令人反而不明所以的地步，就失去了它的本意。闲来阅读国外报刊，也总能看到不少缩写。但我发现，一篇文章内的各种缩写在第一次出现的时候，一定先是全称。按我们现时的思维，在他们那里缩写应该用得更加理直气壮才是。人家偏不。这样做的好处，起码给读者在阅读上带来了不少方便。而从一种语言过渡到另一种语言，居然大大咧咧地照搬不误，真有点儿匪夷所思了，须知我们自己的“土缩写”有时不加注明尚易于引起歧义。

“偏狭”地看，大量采用“洋缩写”有一种轻视母语的味道。汉语是联合国认可通行的五种语言之一，而“洋缩写”标识的内容是给我们的国民看的，不应该在我们的国土上冲击我们的母语。然而在既成事实面前，坚决反对“洋缩写”是不必要的，但要给它加一点改进，即便如GDP、WTO等响当当的“洋缩写”，从尊重我们母语以及对后来者普及知识的角度，也应该先标明汉语的全称。我们不要狭隘民族主义，但也不要一味崇洋，做到尊重与简洁两不误并非难事。

（2003年1月17日）

百闻不如一见

昨天下午，世界卫生组织官员、专家向我省反馈了在广东的考察情况，对我省在预防、治疗非典型肺炎方面取得了很好的经验表示高度赞赏，明确表示，他们回去后将如实把考察的情况向总部汇报，提供足够的数据和实证，尽快摘除广东的疫区“帽子”。

俗话说：百闻不如一见。广东是否有效地控制了非典型肺炎，广东是不是疫区，实地考察一番就再清楚不过了。世界卫生组织的官员、专家来广东考察见到些什么呢？他们见到了中国各级政府对公众健康状况的高度负责态度，各项防治工作有序地进行；见到了广东在研究非典型肺炎方面所做的大量卓有成效的工作；见到了广东医务人员的创造性工作，以及冒着可能受感染的危险抢救病人的感人情景。一句话，他们见到了广东战胜非典型肺炎的信心和行动。

非典型肺炎是一场天灾，是全人类的共同灾害。广东最早发现病例，却并不意味病源地一定在广东。况且，这个病在什么地方发源并不重要，重要的是能够找到防治方法。在灾害面前，广东经受住了考验。经过这几个月中央和广东有关专家的共同努力，积累了宝贵的诊断、治疗和预防的经验，包括非典型肺炎临床诊断的标准、非典型肺炎病例和疑似病例推荐方案和出院诊断参考标准、医院消毒隔离工作指南、病人住所及公共场所的消毒办法、社区综合性的预防措施等。广东的成果和经验，对全球各地都有重要的参考价值，这是广东对世界医学界的最大贡献。

在粤考察的世界卫生组织官员对各国驻穗总领事明确表示：可以对广东放心。在这个特定时期，放心，这个从专家们切身感受中得出的权威结论，不啻是对广东的巨大肯定和鼓舞。当前，尤其需要我们面对现实，沉着应对。我们要用铁的事实向世人证明，到中国来，不论是工作、旅游，还是开会，是安全的；到广东来是安全的；到广州来同样是安全的！

（2003 年 4 月 9 日）

尊重非典康复者

《南方日报》前日报道了不幸感染非典的广州大学女大学生小谢，经过一段时间的治疗康复后回到校园，受到同学、老师、校长真诚欢迎的感人一幕。但是在另外一些地方，不少非典康复患者就没有小谢这般幸运。人们出于对非典的恐惧心理，不同程度地存在着歧视非典康复者的现象。有的害怕接近他们，避之唯恐不及；有的单位要求他们不要上班，以种种巧妙的借口敬而远之。

战胜非典，需要依靠科学的力量；防范非典，也需要科学的态度。非典型肺炎是一种新的传染性疾病，目前尚无特殊疗法，但它并不像人们想象得那么可怕。首先我们要相信现代医疗水平，即使患上非典，也不一定会导致死亡，经过医护人员的救治，绝大多数病人是可以恢复健康的。其次我们要相信专家得出的结论：从目前掌握的非典传染过程来看，病人的传染性主要在急性期即发病早期，但当病人被隔离及采取抗病毒、提高肌体免疫力等治疗措施后，肌体开始识别病毒并出现针对非典的特异性免疫反应来抵抗与中和病毒；随着疾病的康复，非典病毒逐渐被肌体所清除，其传染性也随之消失。这就是说，非典患者康复出院后，不会再次传染他人。人们应当承认，这是一个科学的结论。专家最新研究还发现，非典患者恢复期的血清注射到高危人群中，可以起到预防病毒攻击的作用。深圳的一位非典康复青年，已经通过捐献自己的血清成功地救助了一名生命垂危的非典孕妇。河源市的两位护士，也成为第一批捐献血清的人。在他们身上，体现了高尚的情操。

生活在社会中的每一个人，都需要得到尊重。尊重他人，是做人的基本准则。从一定意义上说，尊重他人的同时，也正是在尊重自己。非典病人是不幸的，但他们本身没有过错。在身体遭受不幸之时，他们更需要心灵的抚慰，更渴望感受到社会的温暖。对广大健康的幸运儿来说，增强自我保护意识是必要的，但是不必草木皆兵，更不要踏入消极防范的误区。

（2003 年 5 月 15 日）

也为《保卫生命》进言

广东省拟建立大型抗非雕塑《保卫生命》，创作方案已经初定，目前正在接受社会各界对方案提出意见和建议。昨日《南方都市报》报道说，广大市民对此表现出很高的关注度，纷纷利用各种途径发表意见。这真是一件好事。

城市雕塑艺术具有记录时代、美化环境、提高审美情趣等等多元化的功能。因此人们说，城市雕塑是“城市的眼睛”，透过这双双“明眸”，能够体会出一个城市的品位，进而感受到这个城市的精神风貌。国外一些城市的经验表明，一座经得起时间考验的城市雕塑，和自己坐落的城市形成了一种水乳交融的依附关系，甚至成为该城市的象征。比方提到撒尿小孩，就让人想到布鲁塞尔；提到鱼尾狮，就让人想到新加坡；提到自由女神，就让人想到纽约……

一座城市雕塑能不能接受大众的认可，显然，不纯粹是艺术家的事情；换言之，艺术家在这里遵从的只应该是创作上的规律。从这个角度看，征集大众意见不仅必要而且必须。《保卫生命》所要表现的，是广东人民抗击非典型肺炎的斗争，笔者注意到，其立意是要弘扬在斗争中升华起来的“广东人精神”。那么，现行方案是不是过于写实呢？戴口罩的白衣天使、宝剑直插 SARS（非典）……一览无余。宝剑的出现是不是“杀气腾腾”（网友“一群广州市民”语）当然有待商榷，但我不知，精神层面的内容怎样得到了体现，难道要用文字直白地书写出来吗？因此，笔者的意见是，这个大型雕塑应当采用抽象的表现形式——千万不要低估了大众对抽象的理解能力，使人们面对雕塑时不只是单纯回忆起曾经发生过非典这样一件事，而是油然地从中催发出一种令人奋进的精神力量。

《保卫生命》是为了纪念抗非；但是不能因为是纪念抗非，就可以降低对它的艺术要求。征求社会各界意见的做法无疑是非常慎重和可取的；与此同时应当明确，既然是意见，尽管是极其善意的，有一些也可能很刺耳，关键是要有海纳百川的胸襟和气度。一个可能的悖论是，意见越刺耳，说明人们越关心、越在意它的诞生。现在，创作者称不排除全部推翻目前方案的可能。这个态度十分值得称道。国内不少城市的不少雕塑的经历表明，一座城市雕塑如果没有达到预期的水准，不仅起不到对人的陶冶、对生态环境等的画龙点睛的作用，反而可能成为城市建设的败笔。

相信广大市民都在真诚希望，大型雕塑《保卫生命》能够在当世留下大手笔，不留败笔；能够为后世留下遗产，不留遗憾。无论在现在和将来的什么时候，人们看到它，都能够联想到广东人民在2003年的SARS这场天灾面前，怎样地展示了自己在新时期的新的精神风貌。

（2003年5月30日）

非典也是一面镜子

自非典疫情发生以来，广东省物价部门已经查处和纠正近5400宗价格违法案件，实施经济制裁近1000万元。这就是说，不少妄图借非典之机发财的人被打碎了美梦。

非典是疫魔，也是一面镜子，照出了人类中的善恶美丑。透过这面镜子我们看到，绝大多数商家和企业在这段非常时期表现出了应有的理性，自觉地担负起了应尽的社会责任，但是也有不法商家和企业在绞尽脑汁大发“黑心财”。一开始他们哄抬物价，囤积居奇；后来他们打着“防治非典”的旗号，制假售假，坑害百姓，趁火打劫的手段无所不用其极。到目前为止，国家质检总局已先后公布了三批包括口罩、消毒液在内的防非典不合格产品，并对生产销售企业进行了曝光。在这些企业中，普遍存在的问题是粗制滥造，以次充好，缺斤少两，有的甚至把库存的过期产品推向市场。《南方日报》日前也报道了在广州、中山、高州等地的13家正规医院，发现黑厂生产的止血纱布等，甚至出现在人命关天的手术台上。由此可见，借非典肆虐之机发财的种种恶劣行径，令人触目惊心。

借非典发财者，不仅违背了国家法律和道德准则，而且丧失了起码的做人良知。古人云："君子爱财，取之有道。"从市场经济的角度看，这个"道"既是守法之道，也是人文道德之道。在国家处于危难之时，那些不法分子既不思为国分忧，也不能洁身自好，而是乘人之危，为一己私利做出有损国家和人民的坏事，对他们予以严厉打击是十分必要的。

在中国传统文化中，诚信始终是被推崇褒扬的美德。中共中央颁布的《公民道德建设实施纲要》中，把"明礼诚信"确定为公民的基本道德规范之一。在今天，诚信早已成为社会的主流价值观。但透过非典这面镜子，我们既看到了诚信建设的成果，也看到了非常时期一些人身上诚信的缺失。这就告诉我们，诚信要成为人们的自觉，还有漫长的道路要走。

（2003 年 6 月 2 日）

宜将剩勇追穷寇

6 月 13 日，世界卫生组织在宣布取消对我国天津、山西、河北和内蒙古四省区市旅行限制建议的同时，将包括广东在内的内地其他一些省、市、自治区，从其"近期有当地传播"的名单中删除。这标志着我省防治非典工作又取得了新的显著成绩。

回顾当初，我们与非典的遭遇来得是那样地突然，那样地猝不及防；然而，从遭遇战打响的那一刻起，凭借科学的力量，凭借冲杀在一线的全省广大医务工作者以鲜血和生命换来的宝贵经验，这个人类从未见识过的"疫魔"，还是渐渐现出了本来面目。掌握了较量的主动权，就具备了对非典发起主动战，打赢攻坚战的坚实基础。世界卫生组织先前已经解除对广东的旅行警告，现在又将广东从"近期有当地传播"的名单中删除，正是对广东工作的充分肯定。这些成绩的取得殊为不易。

非典疫情一旦得到有效控制，人民群众的社会、经济生活就将逐步恢复正常。但是我们决不能因此放松应有的警惕，必须看到，目前我省仍有住院病人，零星疑似病例仍有发现，非典病毒的流行规律还没有完全摸清，在查找传染源、研制特效药和疫苗等方面也还没有取得重大突破。因此，我们必须充分认识到防治非典工作的艰巨性、复杂性和反复性，不能有丝毫麻痹思想，而要有“宜将剩勇追穷寇”的精神，毫不松懈地打好抗非持久战，直至夺取抗非斗争的最后胜利。

要做到毫不松懈，巩固成果，防止反复，就要全面总结防治非典工作经验，查找不足，堵塞漏洞，对行之有效的防控措施进一步完善，继续坚持。比如要继续开展普及防疫知识、爱国卫生和全民健身等三项运动，告别生活陋习，倡导文明生活习惯等等；要继续坚持做好个人、家庭、社区卫生防疫工作，继续做好学校、机关、企事业单位和公共场所的防疫工作，继续做好农村、流动人口的防疫工作等。与此同时，通过对《传染病防治法》和《突发公共卫生事件应急条例》的贯彻落实，进一步完善我省的卫生防疫网络，不仅防非典，也防其他可能以各种狰狞面目出现的传染性疾病。

从 5 月 18 日起截至昨天，广东已经连续 28 天没有新发非典病例报告。现在，我们完全可以乐观地预计，尊重科学，持之以恒，人类必将完全战胜非典！

（2003 年 6 月 15 日）

理智对待乙脑

前日，广东省卫生厅向新闻界通报了我省各地乙脑（全称流行性乙型脑炎）流行情况，披露了报告病例以及死亡病例的详细数字等，充分体现了政府对人民健康高度负责的态度。

经历了非典惊魂，一些人可能要谈疫色变。其实大可不必。专家告诉我们，乙脑虽然是一种急性传染病，但它不是一种新的传染病，广东往年也有病例发生。与不期而至的非典相比，人类和乙脑早已“相熟”，对它的“脾性”及其传染途径、方式了如指掌，乙脑防治疫苗早已研制成功并投入使用，效果明显，保护率高。

研究证实，乙脑流行有明显的季节性，尤其集中于 7、8、9 三个月。这意味着，眼下已开始进入乙脑活跃的季节，乙脑经由蚊虫媒介而传播，因此灭蚊、防蚊，搞好环境卫生仍然是当前社区防疫的一个重点。实际上防治乙脑在客观上要求我们，由防治非典而在全省深入开展的三大运动——防治知识普及运动、全民健身运动和爱国卫生运动，要继续常抓不懈。普及乙脑的防病知识，就能及时发现病人，早诊断，早治疗，尽量减少其对人类健康的危害；加强锻炼，增强人们的体质，就能提高抗病能力；环境卫生搞好了，就等于铲除了蚊虫滋生的土壤，断绝了传染的渠道。

应当看到，非典的磨难，极大地锻炼了全省人民，为理智对待乙脑奠定了坚实的心理基础。当前，正确的态度首先是要充分相信政府的信息发布，相信医疗专家的对症施治，高度重视，理智对待。但高度重视不意味惊慌失措，理智对待不意味掉以轻心。

（2003 年 6 月 21 日）

防非科普急需新的举动

尽管人们整个夏天都在担心天凉，天凉了非典就可能要卷土重来，但当天还没怎么凉的时候，非典已经真的不请自来了。新加坡那位不幸的 SARS 病毒感染者，是一名 27 岁的博士后研究生、准新郎，而非典发作起来，并不分青红皂白。凡是邪恶的东西，大抵都是如此。

虽然这一例感染者出现在国外，但是我们看到，广东有关部门已经行动起来，或者说防治非典的那根弦，也许从来就没松过。加强溯源科研以期早日找到疫苗，恢复疫情零报告制度，准备召开全国最大规模的防非学术会议，确定158所定点收治医院，举行防非典演习等，严阵以待。这一切，很有必要。但我们还没有看到，防非科普这一环有些什么新的举动。非典虽然和我们打过照面，但我相信，百姓除了了然它的凶恶，对其他的未必知之甚多。以我个人来说，此类知识就少得可怜，只是依据春天时的“惯性”记忆，现在想想，好像只知道应该勤洗手，少往公共场所伸头探脑，至于该不该戴口罩，因为说什么的都有，反而犯难了。即便这些知识还能起作用吧，几个月过去了，专家对非典又取得了哪些新认识，也应当依靠科普及时传递给百姓。在非典闹得凶的时候，各种形式的科普小册子为数不少，但这些知识需要经常地为百姓灌输，不妨像广告一样，锲而不舍，反复“轰炸”，达到让人不得不记住的效果。

有专家指出，当非典疫情发生时，政府应当对公众进行心理疏导，以避免出现今春那些无谓的恐慌。实际上，恐慌在很大程度上正来源于对SARS的无知。诸葛亮在大军压境之际敢于设下“空城计”，正是因为他了解司马懿的秉性。心中有底，又有什么好怕？因此，普及防治非典的科学知识和方法，提高全社会的防疫、防病能力，忽略不得。我们应当在做足防范措施的同时，通过电视、广播、报刊、网络等媒体，以科学求实的态度，全方位、多渠道地开展形式多样的防治非典科普活动，把与非典相关的发病机理、预防方法、传染途径和防治手段等多方面的知识，尽可能全面地向全社会普及和传播，对包括农村在内的每一个角落都不遗漏。总之，非典一天不彻底得到根治，防非科普的宣传就一天不能放松。

依靠科学必将能战胜非典，是人类已经达成的共识。在时下，首先要让这种观念能够深入人心，让人们看到信心，从而使防治非典不仅是专家和有关部门的职责，百姓也都能积极地行动起来，配合工作的开展。

（2003年9月12日）

红岩文化的启示

在广东省文化大省建设工作会议小组讨论会上，一名领导的一席话笔者深感认同。他说，像黄花岗这样著名的景点，如果在欧洲、北美，肯定是要排队参观的。他认为广州不是没有好的景点，而是宣传得不够（9 月 24 日《南方都市报》报道）。不久前笔者有机会去了趟重庆，领略了“红岩文化”的魅力，对这番话尤为感慨。

在中国革命历史上，红岩英烈是一个具有史诗般时代特点的英雄称号。震撼人心的小说《红岩》，可以说家喻户晓、人人皆知。50 多年来，以“红岩”为基础，派生出了各种艺术形式的作品，与之相关的文学作品、电影、电视、歌剧、歌曲、展览等，层出不穷。“红岩”造就了一种文化，这种文化反过来又使“红岩”名扬四海。“红岩文化”固然有其先天的优势，但之所以能够保持旺盛的生命力，还在于重庆人把狭义的红岩——在中美合作所中英勇斗争的革命志士，拓展为广义的红岩，把抗战时期中共中央在大后方的革命活动，统统涵盖进去。因而，“红岩文化”的旅游全程，不仅包括“红岩魂”广场（“11·27”烈士墓）、渣滓洞并白公馆监狱旧址、梅园、松林坡戴公馆，而且包括八路军驻渝办事处旧址（红岩村）、曾家岩 50 号即周公馆、桂园（“双十协定”签订处）、新华日报营业部等。这些展现中国革命斗争的深深痕迹，被他们用“红岩”这根主线，有机地串联在一起。与此同时，他们也努力让静态的景点不断地生动起来。《红岩魂形象报告展演》是突出的一例，在传统的由一人主讲的报告会的基础上，嵌入由演员塑造人物形象的情境表演，使观众与报告剧融为一体，在全国巡演时引起了巨大轰动。现在，他们开发的夜游渣滓洞、白公馆，通过现场激情表演真实的历史细节，让人更加深刻地认识红岩烈士的思想境界。

反观广州，作为近现代中国革命的策源地，响当当的景点也为数不少，黄花岗之外，还有广州起义烈士陵园、农讲所、黄埔军校、大元帅府、国民党一大旧址、沙面、十九路军纪念碑，等等。这些景点实际上都是相互关联的，然而现在，不仅显示出静态的一面，而且“只见树木，不见森林”，令人有各自为战的感觉。究其根本，正是缺少了一种强大的合力，换言之，缺少了贯穿其中的一条主线、一个灵魂。对熟悉中国近现代史的人们来说，可以把这些孤立景点进行有意识的串联；而对不熟悉的人们来说，则游起来相对地盲目，不可能有必游的意识。前面那位先生所说的“宣传得不够”，这应该是一个重要原因。

文化需要体现一种精神。红岩文化体现的红岩精神，对人们起到了一种品格的陶冶和激励作用。这种精神最大的特征，就是追求崇高的理想，为了中华民族的伟大复兴，为了新中国的建立而奋斗。她有一种浩然的正气，表现出共产党人的伟大人格力量，在任何条件下都坚定共产主义的信念，为了人民的根本利益无私无畏地奋斗。在广州，以“策源地”景点为例，其文化精神如何得到体现并定位，值得认真探讨。

“红岩文化”的发掘和实践，取得了社会效益和经济效益的双赢。借鉴之，足以为我们建设文化大省提供认识和启迪。

（2003 年 9 月 26 日）

“扑克牌”的教育功能很有限

自从美军“别出心裁”，将被通缉的萨达姆政府 50 余名高官的照片和个人资料做成扑克牌，发给前线作战的士兵以来，寻常的扑克牌不仅为现实增加了几分戏剧色彩，而且其“功用”也愈发受到国人的瞩目。

这不，“性教育”扑克牌尘埃尚未落定，“交通安全”扑克牌又已申请了国家专利，内容是自行解决和快速处理交通事故。这一点不用说我们也想象得到，不过是把条例、规定什么的强行分解成54个部分，如“性教育”那副，“红桃10”是“婚后性生活”，“方块K”是提倡“性交卫生”等。“活泼”一点儿的，再配上插图。

把这种形式的扑克牌说成是东施效颦，仿效老美，可能有点儿冤枉。前两年，咱们河北省邱县的一位农民画家就曾发明过“反腐扑克”：用52张扑克牌解释52种职务犯罪行为，配上漫画，再辅以相应罪名的解释，大小王则用民间传说能够打鬼的钟馗。也许是人们对反腐的招数早就眼花缭乱了，此举并未引起多大的反响。其实，诸如此类的扑克牌，固然是要使大家在轻松的玩牌中，了解相应的规定和基本常识，动机都是不错的，问题是效用如何。

“教育型”的扑克牌要达到预期的目的，前提是要使用。美国“扑克牌通缉令”作为作战士兵装备的一种，有极强的即刻使用色彩，颁发对象也很明确。我们的呢？只是在对普罗大众打“预防针”。这就未必有效，因为有玩儿兴的人们首先不会去计较图案，在玩儿的过程中，注意力也不可能集中在图案上。我玩儿过分别以飞机、汽车、舰艇等等为专题的扑克牌，但并未因此而对马路上跑的车叫得出名字，该不认识的照样不认识，更别说不常见的飞机、舰艇了。

用扑克牌“寓教于乐”，目前还不算多，但是有增多的趋势。当一种载体为人们看好，马上被仿效几乎是一种通病。前几年广东的《新三字经》一出，大量的“三字经”“四字歌”便不绝如缕，到了今天，那些当时宣称起了多大作用的东西都是什么，恐怕没人再记得。因而，以扑克牌为“教育”的方式可以到此为止了。普及任何知识都要注重效用，不要只是单纯地追求形式。

（2003年10月17日）

对神女塑像的疑问

重庆市巫山县准备建造巫山神女塑像，“规划委员会一致同意”，并且要建设成城市的标志性建筑和三峡平湖的人文新景观。

巫山神女，是天设地造的一个文化符号。据专家考证，屈原的名篇《九歌》中之一章《山鬼》，开咏诵神女的先河。屈原弟子宋玉所作的“高唐赋”和“神女赋”则是神女故事的最早版本。“一自高唐赋成后，楚天云雨尽堪疑。”但不管怎么说，神女这个文化符号在今天，已不仅再是山林之神与社稷之神，更是民族美神与爱神的化身。对巫山县开掘并弘扬神女文化，俺无话可说，但对于造这个塑像，有几点疑问。

其一，神女塑像被确定为138米高，这个高度的根据是实地勘察地形地貌，非如此不足以与自然景观保持协调，还是先主观明确高度再考虑其他？所有的报道都说“将远远超过91米（底座45米、塑像自身高46米）的美国纽约自由女神像”，度其语意，仿佛是巫山跟纽约较劲的结果。从对纽约自由女神像的底座、自身高度标得那么清楚，而神女像的两者比例并不见公布来看，应当是决策的人们心里还没有谱。

其二，报道说，神女塑像耗资将在4亿元上下，这笔钱从哪里来？查巫山县地税局的资料，“巫山是贫困的边远山区，没有工业基础，没有像样的企业，长期以来靠国家补贴维持”，但2001年他们实现了地方税收3200万元（最新资料仅限于此），这是作为成就来宣传的。塑像建成后的经济效益也许相当可观，但在目前，巫山自身的财力显然不足。

其三，原本缥缈虚幻、富于遐想的神女一旦被具体化，还能否继续承担起作为美神与爱神的使命？记得当年《红楼梦》被拍成影视，就败坏了不少人的胃口，萦怀于人们心目中的、并不需要明确的意象，变得一览无余。

其四，也是最重要的一点，重庆市规划委员会固然一致同意要建造神女塑像，但老百姓有多少同意的呢？这个委员会的决定是否能够全权代表巫山的百姓呢？

巫山神女像刚有问世的苗头即遭到质疑，是一件好事。少数人闭门拍脑袋导致的生米煮成熟饭，已有太多的教训，用不着巫山再来个佐证。我想，人们没有一拥而上地叫好，正与上面几个问题并未得到明确有关吧。

（2003 年 11 月 21 日）

让民间招数介入灭鼠

研究表明，继果子狸之后，非典感染源还有老鼠。作为“奋战15 天掀起爱国卫生运动新高潮”的一项重要内容，广州市从 1 月 10 日起至昨日，开展了全市统一行动灭鼠，备足毒谷百吨，力争做到投放毒饵的覆盖率、到位率和饱和率达到 100%，不漏一家一户、一个机团单位、一条街巷和一个公共场所，最大限度地消灭老鼠。可以预期，全市的统一行动必将取得巨大成效。

在动物界的分类里，老鼠属哺乳类啮齿目动物，即使不是因为非典，也是非常令人厌恶的动物。它不仅糟蹋粮食、破坏草原和危害林木，而且传播疾病，危害人体健康。3000 多年前，我国最早的诗歌总集《诗经》里就有“硕鼠硕鼠，无食我黍”的记载，描述了农民对老鼠危害的痛恨。当然，也有不少研究说那是指桑骂槐，今天也果真常用“硕鼠”来比喻贪官，但不管他们是不是真的那样想，至少说明人对老鼠本身的痛恨由来已久。

老鼠极其讨厌，人们避之唯恐不及，却也往往拿它无可奈何。在当前，鼠害已成为全球性的爆炸问题之一。有研究说，人鼠直接交战，至少已经有几千年的历史。但老鼠不仅有极高的繁殖率，而且有顽强的生命力，能适应各种环境，几乎什么都能吃，任何地方都能住。在当年被原子弹轰炸过的岛屿上，老鼠也能安然存活下来。所以，在人鼠之战中，人类至今也没占什么便宜。这不奇怪，跟老鼠的历史相比，人连个小弟弟还算不上。目前已知的人类“始祖”是在东非埃塞俄比亚出土的“露西少女”，距今不过才 300 多万年，而老鼠呢？20 世纪 70 年代，中国科学院学者在安徽省潜山县发掘出一种命名为晓鼠的化石，距今已经 3500 万年了！

这样来看，如今灭鼠的方法，似乎只有投放毒饵之一途，就不免失之于传统，等它上钩，守株待兔。因此，为了达到更有效的杀伤目的，应当大力提倡让科学介入灭鼠，让民间招数介入灭鼠。民间有许多“灭鼠大王”，有各种灭鼠看似离奇的招数，其经验从实践中来，往往非常奏效。媒体日前报道说，广州市的容锐光先生，30 多年来一直坚持逮鼠，积累了不少宝贵的经验，掌握了不少灭鼠绝招，至今，他已消灭了老鼠上千只，摸索出了捕鸟式灭鼠法、令老鼠自杀法、以鼠治鼠法等等。较之单纯地投放毒饵，称得上是生态灭鼠。遍地毒饵，对人的自身也将是一个威胁。

不难预料的是，人鼠之战还有漫长的道路要走，人类要想最终取胜，必须凭借科学的力量。当然，现有的比如毒饵的配方等方法已含有科学的成分，但这含量还显得不足，涉及的面还不够广。科学灭鼠，有必要从民间招数中吸收养分，把他们的感性经验升华成理性技能。

（2004 年 1 月 14 日）

不为“跨省道歉”感动

湖北通城县北港镇广播站胡来欢等 3 人在湖南岳阳县汽车站候车

如厕时，被一妇女拦住强行收取入厕费，胡来欢等 3 人被迫各交了 5 角钱。胡来欢将此事投诉到湖南省交通厅。前几天，投诉信转到了岳阳县汽运总公司，引起总公司的重视，派出副经理等 3 人专程赶赴湖北通城县，向当事人赔礼退款。

据报道，“此事在湘鄂两地传为佳话”。但我对此则佳话很不以为然，就是说，并没有被感动。我们都想象得出，当事双方见面后可能说些什么，无非是本公司立即对站场进行了整改，处理了当事人，建立了相关机制，保证不再发生类似事件等。我这样说，是基于一种经验，比方看央视《焦点访谈》的批评报道就是如此。“批评”出来没几天甚至只是在第二天，往往就会传来“振奋人心”的消息：该报道如何引起当地领导高度重视，当地又将如何以此为契机进行整改之类。这是一个“套路”，观众早就厌烦了，央视“乐此不疲”，想来有他们自己难言的苦衷。放眼这个“套路”于媒体，可谓比比皆是，“跨省道歉”又添了一个注脚而已。或者说，正是这种坏事可以变成好事的文化传统催生了“跨省道歉”。

从这个角度看，仅仅是对“跨省道歉”说三道四，显得有失公允。不知道是不是错觉，我发现国人做事一是喜欢发狠，二是喜欢寻找“契机”。比方说不少城市都有游人“如厕难”的问题，这显然说明公厕的数量不足，但我们听到的更多的是在公厕的档次上较劲，什么地方投资多少巨资建造造价极其高昂的“星级公厕”，向智能型发展，在里面可以看电视听音响甚至托婴。什么又叫喜欢寻找“契机”呢？问题明明早已经摆在那里了，熟视无睹，等到媒体曝光了或领导发话了，才立刻“风风火火”起来。我相信，岳阳县汽车站绝不只是强行收取胡来欢等 3 人如厕费，不过碰到了胡来欢是个较真的人，又碰到湖南省交通厅对此事比较重视；但我不能不说，归还多收的 5 角钱与赔礼道歉绝对应该，但方式可以多样。

如果我的错觉不错的话，这两点实际上可以归结为一点，那就是国人做事的动机有一定的问题，那态度往往并不是要解决问题，而是怎样才能得到张扬，才能引人注目。所以，许多地方或部门的一个尴尬事实是最过剩的就是规章制度，最欠缺的仍然是规章制度。露丑了，第一时间的整改办法就是订立规章制度。本来，建章立制是解决问题的治本之道，但一些人似乎只是把它作为显示自己决心、力度的工具。对存在的问题指望通过发狠来解决，一如对痼疾指望通过“契机”来解决，失之于天真幼稚。因而，就“跨省道歉”而言，我这个与此事毫不相干的人，不免要替岳阳县汽车客运总公司的职工心疼3人专程前往的花销；但真正令我们忧心忡忡的，还是国人身上的这种劣性几时能够得到改善。

（2004年2月16日）

上太空不是为了看长城

太空上究竟能不能看到长城这个问题算是没个完了。

“神舟五号”飞天之后，航天员杨利伟的回答推翻了无数人信奉多年的“能看见”。因而，在半个月前刚结束的全国两会上，政协委员王翔提议，希望有关部门尽快纠正小学教科书中“宇航员肉眼看到长城”的误说。忽然，又有个美国人不久前对新加坡《星期日海峡时报》说：“在高度为160公里至320公里的地球轨道上，中国的长城的确是肉眼看得见的。”也许这个美国人是曾经在月球行走过的资深宇航员吧，说的话有一定分量或具有启迪作用，反正昨日又在《羊城晚报》上读到了我们专家的观点：太空见到长城并非神话。这些专家认为，如果有一段适合观察的长城，在一个阳光普照的季节，大气层又清澈透明，航天轨道和观察程序再精心设计，肉眼就看得到长城。

有人说看得到时，我们的人还没上去；杨利伟说“没有看到”，是因为他在太空上真的没有看到。现在专家又说看得到，大抵有点儿责怪杨利伟不会看的意思，明明长城就在那里，你不认得。其实，就在杨利伟还没上去时，科学家们已经指出“看得到”的不可能性：平均宽度仅10米左右、狭窄而不规则的长城，在36公里的高度，就会从人们的视线中消失；而航天器的飞行高度是300至400公里，在300公里高度，地面物体只有长宽都达到500米才能在人眼中表现为一个点，从而被人看见。10米宽的长城，显然不够标准。

看得到还是看不到，都有当事人，现在又都有理论上的支撑，这可真把我们平头百姓弄糊涂了。但我上面提到的这篇报道末尾的“建议”，还没有让我彻底糊涂。不知道是专家的继续认为，还是记者的临场发挥，总之他们“建议”中国航天员的训练应当“再加点识别课程，让他们能抓住飞船经过长城的瞬间，立即锁定目标”，而且“考虑到长城与周围山梁的颜色非常接近，对比度比较小”，在“神舟六号”飞船上天时，建议在长城上安装照明灯，让长城在夜晚亮起来”。好家伙，“形象工程”要做给太空人看了。不管这个主意是谁出的，我都想说是一个馊主意。

我们上太空的目的究竟是什么呢？“神舟五号”的成功发射明白地告诉我们，它显示了中国航天事业的迅猛发展，标志着中国经济实力和科研能力到达了一个新水平，对于提高中国国际地位、民族自信心，凝聚国民向心力有着积极作用。它的意义不仅仅在于对科学研究领域的冲击，而更在于它向全世界表明，我国正在全力将自己推入世界领先国家的行列。不管怎么说，我们上太空，绝不是为了看长城，至于能不能看到长城，充其量只是一个捎带的、无足轻重的“项目”，哪里就到了非要“神舟六号”澄清不可呢？况且，祖先当年修建长城，只是想到它能够防御外敌，并没有打算给后人从太空俯视；长城的伟大，也无须由外国或咱们的太空人来证明。所以，无论看得到还是看不到，我们都大可不必过于自豪或失望。

前几年看过一个小品叫《跑题》，讲的是一群人开会讨论问题，说着说着，就被旁的话题岔开，最后不仅会议成了马拉松，而且至于忘了究竟要讨论什么。把能否看到长城寄望“神舟六号”，性质与之当然不可同日而语，但在“跑题”这一点上，应该说没有什么两样。

（2004年3月30日）

为叶公平什么反?

前几天,《南方日报》有一条“专家呼吁为叶公平反”的消息,细读之下,大吃一惊。此中专家,乃大学教授。此中叶公,即成语“叶公好龙”中的那个叶公。为叶公平什么反?因为在该教授看来,“因为历史原因,许多人心目中的叶公形象与历史上的叶公真人不符,我们有责任还其庐山真面目”。我为什么要吃惊?因为这个成语是我们在小学时都学过的,对于我,一直把它当作寓言,经学者这么一点拨,始知道原来确有“叶公子高”其人,而且“还是春秋楚国的一位著名的政治家、军事家”,有过不少骄人的政绩。

学者跟寓言较真历史,还不让人大吃一惊吗?更令人目瞪口呆的还在后面,就是其较真的理由:“叶公好龙真假自不必多说”,因为“世间所谓的‘龙’压根儿就不存在,何以言真假”;“叶公确实有画龙的爱好,但龙是神化了的动物,不可能下降叶宅”。好,这就要轮到我们跟他较真了。按这样的观点,世间不仅不该存在寓言这样一个品种,而且大量脍炙人口的民间传说,也要陷入“虚无主义”。比方白娘子和许仙、祝英台和梁山伯的故事就都要变成扯淡,哪有蛇能变成美女且跟男人成家、人死了还能变成蝴蝶比翼双飞的道理?又比方七仙女和董永的天仙配、牛郎和织女七夕鹊桥相聚、大闹天宫搅得玉帝王母不得安宁的孙悟空,简直就是在公开宣扬封建迷信了!

何谓寓言?《现代汉语词典》释义为用假托的故事或自然物的拟人手法来说明某个道理或教训的文学作品。那么,如教授所言,这则寓言是汉代刘向“编造”的确实不假,然而既曰寓言,又怎能不是“编造”出来的呢?古希腊的伊索寓言难道是信史不成?经教授这么一提醒,发现刘向在姓名权这一点上确实不够慎重,起码没有寓言大家韩非聪明。韩非写《守株待兔》,开篇还说“宋人有耕者”,写《自相矛盾》，就变成“人有鬻矛与盾者”，连哪里的人都不讲了。刘向要揪住“叶公子高”来寓意表里不一，想来自有他的道理。因此，与其如该学者所言的“正确评价”叶公，倒不如认真研究为什么先有民间流传“叶公好龙”的故事，然后刘向郑重其事地予以记述。

对待传统文化，有两种趋向令人忧虑：一方面，影视作品肆无忌惮地戏说历史；另一方面，诸多一本正经的学者钻进了牛角尖，凡事皆欲“正本清源”。今年早些时候，有人建议以地方立法的形式保护唐伯虎的形象不再受侵犯和歪曲，理由是唐伯虎并非花花公子，点秋香纯属“捏造”，影视作品和小说歪曲事实，贬低了唐伯虎的高尚品格和人格。自诩为“风流才子第一人”的唐伯虎，不知道是否认同后人的这番好意。但这些人士显然忽视了，作为传说人物，一旦进入公众视野，无论“叶公子高”还是唐伯虎，便都已不再是他们本人，而只是一个叙事符号。

如果我们这样考虑，跟“叶公好龙”较什么真呢？为叶公又平哪门子反呢？

（2004 年 4 月 23 日）

从神秘到公开到理性

第二届全国“性文化节”已经落幕。三天的时间里观者如云，热烈场面让主办方措手不及。一个一不小心便很容易导致尴尬的活动，办成了一个热热闹闹的节日，并且公开展示展销性用品性用具，还能在媒体上进行关于性的讨论，得到市民的热烈响应，显示了广州作为开放城市的从容大度，也显示国人对待曾经讳莫如深的性，已经不再是羞答答的模样。

如同南方日报记者抓拍到的场面，整个“性文化节”上可以说是趣景不断。热闹完了，新鲜过了，从这些趣景当中，我们都看到了什么呢？首先是看到了国人对性科学知识的渴求。研究表明，当物质生活水平提高之后，人们追求精神上的多元化、人性化，几乎是必然的选择。“性文化节”举办者的初衷，是为了更好地满足人们对强健身体和提高生活质量的需求。从这一点上看，“性文化节”可谓适逢其会，适得其所。

但从“性文化节”传递出的另外一些信息告诉我们，不少人对性的认识还存在一定的误区。他们的“性趣盎然”，实际上是本着一种猎奇的心态。既曰“性文化节”，当然包含着“性”与“文化”两个要素，而一旦抱有猎奇的心态，那些展示古代性器官崇拜、古代性教育、性交崇拜、生殖崇拜等实物，在观者心目中就会只剩下“性”而没有“文化”，就会“看歪”，把“性文化”曲解为低俗的又一个代名词。“性文化节”期间甚至发生了哄抢性用品的闹剧，印证了这种不和谐音具有潜在市场。

从神秘走向公开，是性回归大众的第一步。接下来，应当是性怎样从公开走向理性。这是“性文化节”肩负的一个义不容辞的使命。也就是说，要使秉性含蓄、稳重的国人，避免因性的公开而可能导致性的纵欲以及性道德的颠覆。可以想见，如果能够有效地引导国人科学地、理性地看待“性”，势必有助于树立一种社会公认的性道德观念，创造一个健康文明的性环境，进而营造出稳定和谐的社会环境。

大众对性知识、性认识的种种渴求，折射了性学专家们的任重道远。但我以为，他们首先要做的，应当是从国情出发考虑问题，避免轻易抛出易于误导国人的“惊人之语”。换言之，他们自己首先需要理性。

（2004 年 11 月 12 日）

为詹天佑故居建言

位于广州市荔湾区的詹天佑故居遗址已经修葺完毕，预计春节可开放迎客。

看了报道，首先要感到庆幸，庆幸它没有在拆迁的“洪流”中被毁于一旦。因为前两年，它已经被纳入了拆迁红线，全赖几位有识之士及时提议才得到保留。今后广州的文化史上，当为他们大书一笔。但此事也会让人感到一点悲哀，有多少同样具有丰富文化内涵的西关大屋，就因为碍了经济建设的事，或者因为承载的分量没有这般厚重，而永远消失得渺无踪迹？漫步西关之时，看到那些始而尚觉突兀进而成片耸立的水泥高楼，感觉更为强烈。

看相关文字资料不难发现，詹天佑在此处是江西婺源人，在彼处又是广东南海人。去年，江西还“经过两年的精心打磨”，创作了大型赣剧《詹天佑》，公演之后再动“手术”，向“精品”冲刺。不过，细心的人们会看出，江西其实只是詹天佑的祖籍，而广州市荔湾区十二甫西街芽菜巷42号，乃詹天佑出生和童年生活过的地方。比较起来，这个故居的重要性不言而喻，也正因为如此，广州应当利用好这个独一无二的宝贵资源。

报道说，在故居遗址上建起来的纪念馆，将陈列詹天佑生平史料、遗物等，这是当然的，但我以为仅仅着眼于此还不够。詹天佑是中国近代铁路史上的一个符号，一个最有代表性的标志性人物。因此，不妨在故居纪念馆里同时呈现一部浓缩版的中国近代铁路史。将来，把它作为爱国主义教育基地，也是完全有条件的。

近代中国铁路史，在詹天佑主持修筑京张铁路之前，堪称一部愚昧史、屈辱史。所以说愚昧，在于人们对铁路的认识。重臣如李鸿章等，开始也是认为“‘铁路’凿我山川，害我田庐，碍我风水，占我商民生计”。李鸿章的态度转变之后，朝廷中的守旧派依然势力强大。刘锡鸿说：“西洋专奉天主、耶稣，不知山川之神。……倘（因开隧道而）骤加焚凿，恐惊耳骇目，群视为不祥，山川之神不安，即旱潦之灾易召。”翰林院侍读周德润则根本不讲道理，只是强调“臣闻夏变夷，未闻变于夷者也”。所以说屈辱，在于晚清中国铺设的铁路，大多是在“借外债”“用洋匠”或完全牺牲主权的情况下进行的。只有到1906年，清政府任命詹天佑为总工程师修建京张铁路，才真正开辟了中国人自办铁路的历史。而且，文明战胜了愚昧，屈辱至少在铁路领域得到了洗雪。这一切，值得詹天佑故居纪念馆珍视之。

京张铁路最著名的，当推八达岭附近那条“人”字形地段，詹天佑借此巧妙地解决了火车不能直接爬坡和转弯的问题。因此，故居院落里铺了一条微型“人”字形铁路，可谓画龙点睛。但看报道照片，对那条铁路感觉颇为怪异。早些年去八达岭长城参观，都要坐火车，在我的印象中，火车要过两次青龙桥（那里还竖有詹天佑铜像，詹氏夫妇坟墓亦在此），行驶方向正好相反，这就是“人”字形铁路导致的；也就是说，青龙桥相当于在“人”字的交叉点上，火车要由“撇”开上“捺”或者相反。而故居铺设的“人”字形铁路，几成直角对接，火车怎么走呢？看起来，只有届时去参观一下才能弄明白了。

（2005年1月7日）

哥德堡号该停在“原处”

瑞典哥德堡Ⅲ号（后易名哥德堡号）仿古商船将于明年夏天抵达广州。可是，他们的一个代表团下个月要来广州进行先期考察了，在我们这里，为了哥德堡号停靠哪里，却还在犹疑不定。哥德堡Ⅲ号落成下水是在2003年6月，仿建的目的就是要沿着它的前辈——“哥德堡Ⅰ号”260年前走过的航线驶向中国，第一站先到广州。这些信息都是公开见之于媒体的，我们也做了迎接的准备，但现在连停靠的港口还没落实，此前都在忙乎些什么呢？

哥德堡号的意义，今天看来已经远远超出了其作为一艘商船本身。当年，它是两国之间联系的纽带和桥梁。从1732年至1806年期间，它先后有132次亚洲之旅，其中以中国为目的地的航行达到129次。其后，它又成了一段尘封了的历史。1745年，满载而归的它在回程途中搁浅沉没，直到1984年残骸才被发现。现在，它的再次启航则是一个象征，象征中瑞两国为拓展合作空间在新时期的不懈努力。据介绍，哥德堡Ⅲ号完全按照哥德堡Ⅰ号仿造，包括船的大小、装饰，房间的设计、尺寸等，且全船不以钢铁，皆用橡木，甚至动用了百年以上树龄的大树。在动力方面，虽然安装了现代的设备，但主要还是依靠风帆。看得出，瑞典方面追求的是尽量原汁原味。那么，对此次航行同样高度重视的我们这里，就没有理由让沿线皆忠实遵循海上丝绸之路航行的它，在广州这个当年的终点站，停靠在形神皆不似的琶洲会展中心码头。

在我看来，哥德堡Ⅲ号应该停靠在哪里，取决于它当年停靠在哪里，那个地方现在的情形怎样。报道说，哥德堡号当年停靠的是位于海珠区黄埔村内的黄埔古港，不过古港旧航道由于淤积严重，已无法供如哥德堡Ⅲ号这样的大型船只使用。然而，黄埔古港仍然存在，仍然有水道，这本身已让我们有一个堪称意外的惊喜。我想，倘若这个考证确凿的话，停靠问题委实没什么好争论的，就应该选择在黄埔古港。剩下的，如中山大学教授罗汝才先生所言，广州市政府应该抓紧哥德堡Ⅲ号到来的一年多时间，把黄埔古港一带的河道疏浚好。这可能要多花一点钱，可瑞典方面光是造那条仿古船，就投资了3000多万美元，欲以此为契机，推广瑞典文化，并树立瑞典全新的国际形象。不难想象，经西班牙，绕好望角，渡印度洋，过澳大利亚，抵达广州，哥德堡Ⅲ号的这一次远航，能够达到他们的预期目的。我们呢？借此重现黄埔古港的生机，焕发出人们对广州昔日辉煌的久远回忆，进一步打响海上丝绸之路发祥地的品牌，花一点钱，不也是十分值得的吗？

哥德堡Ⅲ号停靠地，是一块不小的金字招牌。当前，最应当避免的一种倾向是，为了潜在的经济利益而争资源，乃至“抢夺招牌”。这种情况古已有之。比如两广第一个状元莫宣卿当年就被封川、开建两县争来争去，好在两县合并成封开，才“解决”了这个问题。现在就更不用说了，当“文化”变成“经济”之后，连昔日人们嘲笑且唯恐沾边的夜郎国，也有地方声称他们那里才是正宗了，真是到了争红了眼的地步。

260年前，经过了18个月的艰苦航行，哥德堡Ⅰ号来到广州，翻开了中瑞贸易史上的第一页。现在，哥德堡Ⅲ号的原路抵达，从一定意义上说，为广东文化大省建设增添了一个重要砝码，我们可不能因为细节问题坏了全局。

（2005年1月14日）

由陈省身先生说爱国

不久前，国际数学大师、中科院外籍院士陈省身先生在天津走完了他93年的辉煌人生历程。“陈省身”这个名字，已经深深地刻在20世纪的世界数学史上，成为炎黄子孙跻身国际一流科学家之列的一面旗帜。在他的学生、著名物理学家杨振宁先生看来，老师和古今数学巨匠欧几里得、高斯、黎曼、嘉当等齐名。

不难发现，人们在追思陈省身先生的时候，除了赞誉他的杰出成就，莫不把他与“爱国”联系在一起。南开大学校长侯自新说，陈省身先生不仅对数学，对于其他科学，对于中国融入世界科学界，进入世界科技创新体系，也是一个非常重要的媒介，而做到这一切，取决于“他的学术地位、爱国情操和社会影响力”。中国科学院院士、北京大学教授张恭庆说：“大家由衷地敬重陈先生，因为他是一个伟大的爱国者。”陈省身先生自己也是这样表白的。1986 年，他对邓小平同志说：“我虽已年逾古稀，但身体还好，愿把最后一点心血，献给祖国，帮助祖国搞好数学。”

爱国，就是热爱自己的国家。在一定意义上说，一个公民的爱国情感和爱国信念如何，是成就其人格的根本所在。有人以为，“爱国”体现在国家危难时刻，如果单纯地这样理解，是不够全面的。“天下兴亡，匹夫有责”（明朝顾炎武语）、“苟利国家生死以，岂因祸福避趋之”（清朝林则徐语），是一种爱国；“国而忘家，公而忘私”（西汉贾谊语）、“先天下之忧而忧，后天下之乐而乐”（北宋范仲淹语），同样是一种爱国。

从古到今，无数仁人志士的闪光思想和模范行为，都是爱国的具体实践。这些爱国思想和行为已经达成中华民族的共识，凝结成为民族的道德核心，成为抵御内忧外患的强有力精神支撑，也成为民族生生不息的不竭动力。正因为如此，在广东全省范围内开展的以“爱国、守法、诚信、知礼”为内容的现代公民教育活动，把“爱国”放在首位，作为最基本的道德要求。在实行改革开放和发展社会主义市场经济的新的历史条件下，我国社会的经济成分、组织形式、就业方式、利益关系和分配方式日益多样化，然而，作为一个核心，“爱国”将始终是维系我国各民族群众自尊心、归属感、责任感的基本价值认同。在强烈爱国情怀的支配下，公民就会自觉地关注祖国的前途和命运，就能够正确处理个人与国家的关系，把热爱祖国、树立共同理想与敬业奉献结合起来。

陈省身先生的高尚爱国情怀，堪称激励后人的典范。当年，他满怀赤诚的爱国之心回到祖国，在天津南开大学创办数学研究所，不辞辛劳、尽心竭力地促进祖国数学科学的发展。他那高贵的爱国品质，是他人格魅力的重要组成部分，也是令人们深切怀念他的重要因由。

（2005 年 2 月 21 日）

从“绿色”小事做起

北京的13家宾馆日前联合签署了“绿色行动宣言”，其中一项涉及消费者的重要内容是：从6月13日开始，在这些宾馆的客房内将停止摆放一次性牙刷、刮胡刀、沐浴液、拖鞋等客用消耗品。记得前两年，要不要取消这些东西，在广州也曾一度成为大家比较关注并讨论过的问题，结果不了了之。北京这13家宾馆的举动，为全国作出了一个示范。

综合起来看，这肯定是一件好事。我们知道，宾馆客房的一次性消耗品，旨在为出行的旅客提供方便，在一定程度上也确实做到了这一点。然而，且不说因为用品质量的参差不齐，不少人为了“保险”起见干脆自己预备；就是真正用那些东西的，也是用一两下就丢了，导致“用的还没有扔的多”。造成不必要的资源浪费是问题的一个方面，另一方面，那些被丢掉的东西，同时给环保带来了极大的隐患。环保专家说，宾馆中的一次性用品大多以塑料为原料，当它们被填埋后，很难在土壤中被降解，成了城市中的新污染源。那么，从大处着眼，“一次性”所导致的资源浪费行为，无疑与国家倡导的“节约型社会”目标相悖离，与绿色、环保等时代潮流更相去甚远。其实，即使从我们最喜欢叨咕的“与国际接轨”角度出发，宾馆提供一次性用品也可以考虑寿终正寝了。不少报道都说，在欧美国家的宾馆就没有这些东西，一般只有东南亚国家还在提供。

北京这13家宾馆之举，或许拉开了我国宾馆业推行“绿色服务”的帷幕。不难预见的是，全面推行之必然面临着一定的阻力，盖因为在大多数消费者的观念，供应这些东西，乃是宾馆必不可少的一项服务，就如同商家提供塑料袋一样。这就涉及观念的转换问题，既有消费者的消费观念，也有政策性的导向观念。作为消费者应当明白，使用一次性的东西带来方便不假，但这方便毕竟只在眼前，目光放得稍远一点，发现会带来那么多环境问题，就要有个子孙后代意识。从政策层面，取消“一次性”等同于釜底抽薪，体现出措施刚性的一面，无疑是关键所在。当然，消费者一开始对此可能会不习惯，但在环保意识和可持续发展理念日益深入人心的今天，这种不习惯只是一时的不适应而已。

北京力争在 2008 年以前，让全市所有的星级宾馆都不再主动提供一次性日用品，显然，此举是“绿色奥运”的一个组成部分。我们也有自己的绿色目标：建设“绿色广东”，这也是建设和谐广东的一个重要内容。实现这个目标，既要从宏观上探索绿色经济核算体系，创新环境经济政策，促进经济增长方式向“绿色”转变，同时也对消费模式提出了新要求，其中正包括从点滴的能够达成“绿色”的小事做起。

（2005 年 6 月 7 日）

“清水衙门”出硕鼠，无须吃惊

7 月 8 日《南方日报》有条消息：国家部委惊现邮资“硕鼠”。说的是教育部等单位的 11 名单位收发室工作人员与邮局工作人员勾结在一起，以加大邮资的方式，贪污了邮资 150 万元。为什么“惊”？大家吃惊什么？因为单位收发室历来被认为是个“清水衙门”，想不到如今也成了职务犯罪的焦点。

说实话，对这样的事我是一点也不吃惊，而且我觉得大家也都不该吃惊，理由很简单：贪的人不是往往被比作老鼠，贪得多的被比作硕鼠吗？既有如此之比，说明二者在本质上有着共通之处。那么，我们谁不知道老鼠的本性呢？

自然界的老鼠，是令人无比讨厌，却又无可奈何的生物。如果硬要套上“存在即合理”的公式，恐怕这东西就是为了诠释何为“憎恶”这个词汇而存在，除此之外还有什么“合理”性可言？我是琢磨不出来。老鼠总是出没于人们疏于防范的地方，如果你家里堵得严实，没什么漏洞，任它有与人类抗衡了几千年而且毫不处于下风的本事，也没办法钻进来。七八年前我家里就有老鼠，那时地上铺着地板胶，晚上老鼠跑来跑去发出的声音都能把我从睡梦中弄醒。后来搬了家，全部装上纱窗，既防了蚊子，也防了老鼠，一直以来太平无事。

对付社会生活中的“老鼠”也是一样，不过“防”的手段依赖健全的制度而已。因此，一个单位闹不闹“鼠”患，取决于那里的制度是否健全；健全了的还要看是不是摆设，刚性如何。纱窗装上了，忘了关严；或者纱窗的材质甚差，一捅就破，对于防鼠终究无济于事。倘若以为家里没什么可偷的，无须设防，闹老鼠几乎就是必然的了。我们看到，有的地方出了“硕鼠”所以吃惊，正因为他们一向以所谓“清水衙门”自居，于是乎，腐败与反腐败跟自己了不相涉，都是人家的事。一旦有了这种心态，别说别人腐败了，即使他自己正在腐败着，也就浑然不觉。一个人要是想成为“鼠”，哪里会“计较”衙门里的“水”多还是“油”多？得偷就偷罢了。

前几天，财政部揪出一个大硕鼠——金融司司长徐放鸣，同样有很多人表示“吃惊”“想不到”。因为，47 岁的徐放鸣本身位置就非常重要，“权力很大，还有着很光明的前途”；言外之意是他犯不着。忽地，不少人又释然了，说财政部金融司是“清水衙门”，而且“确实”是；言外之意他能不得贪就贪吗？本来，说那种部门是“清水衙门”，打死我也不相信，但人家硬要这样说，且由他说去，不过，倘若这就成为对掌控着上亿元资金的人物“松懈”的借口，那么，这位“多年来财政部涉案的最高级别官员”成为“硕鼠”又有什么值得大惊小怪的呢！

闹鼠患了，把漏洞查清楚，有的放矢就是，“亡羊补牢，未为晚也”。值得思考的一个问题是：咱们现在的制度不少，一天到晚地出台，此起彼伏，为什么有永远堵不住“老鼠”通道的态势？正是因此，在本叟看来，无论什么地方出了“鼠”或者“硕鼠”，都值不得一惊一乍。倒是社会生活中的人“鼠”之战，会不会如同自然界中的人鼠之战一样，要无休止地绵延下去，使人担忧。

（2005 年 7 月 8 日）

谁让啤酒节成了泼酒节

7 月 27 日开幕的第五届中国重庆国际啤酒节，变成了“泼酒节”。上万名热情疯狂的市民相互泼洒啤酒，4 个小时之内泼了 35 吨啤酒，“令主办方心痛不已”。

新华社这则消息并不长，但引起的社会关注度却极高，人们不约而同地认为，这与正在倡导的节约型社会格格不入。问题的实质的确就在这里。这么多的啤酒当水泼了，只要谁的心态还算正常，谁都会心痛。但啤酒节怎么就成了泼酒节？实在值得探究一下，否则，今后但凡关于液体的人造节，都有可能演变成玩物的危险。

笔者仔细研读了一下报道，似乎是气温在作祟。瞧，27 日的重庆显露了“火炉”本色，白天气温逼近 40℃，晚间也丝毫不见转凉，一度达到 38℃。医学专家告诉我们，周围环境对人体有不同的刺激，可分为轻微、中度和恶性几种，气温的骤然升高就是一种对人体的恶性刺激，它会使人们感到心里烦躁，更直接的说法管这叫“情绪中暑”。看起来重庆那里正是这样，温度之高，令现场的人们情绪失控，浑然忘却了啤酒是喝的东西，还以为是用来淋浴降温的玩意儿。

然而仔细分析，酿成“泼酒节”的关键其实不是什么气温，正是“心痛不已”的主办方！退一步说，他们难辞其咎。原因有这么两条：其一，市场价值 5 元一杯的啤酒，为什么在现场只卖 1 元？东西太贱，是人们不把东西当成东西的重要前提。其二，泼酒风气兴起之后，可以说，在场的人已经基本上失去了理智，完全处于一种亢奋状态，这个时候，是考验主办方驾驭场面、理性引导的时候。我们遗憾地发现，他们干的是火上浇油，“又马上补充了近 10 吨啤酒”，那意思相当于告诉市民：你们泼吧，有的是。因此本人怀疑这场闹剧的最后平息，恐怕是市民们泼累了、不想再泼的缘故。

分析到这里我们有理由认为：主办方的“心痛”有假惺惺的意味。他们“心痛”什么呢？至少你不补充，那 10 吨啤酒可以省下来嘛。以本人的恶意度之，“泼酒节”正是他们想追求的轰动效果也说不定。他们“心痛”，或者是“心痛”市民的素质太差吧，既浪费了东西，又亵渎了他们的美意。许多不光彩的事情就是这样，都是别人的不是，很欠缺一点（或很多）对自己的问责。用一句歇后语说，是“老鸦落在猪身上——光看见别人黑不知道自己也黑”。一些法律法规出台之后也是一样，有点能耐的人都以为那是约束别人的，自己该干什么还干什么。贪官作反腐报告是一个典型的例子。我们的许多法规形同虚设，难道不是与此大同小异吗？在“泼酒节”这件事上，主办方或什么人如果只是认为重庆市民该好好反思，那些酒真的算是白泼了。

国务院刚刚出了《营业性演出管理条例》，其中一个大家关注的内容是禁止公款追星，追了要严惩。重庆以及其他一些地方发生的事情表明，有关部门恐怕还得出台另外一些条例，比如禁止公款办节。虽然，重庆这个国际啤酒节是不是公款办得还不大清楚，但是这么糟蹋东西，想让人认为不是公款都难！

（2005 年 7 月 29 日）

重构广州水系须小心“老鼠屎”

广州芳村一家小型化工厂为了偷排化工废液，居然在地下埋了 29 条暗槽，而这些暗槽，直通与该厂一墙之隔的珠江支流花地涌。

前天下午，当他们正在偷排的时候，被广州市环境监察支队抓了个正着。执法人员称，这些废液均为强酸性，含重金属，对水质有很大危害。

对废液的危害性，这家化工厂肯定心知肚明，否则也不至于采用这种貌似神鬼不知的下作手段。不过，这一事件的性质恶劣之处并不仅仅在这里，还在于他们除了自己本身要偷排废液，还打着帮助一些工厂处理化工废液的旗号，利用厂房围墙外面就是河涌的“地利”条件，干着替人“销赃”的勾当。前天被抓获的8辆运槽车，不就都是从南海、三水等地运来的废液吗？这29条暗槽，相当于他们建设的中转站，承接着污染转移。当然，对珠江构成怎样的污染不关他们的事，只要自己获益就行。

这家成立于1993年4月的私人化工厂究竟向珠江倾倒了多少毒液，看起来是弄不清楚的了，被抓获的正在倾倒的那辆车，就装了7吨左右的废酸洗液。现在我们只能但愿，但愿这样的事情属于极端的个案，否则，广州市整治河涌的宏伟规划，很可能坏在这些暗藏的“老鼠屎”手里。

前不久本埠媒体大量报道，广州市将大手笔重构水系，把广州构筑成为一个“山、水、城、田、海”的生态城市。广州的所谓水系，正由市内231条大大小小的河涌所构成。所谓重构，即是引北江清水进广州，用活水营造老八区的河涌生态环境。为此，广州市计划投资148亿元以上资金。目前，包括芦苞涌、西南涌、白坭河的“两涌一河”整治工程已经开始，工程总长121.8公里，到明年年底完工；届时，通过开挖人工深湖调节，河涌“被动去污”变为活水冲刷。在将来，人们更可以“乘小船通过条条河涌游广州，仿佛来到了美丽的意大利水城威尼斯”。

广州能不能变成威尼斯其实并不紧要，不过，“六脉皆通海，青山半入城”，确是古人对其时广州山水格局的具体描述。考古发现证实，在广州两千多年的历史上，城市中心所在一直没有移动，而近年在北京路附近相继发现的秦代造船遗址、南越水关遗址等充分说明，水系一直维系着广州的繁荣。然而，曾几何时，河涌却渐渐成了“排污渠”“臭水沟”的代名词，污水不仅污染了河涌，还污染了珠江。近几年来，随着广州市实施“碧水蓝天”工程，兴建了一大批污水处理厂，完成了一批河涌截污工程和截污水管网改造工程等水处理配套工程，河涌面貌得到了初步改善。但是，倘若那些暗藏的“老鼠屎”在不断制造严重污染的话，重构水系不是潜藏着破坏的危险源吗？

一个没任何环保手续、属于违规经营的化工厂，居然存在了这么多年，令人触目惊心。因此，对“暗槽”污染这种窝点千万不能掉以轻心，严厉打击与“大手笔”重构，相辅相成，缺一不可。

（2005 年 9 月 12 日）

冒名搭载是想浑水摸鱼

“神舟六号”载人飞船就要回家了。她的一举一动牵动着亿万人民的心弦。实际上，从神六上天伊始乃至之前，她就已成了世人关注的焦点。正是在这样的前提下，我们看到一些“精明”人或部门打的是神六的歪主意。中国空间技术研究院负责飞船搭载项目的部门前日证实，诸如荣昌猪精液、8 米长的巨龙画、1600 个东巴文图案等一批被宣称将搭载神六进入太空的物品，并没有上天；神六也没有搭载泥土、鸡蛋、茶叶等东西。

据这位负责人介绍，所谓搭载，是指飞船在搭乘航天员和为空间应用系统搭载实验设备、仪器外，搭载的一些其他物品。这就是说，搭载是一定的，但具体搭载什么是不一定的，要遵循一定的原则：首先，不能影响飞船的技术状态和主任务；其次，要考虑飞船配重的重量、空间位置和比重需要。我们都还记得，两年前，“神舟五号”成功返回后举行过搭载物品开舱仪式，搭载的是中国国旗、联合国会旗、北京 2008 年奥运会会徽旗帜、新版人民币和为首次载人航天工程制作的纪念邮品，还有为台湾同胞搭载的500克作物种子。而神六搭载的物品，也主要是载人航天工程纪念品，还有用来进行科学试验的微生物菌种和农作物种子，“这些搭载物品同时起着为飞船配重和保证飞船质心的作用”。其实，神六安全返回后，具体搭载了什么自然会真相大白。最重要的是，整个搭载过程都将在公证部门的现场监督下进行，每一个搭载项目都会获得公证书，不是谁说搭什么就搭了什么的。所以，那些自称搭载的人在这个时候大事张扬，可以说有浑水摸鱼之嫌。

我们不能排除，有一些科研单位和科研人员确实存在一种迫切心情，渴望通过神六搭载自己的生物实验项目，以证实太空中是否产生变异等问题，为开辟新的作物品种努力。但是我们同样不能排除，还有一些单方面所宣称的搭载，纯粹是为了炒作自己，以为沾上神六的名目就可以为自己攫取经济利益，用鲁迅先生的话说，叫作“拉大旗作为虎皮，包着自己，去吓呼别人”。事实表明，后面这种情况更为普遍。上面这位负责人说了，每次神舟飞船发射前，总有不少单位或企业宣称本单位的植物种子或其他物品将搭载神舟飞船上天，而经查证，多半都是空穴来风。这次借神六进行虚假炒作的做法，已使正常的搭载活动受到商业炒作的不良影响，因此工作人员不得不出面澄清。我想，澄清不一定在不得已的时候，拆穿谎言更需要及时，及时才能有效。

无论是个人还是企业，怎样发展都需要以自己的经营为立足之本，这种冒名依傍心理并没有意义。当然，经营者比我们更明白，但捞一把算一把的不良心理，使冒名依傍渐渐成了惯性。现在，因为神六而出现的冒名搭载问题，更显示了净化清理的必要，否则，最终受到坑害的只会是消费者。

（2005年10月17日）

秦桧之“跪”是一个文化符号

上海艺术家金锋的秦桧夫妇雕塑站像甫一面世，即引起了颇大争议。争议的焦点在于秦桧夫妇该不该“站”起来。谁是金锋？业界之外的笔者此前不识，多数人恐怕也是如此。那么，现在那位金锋先生现在一定躲在暗中窃笑：由“跪”到“站”，小小的一个“创意”，居然引起了这么大的轰动，正所谓“天下英雄入我彀中矣”。如今，谁不识金锋？

所以说人们中了金锋先生的“圈套”，在于他本人“创作”这件作品时，虽然嘴上嘟囔着现代的词汇，为了“呼吁现代社会要重视人权和女权”云云，实际上，他完全是一种玩世不恭的态度。瞧他给作品起的名字：《跪了492年，我们想站起来歇歇了》，这是要严肃对待历史的口吻吗？显然不是。在这个层面上，包括历史学家在内的一些教授、博士试图与其理论“平静地看待历史问题”，不是纯粹地对牛弹琴吗？这跟计较《宰相刘罗锅》《铁齿铜牙纪晓岚》之类戏说电视剧中的历史真实性，究竟有多大区别呢？

退一步说，即便这是金锋先生的“行为艺术”吧，拜托，“艺术”你的好了，千万别拿所谓“人权意识”去考量古人的言行。别说金锋了，当代人自以为“现代”的其他所谓观念，同样会被后人考量，被考量得不堪也是正常现象。问题是，“社会存在决定社会意识，社会意识又反作用于社会存在”，这才是历史唯物主义的态度。此中的精髓是：对历史上发生的一切，一定要用历史的眼光和标准去衡量。那么，在我们现在的时代固然有我们时代的忠奸理论，也有对待忠奸的方式方法，但西湖边的秦桧夫妇（以及万俟卨和张俊）跪岳飞之所以存在，却属于他们那个时代，是一种历史的产物。“青山有幸埋忠骨，白铁无辜铸佞臣。”西湖边上看似普通的这几尊跪像，已成为一个典型的文化符号，明确诠释了古人对忠臣与奸臣的形象理解，他们用这种方式告诫属于他们那个时代的人：选择不同的人生道路将面临怎样的身后结局。这种告诫，是其所以产生的那个时代最具效果的昭示。而我们时代的人拿“人权”去衡量之，自以为比古人更有见识，打个不恰当的比喻，这与向石器时代的人们炫耀我会用电脑打字没有本质区别。

“人从宋后罕名桧，我到坟前愧姓秦。”这是秦氏一位后人发出的慨叹，在他们自身，对先祖的行为是怎样的痛心疾首已经溢于言表。所以我想，现代有的人但有一点现代意识的话，且不说根本不必做那些让秦桧“站”起来的文章，不要在本该定格于古人的文化符号上画蛇添足也就足够了。今年 6 月，秦桧等人又被岳飞后人捐资“安排”到江西去“跪”岳母墓，不是极不妥当，可以说是非常没有“现代”理智的行为吗？忠臣与奸臣、爱国与卖国的诠释和示范，在今天已不是岳飞和秦桧这两个作为文化符号的个人所能承载得了的！所以，对于戏说历史的东西，委实没必要较真；对于生活中本该摒弃的一些历史行为的照搬套用，倒是值得警惕。金锋这类的艺术家“等闲平地起波澜”，如果说不属于恶意炒作行为，也算得上是一种好事的话，那么，它“好”就好在提醒我们需要防范历史的渣滓由现代人演绎重生。

秦桧夫妇已经“跪”了那么多年，不是艺术家让他们“站”起来，他们就能够“站”起来的。而以为秦桧之“站”即体现了人权意识，用秦桧发明的“莫须有”来概括最恰当不过，完全风马牛不相及。

（2005 年 10 月 25 日）

药价上包装，未必“馊主意”

10月27日，《南方日报》报道了《发改委酝酿对药品定价再动手术》的消息，“手术”的一项主要内容是市场定价药品的最小零售包装上，须标注出厂价、零售价。正要为这种做法叫一声好，旋即见广东省和广州市医药行业负责人明确表示：这是一个馊主意。

“馊”在哪里呢？按他们的说法，药价虚高的根本原因是厂家报价太高，或销售环节利润过厚。如果把价格印出来，价格是透明了，但成本还是不透明；至于中间利润，生产商完全可以通过返利等予以变通。那意思是说，告诉你标价也没用，因为你根本不知道标出来的究竟是高还是低。这个说法是有一定道理的。然外行如我在前提问题上弄不明白的是：难道一旦实施这个“馊主意”，会没人监管，由得厂家想印多少价格就印多少不成？恐怕没那么简单吧。前面那篇报道就说了，国家发改委已成立药品价格评审中心，正对药品价格进行成本调研，以后的药品价格将主要由评审中心提出意见。

药价虚高早已经成了顽症，本身是“病入膏肓”的。9月28日，国家发改委宣布降低22种药品的最高零售价格，平均降幅40%左右，最大降幅达到63%。这是我国第17次药品降价，也是降价幅度最大的一次。但人们还是普遍认为，降低药品零售价格并没有从根本上改变中间环节的利益分配格局，流通环节仍然存在较大的盈利空间，并不是治本之策。药价上包装面临的境况也许同样如此，但正如有关人士指出的，它“可能是控制价格的一个最快捷的办法”。作为一个办法，总比“坐以待毙”要好，这主意怎么会是“馊”的呢？

谁都有过这样的经历：一点儿头疼脑热的小毛病，到医院走一趟动辄花费数百上千元。我们都知道花了冤枉钱，但不知道冤枉在哪儿；即使知道冤枉在药价上，也不知道究竟给冤枉了多少。药价一旦上包装，你就蒙不了我，识数的人都会算账，算得出这药到自己手里时究竟翻了几个跟头。那么，即使是花了冤枉钱，也知道究竟是被哪个环节坑去了。给百姓一个相对明白，这主意又怎么会是“馊”的呢？

任何一种手术，动完之后都需要跟进的治疗手段，不可能下了手术台就能拍屁股走人。以为药价上了包装即宣告整治虚高万事大吉，失之于幼稚，必然要有相应的辅助措施。但一项改革，不管其走向如何，触及方方面面的利益是肯定的，发改委目前对药企的意见也正在搜集之中，医药行业协会可以尽情表达意见。我想，不赞同就是不赞同，说这主意是“馊”的，颇见意气用事的成分，并不能够解决问题。

药价虚高的实质，我认为还是有些从业人员的良心“馊”了，变质了，他们只盯住了赤裸裸的经济利益，全不理会百姓在承受肉体创伤的同时，还要承受完全不必要的心灵创伤。既如此，围绕降低药价的一切努力都可以尝试，这一个即使不成功，那么就下一个，总之，直到这个问题最终得到解决的那一天！

（2005 年 11 月 3 日）

仅仅“证实”并不够

“我国一次性餐具半数不合格，含有致癌填充物。”这一则“最新抽查结果”，恐怕是最近一个时期最令人惊悸的消息了。谁能够算得出，全国每天有多少人——大小范围流动的乃至猫在办公室的人，本来就在胆战心惊地使用一次性餐具？

日前，新华网记者看到了这份“最新抽查”的报告原件，证实的确如此。那是今年 9 月 9 日，国家质检总局下属的国家环保产品质量监督检验中心所发的 2005 年第 12 号文《一次性餐饮具、食品包装袋/膜产品情况汇报》。其中透露："2002年对一次性餐饮具进行的国家监督抽查，抽样合格率为52%；2003年在河北省对一次性餐饮具进行的国家监督抽查，抽样合格率为43%；2004年北京市工商局联合北京环保餐具联合组织对北京市场进行的抽查，抽样合格率为40%。"

权威部门白纸黑字的报告证实了这一消息，虽然证实的只是前年河北、去年北京的市场状况，然"窥一斑而知全豹"，没"上榜"的其他地方也显见不敢乐观。从前提问题上看，这种来自权威部门的证实绝对是有必要的，尤其是不合格的一次性塑料餐盒、餐碗和托盘，因为添加了大量废塑料和填充物，遇热或油脂会释放出致癌致病化学物质，对人体健康危害严重。把问题的可怕程度昭示天下，对消费者的知情权是一个必要的交代，使人们不至于糊里糊涂地慢性中毒。但与"证实"同等重要的，是来自权威部门的相应解决办法，遗憾的是，迄今我们还没有看到任何部门跟进的哪怕任何手段，仿佛如同不合格一次性货色本身所造成的后果一样，属于不治之症。那么，我们就不由得要发问一句：证实了又怎样？

"一次性"餐具的产生，基于人们对餐馆非一次性用具的极不信任——也确实没有能够赢得信任的各方面基础。而当"一次性"事态变得如此严重的时候，每天在"外面"吃饭的人，至少在最近真的要陷入两难境地了：不用一次性的，用什么？面对一次性的，却又不知道它是否合格。不错，专家提醒我们了，那些"手摸软绵绵，轻撕就破裂，一闻刺鼻又呛眼，遇热变形还渗漏"的，那些"剪碎了扔进水里会下沉，一折会出现白印"的，都是不合格的。问题是，普通的消费者如何衡量软与硬？怎么判断遇热变形？今后餐馆有可能为顾客提供剪刀和水盆吗？看起来，避免两难，得提高生活的"档次"，去"讲究"点儿的餐馆才行了；且不说这只是消极的自我保护，接踵而至的问题是，对多数人来说，"讲究"得起来吗？

暴露问题的目的是要解决问题，否则的话，只会造成恐慌。时下面对"一次性"问题，有关方面仅仅"证实"严重性是绝对不够的，还得在其他方面尽快张贴“安民告示”：对杜绝其生产、杜绝其流入市场、杜绝其混迹于优质产品等等，将采取怎样的手段。总之，不能让百姓“明知不能用，无奈还得用”。

（2005 年 11 月 7 日）

“那个时代”和“这个时代”

当年的“草原英雄小姐妹”正在广州作客。41 年前，当时年仅 11 岁的龙梅和 9 岁的玉荣，为了保护集体的羊群，在零下 37 摄氏度的严寒中与暴风雪搏斗了一个昼夜导致身体致残的事迹，曾经感染了包括笔者在内的一代人。

“小姐妹”来到广州之后，我注意到一个细节，那是玉荣谈到与女儿的一次对话。女儿说，当年你们真傻，羊群丢了第二天可以再去找，人的生命比羊更重要啊。玉荣回答道，如果你们生在那个时代，也会那样去做。应当说，这是两代人的两种世界观。对这两种世界观，首先不必有意识上的褒贬，因为它们之间并没有境界上的高下之别；相反，从这一问一答中，让我们分明看到了这个社会的巨大进步。那就是：个体有了珍重生命的意识；而前提却在于，社会有了尊重个体生命的意识和行动。

“如果你们生在那个时代，也会那样去做”，这绝对是一句实话，笔者当年，恨的便是没这种机会。“那个时代”，提倡个体的献身精神。有人统计，新中国涌现的几十名典型少年英雄中，救落水者、救火、救牲畜、与坏人做斗争的占了大多数，足以见证一般。当然，这种提倡和鼓励并不止于未成年人。不久前，凤凰卫视有一个关于北大荒知青的系列采访节目，我们从亲历者的口中更知道，甚至为了毫无必要扑救、烧过而已的草原荒火，知青们也要奋不顾身，以为赢得表现的机会来了，献身的机会来了。死者已矣，残阳落照，孤坟无语，幸存的致残者留下终身痛苦，回首往事，无限唏嘘。在那些近乎荒诞的岁月，“胸怀朝阳战恶浪”的更数不胜数。1969 年 7 月 28 日，发生在我省汕头牛田洋的悲壮一幕可堪回首？在不可抗拒的强台风面前，470 名部队官兵和 83 名大学生就那么献出了宝贵生命！我们不是要否定英雄，包括少年英雄，而是想说，这正是玉荣所说的“那个时代”，尽管她的女儿已无法理解，但发生在“那个时代”是那么自然而然。一言以蔽之，社会不尊重生命，个人因此而不珍惜生命，完全将革命英雄主义歪解，是“那个时代”的典型特征。

在“这个时代”已经截然不同了。从一味推崇少年英雄，到教导未成年人在学习英雄时首先要学会自我保护，意味着社会观念的进步——或者说回归，从“疯狂”回归到理性。不少中小学前几年就把学生守则中“敢于斗争”“见义勇为”等凡是可能给未成年人带来危险的条款都删掉了。这种做法委实不难理解，孩子自身尚不具备自我保护的能力，又怎能在守则或规范中要求或鼓励他们去做那些力不能及乃至牺牲自己的事情呢？广东省政府前几年也曾下发通知，明确规定各地不准组织中小学生参与山林救火。他们在成长过程中更应当得到保护。新中国第一个少年英雄刘文学，为了制止地主分子偷海椒而献出了 14 岁的宝贵生命。刘文学的精神固然可嘉，但保护集体的财产，却不需要以生命作为代价。而在“那个时代”宣传献身精神时，往往对少年英雄机智宣传不足；在肯定成绩时，对少年儿童生理及心理特点又注意不够。那么，“这个时代”对“敢于斗争”“见义勇为”等的删除，实际上正体现了对中小学生生命的尊重和保护。

以人为本，尊重生命，是现代社会进步文明的标志。对人的尊重，最后要落脚在对个体生命的尊重。我们必须尊重个体生命的存在，并且有责任让他们健康地生存，只有以此作为一切实践活动的根本出发点和最终目的，社会才可能得到健康发展。

（2005 年 11 月 24 日）

“门票经济”观念得改

在广州天河体育中心举行的第六届国际美食节上，围绕门票收取问题闹出了不小的风波：商家呼吁取消——暂时取消——恢复收取——十几家商铺关门谢客表示不满。美食节将在 12 月 11 日闭幕，还有好几天，但组委会负责人表示，门票不会取消。

广州美食节已经举办了五届，因为门票问题闹得“喧宾夺主”，好像还就是这一届。原来不是问题，现在成了问题，而且成了比较大的问题，就需要认真对待。有关人士说，收取门票是广州历届美食节的惯例，且在这届美食节举办期间，每天会有一些文艺表演和游戏活动，这也是门票价值的一部分，更重要的是，考虑到了人流量问题，不收门票难以控制现场，甚至危及参观市民的人身和财产安全。除了“惯例”说，是有一定道理的。但组委会还有人说，“面临亏本，必须收取门票作为补充”，显然，与控制人流量之说又自相矛盾。

即便美食节没有“门票经济”的文章吧，这种国人潜意识里的观念确实需要改一改。

说到门票经济，最令国人感慨的恐怕就是旅游景点的门票。好多人都是这样，尽管有了足够的心理准备，到了那里，往往还是被高昂的门票弄得进退两难。不进去？那么老远来了；进去？钱花得太心痛，也不值得。旅游门票到了千夫所指的地步，究其根本，正是门票经济被等同于旅游经济。而旅游经济绝非卖几张门票那么简单，杭州推出的“免费西湖”反其道而行之，不是也赢得了可观的经济效益吗？前两年，杭州西湖环湖公园全部实现 24 小时免费开放；随后，西湖周边的一些博物馆、纪念馆等也陆续加入免费行列。杭州人“漠视”门票，不是不要经济效益，而是有他们精明的一面：免费可以引来更多游人，重要的是怎样营造良好环境，让游客心甘情愿消费。而一张门票，有时可能相当于一堵无形的、冰冷的墙。

无论是旅游景点还是别的什么地方，门票的收取不是不可以，但要有一定的合理性。参加美食节的一些市民认为，10 元钱的门票确实是个障碍。想想也是，里面卖的东西本来就贵（如羊肉串 5 元一串），为何还要再花 10 元门票钱去吃。广州美食节已经举办了五届，说明在既往是受欢迎的。继续打造好这块金字招牌，就取决于对美食节承载内涵的正确认识，取决于眼前利益与长远利益的权衡，不能拿过去的“惯例”衡之以发展了的现实。商家和市民都不认同的门票，确有认真审视的必要。

（2005 年 12 月 5 日）

没有人可以“破例”修墓

昨天《羊城晚报》报道，在开平市赤坎镇五堡村委会的公路旁，刚刚建起了一座超豪华的墓园，俨然一个小公园。墓园属于一位旅港乡亲，当地村委会解释批准用地的理由是，他“对家乡建设贡献大”。

面对这座豪华墓园，当地群众“有说不出的滋味”是完全可以理解的。国家和广东省关于清坟的政策已经出台多年了，绝大多数的百姓也在事实上严格地遵守了，为什么法规面前不是人人平等，有的可以例外？别说不想看而偏偏硬要入眼的当地群众想不通，就是我们“旁观者”，对这种公然违背相关法规行为的赫然出现也感到大惑不解。翻开自 1994 年 10 月 1 日起施行的《广东省殡葬管理办法》，第二十条明明白白地写着：禁止恢复或新建家族墓地。开平的这一个，就是典型的新建家族墓地，除了 3 个墓穴共葬有 5 位先人之外，还有 2 个墓穴不正“虚位待客”吗？

诚然，修墓的人对家乡建设是有一定贡献的。报道说他捐款给村里的小学，出钱修村里的水泥路，帮村里通自来水，加起来有好几十万元。而且，该乡亲家族对开平捐资助学、扶贫济困的资金超过300万元。“滴水之恩，当涌泉相报。”这是国人的一种颇具积极意义的价值观。对旅港乡亲对家乡的贡献，相信当地群众会铭记在心；但这“相报”，不意味着无原则地迁就，满足“施恩”者法律法规明令禁止的事情。因此，村委会以每亩1.2万元的价格，向该谭姓乡亲“出让”1亩多的土地，让他重修祖坟，就逾越了“相报”的底线，是不能得到允许的。

当地村委会说，他们是“破例”给批的土地；我们要说，在任何原则问题上，都没有人可以“破例”。我想，对于“施恩”者，也需要有一种健康的、平和的心态。无论他是锦上添花还是雪中送炭，都不是“施舍”。剔除了这样一种意识或潜意识，才能够在自己一方首先不提出无原则的要求，同时也不为对方有时可能出于阿谀、讨好的行为所心动。但当双方偏离正常轨道，造成既成事实的时候，正是考验有关部门严肃执法的时候，因为法律法规不可以对任何人网开一面。

封建迷信是近年来我国社会发展比较严重的现象，许多地方修庙、造坟、建祠堂、迎神送鬼，包括一些领导干部在内，为了个人的所谓风水、运程，不惜动用手中的权力靡费公帑，造成极为恶劣的影响。在我们这样一个封建社会盛行了长达两千年的国家，一下子根除人们头脑中的封建意识是不现实的。违规修建墓园，在广东并不是第一起，此前，我们在粤东、粤西一些地方，都有一定的“见识”。封建观念不除，这也不可能是最后一起。唯其如此，在宣传教育的同时，还需要强制手段维护法律法规的严肃性。

《广东省殡葬管理办法》第二十条同时明确，违背该条规定的，“由当地市、县民政部门会同国土管理部门责令限期迁坟，并恢复原来地貌”。那么现在，江门市以及开平市将怎样执法，我们拭目以待。

（2005年12月27日）

留下来过年挺好

昨天《新华每日电讯》有篇报道，说随着时代和社会的变迁，春节回家并非每个外乡人唯一的选择。现代人对于回家过年有着迥异的感受，有的热切期盼，有的却充满恐惧或烦恼。报道对后一种人，用了“恐归族”这个词汇，认为“恐归族”的形成让中国传统民俗多了些别样意味。

回家过年是中国传统的习俗。这也许是春节文化里最显著、最不分地域而具普遍意义的一个特质。春节当“归”。而春节不“归”即为“恐”，看上去，一个是结果，一个是原因，这个结论恐怕就有一点想当然。“恐”什么？当然是“恐”春运，首先是“恐”车票难求；然后是“恐”在路上人挤人，喘不过气来，回家形同遭罪；再然后是“恐”回去之后的繁文缛节。这些都是事实。但春节不“归”，每个人可能都有每个人的理由，有“恐”的那一部分，却并不尽然。就拿笔者来说吧，自打离开家乡算起，至今已经连续21个春节未“归”了，就待在羊城，虽然我并不喜欢该冷不冷、四季几无区别的气候，也承认春节之“归”不那么方便，但我还是认为留下来并非因为“恐”。有几年夏天回去过，加上路途不近，再回不大“划算”；还有几年父母春节时“逆向流动”，也就没必要回。

你可以说我在抬杠，但我只是想说明“恐归族”词义的不准确性、武断性，别无他意。有预测说，在今年40天的春运期间，我国将有创纪录的20.42亿人次奔波在归乡、再返程的路上。这大概是根据哪个铁路局准备发多少车次，每个车次运载量有多大估算出来的吧。“人次”终究不等同于“人”——咱们国家才13亿多人口嘛，即便多数人原本谈不上“归”，但在当“归”的群体中而未“归”的，还应该是多数人。至少，在我的“外乡人”圈子里是这样。

春节固然是亲情团聚的时刻，也是父母期盼的时刻，不过，在目前国家运输状况还不那么乐观的态势下，留下来过年也挺好。工作感到疲惫的，可以调节一下身心，到附近那些平时想去还没去的地方走走。没有在工作地定居或不打算定居的，就更要借机多领略一些“异域风情”了。不一定名山大川才有魅力，如同“留心处处皆学问”一样，留心处处皆怡情。我们还看到，不少地方政府或企业为留下过年的打工者怎样过个好年而动足了脑筋。在这个时候，真不妨来个“反认他乡是故乡”。从这个角度看，“恐归族”让中国传统民俗多了些别样意味的结论，是比较中肯的。

报道最后说：如果传统民俗能舍弃一些礼节，多一些真心的团聚，“恐归族”将会由“恐归”回归到“盼归”。“恐归”倏地又变成了“恐礼节”，这恐怕又出了偏差，多数人应该是“恐路途”。对那些真想“归”的人，还是“归”吧，不过，我的出发点是，如果大家普遍丧失了过年回家的兴趣，这么一个最典型的文化特质也消亡了，那么我们的春节可就真像人家教授发布的宣言，该保卫了。

（2006 年 1 月 27 日）

电影公益放映不仅要完成任务

广东全省“优秀电影进社区”公益放映活动正在进行。后天，是城市地区公益放映日。在整个活动期间，全省共安排电影放映 4610 场，其中农村地区安排放映总场次即占到了 4400 场之多。

从数量上的“绝对优势”看，这次公益放映活动对全省广大农村是高度重视的，反映了对农民精神食粮需求的满足。农民的精神食粮在哪里？同样蕴藏在凝结了人类智慧结晶的文化产品里，电影是为其一。这一点，因为户籍而人为区分开的城里人和农村人没有什么区别。不同的是，城乡差距的不断拉大，城里人选择的余地更大，有条件享受得更多，享受的质量也更优而已。全国范围内红红火火的“三下乡”活动已经开展十余年了，活动的主旨就是给农民送去精神食粮。相对于形式多样的送，送电影不仅成本较低——两三个人、一块银幕、放映机加上拷贝足够了，而且电影这种载体雅俗共赏、老少咸宜，最容易产生效果。

另一方面，在农村看露天电影，并不只是精神食粮的吸收过程，也是村民们借以聚集、交流情感的过程。笔者小时候（20 世纪 70 年代）在农村看露天电影，至今难以忘怀。在得知要放电影的几天前，虽然是看了不知多少遍的片子——《地道战》《南征北战》之类，也还是兴奋不已；到上演的那一天，早早地搬个板凳去占位置，实际上开演的时候则窜来窜去，完全把那里当成了游戏的场所。长辈则与前前后后的邻居亲热地拉着家常。在物质与精神食粮都相对匮乏的时代，一场露天电影所发挥出来的功能已经远远超出了电影本身。

今天农村的各方面都好得多了是无疑的，但从耳闻目睹的社会现实看，农民对精神产品非常渴求也是无疑的。据我的主观臆断，送电影下乡在今天仍然能够对农民构成吸引力的话，不可能是当年露天电影的简单回归，而要在重视“数量”的基础上，更加地注重“质量”，也就是拿什么片子给农民看。我这个臆断不属多余，因为有一点旁证。早几年曾有报道，不少单位都搞送书下乡，那也是送精神食粮的一种，但有细心的记者发现，在那些单位和个人捐赠的图书中，政治性的读物占了绝大多数，甚至还有“文革”期间编印的。拿这样的书给农民看，“送下乡”的任务是完成了，农民并没有得到多少收益。回到电影来说，在我们这个拥有 9 亿农民，农民人口占总人口 70% 的国度，反映“三农”题材的还少之又少；那么，这次公益放映活动带给农民以怎样的精神食粮，值得关注。在我看来，从大量的白领言情、武打凶杀、历史戏说中遴选出适合农民兄弟口味的电影，几乎是一门学问。

建设社会主义新农村，不仅要加大对农村的物质投入，而且还要相应地加大精神产品投入。送文化，送那些从近前看能够给农民以收益，从长远看能够确实提高农民整体素质的文化，是“投入”的一个重要方面。有必要明确的是，真正做到形式与内容相统一，不是一件容易的事。

（2006 年 2 月 9 日）

“一览表”是监督靶子

鉴于广东全省中小学开学以来，广大家长对学校收费颇多疑问，《南方日报》今天公布了全省 21 个地级市的“一费制”收费标准一览表。一览表极其详细，不仅标明了每个市该收多少，农村和城镇分别该收多少，而且标明了哪个“级别”——县级、市级还是省级的学校该收多少，清清楚楚。

寻常意义上的数字是干瘪枯燥的，但在这里，数字无疑显得异常生动，每一个关心本地教育收费状况的家长，无须咨询，对照一下，也能够对权益是否受到侵犯了然于胸。从这个意义上说，一览表相当于“一条红线”。家长们据此可以判断本地中小学的收费是不是合理，交给学校的钱如果越过了这条“红线”，就属于“乱”，就可以理直气壮地投诉。

每个学期中小学开学前后，教育收费都会成为社会热门话题。本来，我国在 1986 年就颁布了《中华人民共和国义务教育法》，把免费的义务教育用法律的形式固定下来，也就是说适龄“儿童和少年”必须接受 9 年的义务教育。逻辑上看，既然义务教育乃国家用法律形式规定对一定年龄儿童免费实施的某种程度的学校教育，不应该存在收费现象，但我们的国情，以及长期以来我们对教育投入的欠账过多，这种逻辑上非常矛盾的现象还不能避免。事实上，广东自去年 9 月起对 16 个扶贫开发重点县的农村学生开始免收杂费，且上学期已交的全部返还，正是朝着义务教育迈出的非常坚实的第一步。

今天公布的，是广东全省各市的“一费制”一览表。按照教育部有关负责人的解释，“一费制”是指在严格核定杂费、课本费和作业本费标准的基础上，由省级人民政府确定一个收费总额，然后一次性统一向学生收取的收费办法。由于广东地区间、城乡间经济发展不平衡，群众的经济承受能力也不相同，因此没有实行统一的标准，而是按照因地制宜、实事求是的原则确定。划定这条“红线”的根本目的，是在目前尚不能达到真正义务教育情况下，最大限度地规范管理、减轻负担、治理乱收费的具有可操作性的举措。与此同时，无疑也有利于落实政府对义务教育的投入责任。“一费制”在执行过程中，尽管也有遭遇尴尬的时候，但是如同其他领域的制度同样会遭遇尴尬一样，不是制度本身存在问题，而是执行的问题。这当中，很大的因素又在于缺乏公众的监督。因此，公布这样一个一览表，实际上为公众提供了监督的靶子。

（2006 年 2 月 15 日）

怕曝光，就别干那些事

2 月 19 日，国家发展和改革委员会曝光了 8 所教育乱收费学校，乱收费金额累计高达 2270 万元。消息一出，恰似捅翻了“马蜂窝”，矢口否认者有之，义愤填膺至于出言“胡扯”者亦有之。积经验来看，这是被曝光者非常正常——也是本能的反应。稍感意外的，是消息同时引来了各地网友的无数“举报”。

深想一想，这后一点也不该感到意外。发改委曝光的这 8 所学校，分别是 4 所大学和 4 所中学，显然是有选择的，大概是具有代表性的吧，任何人都不会幼稚到以为中国只有这 8 所学校才乱收费。退一步看，如果让发改委把教育乱收费的地方都一一曝光出来，也不现实。认为“胡扯”的南京审计学院有关人士就说了，“各个高校都在这样做”，而仅仅曝光他们，“感到非常不理解”。相信他的“都在这样做”不是臆断，网友们那么多指名道姓的“举报”便可作为旁证。对被曝光者来说，很自然地就会生成一个逻辑：你不要光说我，还有他或他。他们也会很自然地认为自己很不好彩，对未被曝光肯定不大服气。这我们倒可以理解，如果别的乱收费者在暗自窃喜，曝光就显然起不到杀鸡儆猴的惩戒效果。

国人最怕曝光，怕得要命。分析起来，可能与过于讲究地区或部门的形象有关，也可能与某些官员过于关注自己的仕途有关。早两年我们都知道，央视《焦点访谈》节目组的大门外排着两条长龙，一队是告状的，一队是“攻关”的，攻的就是不要曝光的关。攻不下来的，往往是能抵赖就抵赖，所以在曝光之后，鲜能看到爽快承认的，这种抵赖有时到了厚颜无耻的地步。比如前两天《焦点访谈》曝光了河北省霸州市胜芳镇，那是个不久前刚被授予“全国文明城镇”称号的地方，赌博却在大街上完全公开，毫不掩饰。央视记者在暗访中一一记录在案，而跟随当地公安部门去采访时，所有赌档却无影无踪了，再看那位副镇长的神气样子：“怎么说我也不可能认可，我没看见。”并且他怪记者，谁叫“你昨天看见的时候，不拉着我去看?”真恨不能啐他一口!

怕曝光，就别干那些见不得人的事。“若要人不知，除非己莫为。”“不做亏心事，不怕鬼叫门。”前人把话说得明明白白，但在现实中，往往是婊子要当，牌坊还要照立。而且，真正令我们才“感到非常不理解”的，是有许多人或事确实能够得逞。网友铺天盖地的“举报”，说明教育乱收费的问题有多么严重。因此，为了避免“非常不理解”者的“冤屈”，不妨对所有乱收费的学校都来个彻底曝光：中央的有关部门负责曝光中央级的，省里的负责曝光省级的，依此类推，各自打扫好自己的门庭，让乱收费者无一漏网。当然，做到这一点，得有相当的胆略!

在发改委曝光的名单上，广东的华南理工大学网络教育学院“不幸”位列其中。但他们日前公开回应媒体：批评属实；并表示已对网院各项收费情况重新仔细检查，多收学费将全部退还学生。这才是对待曝光的理智态度吧。

（2006 年 2 月 22 日）

让高雅艺术贴近学子

从昨天起，广州交响乐团和星海音乐厅联合推出的“走进交响乐、相约音乐厅”普及音乐会系列演出正式启动，广州的大学生将在 10 场免费讲座式音乐会中大快朵颐。

交响乐是一种富于戏剧性的大型管弦乐套曲。它属于高雅之列，高雅得有些神秘。能够欣赏交响乐的人，既能够感受到力量的震撼，同时又能产生迷人的陶醉。细看这一次普及活动，至少有两个“之最”：一个是演奏的主角即广州交响乐团，是目前中国最优秀的交响乐团之一；另一个是演出的场地即星海音乐厅，被公认为目前国内音响效果最好的音乐厅。这两个“之最”，足以使普及活动从一开始就处于一个相当高的层次上，相信学子们在对交响乐产生全新认识的同时，审美素质能够得到相应的提高。

著名指挥家、中国交响乐联盟主席卞祖善有这样一个观点：交响乐的“当务之急是吸引年轻观众”。为此，“请进来”是第一步，那是培养兴趣的第一步，必须要“请”。但“请进来”不是目的，目的是要让他们“听进去”，让更多的人能喜欢听交响乐、听懂交响乐，感受到它的无限魅力。就广东这一普及活动来说，“请进来”已经实现或即将实现，接下来要努力的，该是如何让他们“听进去”。这二者之间并没有当然地画着等号。

在今天，一个国家艺术教育的水平不仅是教育发展状况的标志之一，而且也被看成是代表这个国家文明发展水平的一个重要标志。据说，芬兰政府是将交响乐作为国家的教育和福利来对待的，因而这个拥有650万人口的国家，交响乐迷达到了10%的高比例；在莫斯科，也有165所义务音乐学校在无偿普及学生音乐教育。广东在建设文化大省，文化大省不能少了文艺。开展高雅艺术进校园活动，宏观上看，也是推进社会主义精神文明建设的需要。那么，普及交响乐知识、传播高雅艺术，政府部门和专业团体责无旁贷。

据悉，积累了这10场演出经验后，主办方还将把这种形式推广到中小学校。从娃娃开始培养音乐素质，可以想见，这对他们人格的形成、文化内涵的积淀乃至个人情操的熏陶，势必产生积极有益的影响。

（2006年3月3日）

慈善榜比富豪榜更重要

昨天，胡润2006中国慈善榜在北京公布。这是胡润第三次推出中国慈善家榜，第二次推出中国慈善企业榜。在慈善家榜的前10名中，广东人士占了3席；其中，年过八旬的深圳彭年酒店掌门人余彭年以20亿元的捐赠，成为中国最慷慨的慈善家。

自从有了福布斯和胡润的中国富豪排行榜，国人变得空前关注富豪。一些人关注他们的巨额财富，艳羡、目瞪口呆，或涎水欲流；另一些人关注的，则是他们对社会慈善事业的贡献。可以说，正是因为有了富豪榜，对于中国富豪缺乏社会责任感的指责之声才变得日趋激烈。

年初新华社的一则报道说，我国每年有近6000万以上的灾民需要救济，有7500多万农村绝对贫困人口和低收入人口需要救助。另一则说，中华慈善总会每年收到的捐赠大约75%来自国外，15%来自中国的富人，10%来自平民百姓。而全国上千万家企业里，有过捐赠记录的不超过10万家，99%的企业从来没有参与过慈善捐赠。就政府而言，对灾民和穷人固然负有义不容辞的责任，但在任何时候，仅仅依靠政府的力量显然又远远不够，还必须要借助先富起来的人的慷慨解囊。从道德层面看，这也是富豪们的一项义务。

中国古代有个叫杨朱的哲学家，是主张“重己”的。孟子说：“杨子取为我，拔一毛而利天下，不为也。”事实上，不仅孟子抨击他奉行极端的为我主义，千百年来，杨朱的观点从来都是诟病的对象。然而我们也要看到，现在的许多富豪之所以没有或不愿意从事社会慈善事业，未必是受杨朱的影响，而与体制上的种种限制有很大关系。这就需要政府扮演好自己在慈善事业中的角色，在政策制定、规划监督和评估鼓励等方面多下功夫，为个人财富反哺社会创造适量空间，让富豪们在享受经济发展成果的同时有所作为。正如专家所指出的，市场经济只有建立在健全的道德或者说财富伦理与市场伦理的基础上，才如同建立在磐石之上。

在贫富差距日渐加大的中国现阶段，慈善家以及慈善企业的捐赠，在一定程度上能够成为弥合社会伤口的一剂良药，这一点是毋庸置疑的。但是真正使我们的慈善事业走上正轨，不仅需要政府从各个层面鼓励慈善事业的发展，更需要企业家们的自省。胡润富豪榜与慈善榜的并行不悖，或许正能够起到这样的功效。

（2006 年 4 月 12 日）

重奖能否吸引优质生源？

南方医科大学昨天宣布，将对今年被该校录取的各省（自治区、直辖市）高考文、理科总分状元，给予每人 10 万元的奖励。此举的出发点是吸引各路状元从事医疗卫生事业，但实际上也折射出高校对优质生源争夺的激烈。

这不，中国科技大学校长朱清时前几天在重庆进行招生宣传时就这样向媒体表示：清华、北大把高考尖子选完，剩下才轮到国内其他一流大学选择，而对这两所学校的过度追捧，各地人为地助长他们“掐尖”，会埋没许多人才。“炮轰”归“炮轰”，尽管很有道理，但对清华、北大的过度追捧已然是既成事实，在短期内也无法改变，而为了从“剩下”的人群中分一杯羹，一些高校便只有表现出毫不吝惜钱财的态势。

对优质生源的争夺，客观上是对人才的重视，称得上是一件好事，但是有一些前提问题也应当明确。比如什么是优质生源？在现行的应试教育体制下，高分考生乃至状元，是否就是优质生源？如果答案是肯定的，值得商榷。我们其实都清楚，无论是科举时代的真正状元，还是今天被称作“状元”的高考优胜者，大魁本省或本学科，都有偶然而没有必然的成分。比如说，末代状元刘春霖就多少沾了名字的光，那一年天下大旱，慈禧觉得“春霖”（即春风化雨）吉祥。

再一个问题是，单纯的经济手段能否吸引优质生源？今天的高校学子读书费用极高是不争的事实，连前任教育部副部长张保庆也表示，以他们家的经济条件勉强供得起一个大学生，那么这笔奖金无疑是很有吸引力的，问题是绝大多数人当不上状元；而今天高校就业形势严峻同样也是不争的事实，专业和“校门”的选择变得相对重要。客观地看，清华、北大并不是享有特权，抢先下手把尖子掐走，而是各地优秀考生的自主选择，因为大家都明白，进了那里意味着什么。因此，与其通过重奖吸引考生，不如通过精心打造大学品牌来吸引考生。前天，本埠就有这样一则消息，某著名高校取消了对优秀新生每生万元的奖学金，而将这笔资金转为助学性质。

去年，南方医科大学也承诺 10 万元重奖高考状元，但没有状元报考。今年他们重新祭出此举，表明了一种信心。不过，雪中送炭在今后恐怕会更成为一种趋势，相比锦上添花，前者更有积极意义。

（2006 年 4 月 14 日）

中小学生不是道具

教育部近日下发了《关于做好“五一”黄金周期间学校安全工作的紧急通知》，严禁组织中小学生利用假期参加商业性庆典、演出活动。

逢年过节各级主管部门发通知，把平时耳熟能详的各种不准“重申”或“强调”，已是咱们中国的一个特色。虽然这“例行公事”有多大的效果早就令人存疑及质疑，但丝毫不影响通知的此起彼伏，目不暇接，关于“五一”的就有好几个了。发的照发，该干什么的照干什么，该出什么事照出什么事，究竟要悲哀什么不在本文讨论之列。本文想说的是，把中小学生当作“道具”的做法一天不解决，教育部的此类通知也就还有一定的存在意义。况且，通知的指向如此明确，说明不少学校以前的“五一”黄金周正是这么干的。

道具者，用于表演之器物也。不知道从什么时候起，中小学生成了成人手中“道具”的一种。在不少地方，举凡开幕仪式、剪彩仪式、奠基仪式之类的活动，都要拉来中小学生凑热闹，鼓乐阵阵，欢呼之声满耳。去年，重庆大渡口区还发生过一件颇具讽刺意味的事：几个年仅四五岁的小女孩冒着大雨表演舞蹈，区委、区政府和教育部门的领导则坐在前排撑着伞观看，而这场演出居然名曰“关爱女孩”！义愤填膺的人们说什么的都有，在这里，孩子们实质上仍然是道具——证明领导关爱的道具，只不过当事的导演弄巧成拙而已。

生活中，成人们自然也每每充当“道具”，典型的如开会。在机关工作的人恐怕都有这样的经历：明明某个会议不干自己工作的事，也要被指定前往，到了那儿打瞌睡不要紧，交头接耳也不要紧，重要的是人去了，位子填满了，在主办方看来就算达到了目的。但对中小学生，总觉得不能这样“利用”，首先他们的主业是学习，其次他们还处于可塑阶段，如果在幼小的心灵里埋下了逢场作戏的种子，势必会影响到他们的身心健康。

昨天，首次提请全国人大常委会审议的义务教育法修订草案进行了分组审议，补充了许多新的条款。其中之一是学校应当把德育放在首位。当然说的是教育学生，我想，校方自己首先得把德育放在首位。“组织中小学生利用假期参加商业性庆典”，难道说他们都是被迫的吗？可惜，对“组织”了的，性质没有厘定，这要靠法律界人士发挥聪明才智了。

（2006 年 4 月 28 日）

博物馆魅力不该在免费与否

昨天是第 29 个“国际博物馆日”。像往年的这一天前后一样，博物馆免费与否又成为热门话题。在一些人看来，我们的博物馆能不能吸引观众，全在于免费与否，免费了，人就来了。在广州，一些博物馆平时门可罗雀，而每月免费的那天就人头涌动，如逛庙会，似可作为旁证。

不过在我看来，博物馆免费与否，还不应该是目前的焦点问题。目前的焦点问题应该是博物馆能给观众提供什么，以及观众到博物馆去看什么。二者缺了其一，博物馆发挥功效都会大打折扣。前一个问题检验的是博物馆的定位和水准，后一个问题则检验的是观众的文化素质。因此，在博物馆方面，如果展品几年面貌不变，或者只是干巴巴地陈列了事，就不可能对观众构成吸引力。广州一些中小学生为了完成老师布置的参观任务，委托去的同学在博物馆代打个卡表示来过以应付，也就不足为奇了。在观众方面，如果他以为去博物馆就是为了看宝贝，那么没有著名的宝贝他就会失望，而博物馆无论怎样努力也都会付诸东流。

比较之下，博物馆能给观众提供什么更为重要，提升大众素质，也正是博物馆的功能之一。理论上看，一个人无论学识怎样渊博，到了博物馆，也会有感到贫乏的一面。早在130多年前，近代思想家王韬在游历欧洲参观大英博物馆时就认识到了博物馆的功用。他赞赏大英博物馆“博采旁搜，综括万汇，悉备一庐”，目的在于“佐读书之不逮而广其识也”，因而感慨其“用意不亦深哉!”笔者比较喜欢逛博物馆，读书时的专业贴近，也有兴趣，但对不少博物馆的展出方式感到乏味。多数铭牌文字，准确是准确了，简洁是简洁了，但是专业性太强，不够通俗，没有一定的知识储备没办法理解。毕竟，博物馆应该是一个相对“轻松”地接受知识的地方。因此，我们的博物馆还要多练内功。

王韬在其欧洲之行的《漫游随录》还记叙道，大英博物馆“于礼拜一、三、五日启门，纵令士庶往观”。这里的“纵令士庶往观”，就是免费参观。现在不知道他们还是不是这样做；但是显然，我们的博物馆一旦免费了，观众进来了，看什么是一个很大的问题。我们不能把观众进来当成目的，热衷于数字上的热闹，应该牢记观众进来的目的是“广其识”。那么，一些博物馆以娱乐化方式招徕观众，不仅需要非议，而且是应该坚决制止的。

以时下我们国家博物馆及大众素质的现状看，即便免费，也未必能收到相应的效果。所以，关于博物馆问题的发力点不必纠缠于免费与否。某种程度上看，如果一个博物馆靠免费才能吸引观众，将是那个博物馆的悲哀。

（2006年5月19日）

人性化高考还需彻底一点

今年的全国高考，引人注目的莫过于“人性化”几个字。把以往的做法综合起来看，高考制度的人性化正在逐渐成为一种时代潮流。本来，在今年全国平均录取率只有二分之一强的情况下，高考考场这个竞争的舞台上，刀光剑影闪动得更加耀眼，但沾了这几个字，温馨的气息扑面而来。

什么是人性化的高考？从“大”的方面来看，自2003年起国家将高考日期提前一个月，就是人性化的一个典型体现。提前了，就能够避免因为天气炎热而影响考生的正常发挥。因此，这一变化就不能仅仅视为单一的日期调整，而标志着高考观念的历史性变革，强化了高考应在遵循人的身心规律和气候变化规律的前提下，去追求高效率和高效益的价值取向。

从“小”的方面来看，人性化高考体现在为考生服务的种种细节上。很多地方在考期临近之际，禁止建筑工地深夜施工，以保证考生有充足的睡眠时间；考试期间，在每个考场配备专门的医务室；在英语听力考试时段，考场附近限制车辆经过；等等。广东超过80%的考场建立了电子监控系统，监考老师通过监视器就可以观察考场情况，而不必进入考场来回走动分散考生的注意力。此外，今年高考期间我省适逢降雨天气，省考试中心规定，如果遇到暴雨，将提前一小时开放考场。在梅州、河源等受灾地区，则将所有考场集中到县城。诸如此类，莫不是高考人性化的具体举措。

新浪网前天公布的一项调查显示，65%的受访者认为社会对高考的关注度过高。这里面流露出的是一种不满情绪。高考是一件大事，关系着我们国家未来人才的选拔和储备，关系到千万个青年的前途和命运，全社会予以极大的关注是非常必要的。应该反对的是畸形的“人性化”，比如说有个城市，对考务车辆及送考生参考的各类车辆的交通违法行为，一律予以教育并抓紧放行，不处罚不扣车；还有些守候在考场外的家长擅自封锁道路，不准任何车辆通行等。浑然把法纪抛在一边，就属于异化了的“人性化”。

高考目前的种种人性化措施，比较起来还应当只能算是细枝末节；取消地域藩篱，不要让那种甲地还达不到录取分数线的考生在乙地却可以读重点大学的现象出现，不要由此催生高考移民，似乎更是根本，人性化还需彻底一点。但是，在这个问题上显然还急不得。

（2006 年 6 月 9 日）

欢迎你，哥德堡号！

经历了长达 8 个月的海上航行之后，仿古的瑞典商船哥德堡号昨天抵达了此行的目的地之一——广州。这是哥德堡号的一次重返。距离上一次它来广州，已经整整相隔了 260 多年。虽然严格地说，这一次来的，是运用 260 年前的传统工艺，耗费 10 年时间制作的复制品，但是丝毫也不妨碍哥德堡号重返所超越的单纯航行的意义。

为了欢迎远道而来的贵宾，广州人民早就做好了充足的各项准备。历史地看，国家之间的交往，一方面在经济上有能“得厚利”的需要，另一方面在文化上也有相互交流、吸收的需求。同样是西方国家，瑞典是以和平贸易方式开启了同中国交往的大门。史料记载，1731 年，瑞典成立了瑞典贸易公司，开辟了亚洲航线；到 1813 年，该公司先后有 37 艘商船 135 航次被派往中国进行贸易。它们的每一次航行都是和平之旅。这与后来一些西方国家或依靠强制输出鸦片，或借助坚船利炮轰击，给中国人民造成了巨大伤害的做法显然具有本质上的区别。11 年前开始，瑞典方面投入那么大的人力物力复制哥德堡号，国王亲任工程监护人，连所用的 5.5 万颗钉子也都全部用手工打造；我们也同样投入巨资，使明清古港码头重见天日，对它在广州的 4 个停靠点进行了全面的环境综合整治，全在于两国人民不约而同地珍视着那段历史。那段历史回顾起来，在我们没有悲怆，在他们没有负疚，只有积淀而成的两国人民的诚挚友情历久弥新。

从瑞典到中国，是一次跨越四大洲、三大洋的航行。必须承认，当年这些海上贸易有着极丰厚的经济效益。据学者论证，每一艘到中国的商船的航运贸易收入，都相当于瑞典全国的国民生产总值。其中，以哥德堡号的体积、装载量为船队之最。260 多年前，当哥德堡号前后三次抵达广州的时候，除了赚得盆满钵满，他们还在我们称之为“康乾盛世”的时代看到了什么呢？假以时日，相信专家学者会给我们一个详细的答案。但是，他们无疑看到了 18 世纪中瑞贸易历史上的黄金时代。而且显而易见，如果没有哥德堡号的到来，对瑞典人来说，任何关于中国的知识就只能是根据典籍记载和传说，而有了它，他们就能够近距离地观察到我们文化的各个层面，诸如器物层面、行为层面和精神层面等等，获得了鲜活的动态的印象。总之，中国对他们来说，从此变得生动起来。

狭义地看，当年以及今天，无论是真正的还是仿制的，哥德堡号的穿梭往来,都把哥德堡和广州这两座港口城市紧紧连接在了一起。而广义地看，这种连接则完全是中国和瑞典这两个远隔万里的国家的对接。彼时，哥德堡号浓缩了中瑞两国的友好交往,并且我们有理由相信，通过由瑞典商船带来的以及带回去的商品，对中瑞两国人民的生活方式势必产生了相互影响。今天，哥德堡号则是这段友好回忆的延续和伸展。中国与瑞典，已成为彼此最重要的贸易伙伴，中国企业家把瑞典作为其在北部欧洲和波罗的海的发展战略基地，广东华为集团和中兴集团在瑞典的投资落户就是最好的明证。在这样一些背景下，哥德堡号的到来不是远远地超出了单纯意义上的航行了吗？

哥德堡号将在广州停留一个月的时间。在这段时间，我们为他们准备了一系列的文化盛事，全面展示丰富多彩的岭南民俗和历史文化。我们要让瑞典客人透过广州这个窗口，领略到改革开放给中国社会和人民生活带来了怎样的沧桑巨变。当年，哥德堡号装运走的是茶叶、瓷器、丝绸等等，今天他们“装运”走的，将是中瑞人民对和平发展的共同追求！

（2006 年 7 月 19 日）

哥德堡号将让我们回味

在广州停泊了整整一个月后，哥德堡号明天就要启程离开了。一个月来，哥德堡号已成为广州人文化生活的一个组成部分。如果亲临现场，就会感受到广州人对哥德堡号的那份热情和痴迷。为哥德堡号开设的博览园里人头攒动，起大早排队才可能买到登船票的市民，接着还要在烈日下排成长龙等候……

260 年前的哥德堡号，基本上是纯粹意义上的商船，不过是在中瑞贸易史中承担了重要的角色而已；今天的仿古哥德堡号，不远万里而来，虽然仍然具有商业旅行的味道，但其功能已不再仅仅是装载实质性的货物，“装载”的是瑞典与中国的文化交流。借助哥德堡号的重返，广州人得以系统地认识了瑞典文化。博览园里那个关于瑞典的展览办得非常之好，它使我们对瑞典有了简明扼要的了解，更令我们惊讶地知道，在那个人口只有 9000 多万，国土更比我们小得多的国度，居然拥有那么多世界级的发明家。享誉全球的诺贝尔不用说了，设计并制造了世界第一台太阳能水泵的埃里克森，发明脱脂机使奶油从牛奶中分离出来的拉韦尔，发明世界第一台心脏内置起搏器挽救了无数心脏病患者生命的艾尔姆维斯，创立了双名法对动物和植物进行分类的林奈，发明了世界上第一个计算机鼠标的朗思，……如此等等，目不暇接。

我们正在着力建设创新型国家。在全面建设小康社会步入关键阶段之际，我国根据特定的国情和需求，提出要把科技进步和创新作为经济社会发展的首要推动力量，把提高自主创新能力作为调整经济结构、转变增长方式、提高国家竞争力的中心环节，把建设创新型国家作为面向未来的重大战略。在具体的时间表上，创新型国家的建成与全面建设小康社会同期，也就是在 2020 年。用 15 年时间建成创新型国家，由此推动科学技术的跨越式发展，带动生产方式和生活方式的变革，进而把增强自主创新能力贯穿到现代化建设各个方面，为全面建设小康社会提供强有力支撑，是一项极其繁重而艰巨的历史任务。毫无疑问，瑞典作为创新型国家的一个典型范例，给我们提供了可资借鉴的样板。据联合国教科文组织 2005 年科技报告和联合国贸易和发展会议 2005 年世界投资报告，瑞典被认为是当今世界最具创新力的国家，举凡生命科学、信息技术、环境技术、电信通讯、汽车制造和设计领域，均享有世界级的声誉。瑞典这一系列成就的取得，不是足以给我们的实践以积极意义上的启迪吗？

文化交流是一件双向流动的事。哥德堡号让我们“实地”感受了一下瑞典，因而我们同样感兴趣的是，他们此行究竟了解了我们一些什么。1793 年，英国派来了为乾隆皇帝祝寿的马戛尔尼使团，在因“跪拜”问题碰壁回国后，看到了我们的“软肋”，所谓“中华帝国只是一艘破败不堪的旧船，只是幸运地有了几位谨慎的船长，才使它在近 150 年期间没有沉没”。1862 年，在闭关锁国二百年后，日本派出了使清的第一艘帆船——“千岁丸”停泊在上海。不幸的是，此行成为日本近代中国观的转折点，随船而来的藩士们对我们这个昔日“文化母国”的景仰，在亲眼看见的现实面前发生了动摇。俱往矣！经历了改革开放近 30 个年头的中国，在改变自己的同时也一定深刻影响了世界。

哥德堡号的到访，表达了瑞典希望加强与中国经贸文化合作的强烈愿望。现在哥德堡号就要走了，可以说是满载而归。它为中瑞友好所绘就的浓墨重彩的一笔，势必长久地留存于两国人民的心底，回味无穷。

（2006 年 8 月 18 日）

应对家长陪送，高校绕不开的难题

大学新生报到，家长陪送已成了新学年伊始的一大景观。但在今年无疑达到了一个高潮，格外引人注目。应当是由 8 月 17 日清华大学开学引起的吧，由于送学生上学的家长太多，学校附近的宾馆早就人满为患，于是，许多远道而来的家长不得不露宿在学校的操场。网友贴出的照片显示，两名家长就睡在用纸板垫着的地砖上，也没有盖被子；另外一些家长有的睡在草地上，有的睡在水泥桌上，情形令人唏嘘。

接着我们知道，别的学校也是家长云集。浙江大学紫金港校区 5500 多名新生报到，来了 2 万名陪同的家长。或许有清华遭来非议的“前车之鉴”吧，生活服务中心在门口张贴了告示：学校接待能力实在有限，请家长见谅。现在我们又知道，广州大学城前日开始迎新，陪孩子前来报到的家长们同样挤满了周边大小宾馆，甚至炒热了一些酒店的房价。这些迹象汇集在一起表明，高校应对类似于“黄金周”期间的排浪式人流——学生家长，必须要提到议事日程上来，尽管一年只有一度。大量的家长几乎“同时来，同时走”，不仅住宿，包括吃饭、交通等在内，都面临着排浪式消费产生的巨大压力。

清华大学在回应“送新生进京家长露宿操场”事件时称，在寄给新生的报到须知中，已告知学校住宿接待条件有限，建议家长不要送孩子。这是个比较消极的态度。问题在于，对大多数家长来说，不可能因为这所谓提醒而却步，因而提醒也就等于白搭。如今几乎每个孩子都是独生子女，不说别的，第一次单独出远门，路上的安全状况也会放心不下。而且，送孩子去大学报到不亚于一次难得的家庭盛典。送，是一定的；那么，现在讨论送与不送，送意味什么，不送又意味什么，并没有积极意义。校方、政府管理者和社会必须提前有所考虑，就像风景名胜区应对“黄金周”一样，有足够的精神准备和具体措施，在开学初的这段时间，尽可能地为外地家长提供便利。这是高校绕不开的难题。

在极短的时间内骤然聚集大量的家长，会远远超出任何高校的接待能力。想一想也真是难为高校，“黄金周”都实行 8 年了，也没有解决好排浪式人流问题，高校又怎么可能从容应对呢？在家长方面，如此大量的短暂集中出行，必定会带来诸多不尽如人意的地方。但是，那么多当空夜宿的家长们，给神圣的清华园增添了难以表述的辛酸和凝重，也给中国的高等院校增添了一道不太亮丽的风景。我们必须找到有效的解决办法。

（2006 年 9 月 5 日）

“白天鹅”引桥不拆也罢

《南方日报》今天报道说，目前，广州市荔湾区有关部门正研究拆除白天鹅宾馆引桥的可能性和可行性问题。这个老话题重新被提起，是因为有广州市政协委员提议要拆。引桥是进出“白天鹅”的主要交通道路，为什么要拆？因为“沙面要恢复‘水天一色’的景观”。

对“白天鹅”引桥之拆，早几年就有了声音，极端者甚至认为连“白天鹅”本身都该拆掉。引桥究竟拆还是不拆，不能一概而论，要看拆的理由是什么。如果它已经摇摇欲坠，威胁了过往车辆，或者它的存在纯属多余，那就没话好说，一个字：拆。如果单纯地只是因为它影响了人们欣赏风景，而拆了之后还要修建别的什么来替代它，那这个“拆”字还是暂时别提为好。

沙面建筑群已在 1996 年成为“全国重点文物保护单位”。从文物保护的角度上讲，引桥，甚至“白天鹅”本身这样一座高大的建筑确实影响了沙面的总体景观，尤其是从海珠、芳村看过去。但是，引桥及“白天鹅”的存在有合法依据，当年是经过专家广泛论证，并经过广州市、广东省政府和建设部批准建设的。其“出生”如此郑重，其“消逝”就不可以草率随意。其次，这是一个既成的历史事实，是没有文物意识时代决策者交出的昂贵学费，放眼全国，这样的代价付出太多太多，根本没办法挽回，反不如“立此存照”，告诫后人！

提到文物，人们总是想到古旧的东西，以为年头越久越好，其实文物价值高低与否的关键在于其内涵。沙面建筑群固然是值得保护的文物，而“白天鹅”本身又何尝不是文物？作为中国第一间中外合作的五星级宾馆，作为中国第一家由中国人自行设计、施工、管理的大型现代化酒店，“白天鹅”无疑是改革开放的“见证者”之一。我们的文物思维要放得开阔一点，不能顾此失彼。退一步说，当年“白天鹅”另外开辟了一条引桥，而没有从沙面直穿过去，我们真该感到庆幸才是，那条引桥又何尝没有立功的成分！

国人做事喜欢从一个极端走向另一个极端。当文物意识颇差的时候，任何古旧之物都可以弃之如敝屣；而当稍微有了点这种意识的时候，又似乎“悠悠万事，惟此为大”。引桥的拆除也许是迟早的事，但至少现在不是时候。四年后的广州亚运会还要争取“花最少的钱”来承办呢，张广宁市长说了，广州不可能也不允许花像多哈亚运会那么多的钱。循着这一思路我们可以追问：广州允许花那么多的钱来“一拆一建”吗？

（2006 年 12 月 21 日）

建造“刘邦塑像”可能听证吗？

河南永城耗资 3000 万在建的“大汉雄风”刘邦塑像，最近引起了很大争议。当地百姓认为“这是在烧钱”，应该花在修路等公用基础设施上，现在这个花法太不值了。而重要的争议焦点在于，政府如此投资非公用设施该不该进行听证，征求社会各界意见？这个问题解决了，值不值的问题就已然先期解决了。

像如今的许多耗资巨大的“文化旅游”项目一样，一旦被追问有没有立项、审批手续合不合法，答案其实已经了然。当地文物局办公室一工作人员证实说，刘邦像所在的芒砀山旅游景区是文物保护单位，但该像的建设在市文物局没办任何手续。于是，类似这样的“文化旅游”项目，在舆论的强大声讨之下，最后的出路大抵只有一条：先是叫停，然后拆除。新近有河南新郑计划投资 3 个多亿建造的“中华第一祖龙”可以为证。不过，稍远一点时间，重庆丰都还有个上了央视《焦点访谈》的“阎罗王”，不知现在开拆了没有。

综观当今我们国土上的“文化”项目，基本上有这么两个特点：一个是喜欢跑到“吉尼斯”那儿挂个号，另一个是喜欢拉到山头上做文章，或者正是因为山头才有求大的资本，二者相辅相成吧。瞧，这个刘邦像就是建在芒砀山海拔 156.8 米高的主峰，塑像和基座共高 39.9 米，被称为“全国第一高历史人物”；重庆丰都花 2.3 亿元改造的那个阎罗王安坐在天堂山上，号称“世界上最大的阎罗王”；“祖龙”就更厉害了，在始祖山山巅绵延 21 公里——当然，这要怪我们身处的是 21 世纪，如果现在是 10 世纪，人家也就设计成 10 公里了。对这些庞然大物，不拆，等于对“先上车再买票”行为的纵容；拆，则这“一来一去”中造成的惊人浪费不知有人算过没有。把这笔账算出来，再把无法复原的自然生态账加上，可知一些拍板的人造孽真是造大了！

山头上的塑像、工程为什么老是接二连三？我想，重要原因恐怕在于某些官员的“山头”意识、“山大王”意识非常浓厚。一个大权在握的官员，一旦有了这些意识，他就可能没有什么事情干不出来；我们也就不难理解，为什么报不报批、听不听证，老是成为事后叨咕来叨咕去的车轱辘话题了。

前几天，中央纪委等七部委通报了全国 4 起违规修建楼堂馆所典型案件，其中包括山西省永济市五老峰以修建粮食系统“培训中心”

为名，挪用国家粮食储备库资金修建用于旅游接待的宾馆。真正让我们惊讶的，还是昨天中青报的后续报道，原来宾馆附近还修建了一座“粮神殿”。那个令人浮想联翩、引来骂声一片的“粮神”，足以载入当代官场现形记尚且不论，奇的是碑刻上那些全国各省（区、市）粮食局长对之“歌功颂德”的亲笔手书。看，一个系统也足以成为一个“山头”。

我们社会现在最该警惕的，是这样一种影响“文化项目”并超越文化领域的“山头”意识。其不剔除，各种无法无天的现象就不可能终止。

（2007 年 6 月 4 日）

应当好好研究一下韩国人的心态

韩国人说他们发明汉字，要为汉字申遗了。不知道这一回的新闻是真是假。前一段前脚刚说要“统一汉字”，还是在咱们国土上和咱们学者共同研讨的，后脚就被否定了，说是失实。不知道果真如此，还是民愤太大吓得有关方面不敢承认了。不过，即使此番又被日后证明是假的，鉴于韩国人近年来的一连串争夺举措，说上几句也不至于浪费感情吧。

定睛看去，韩国人实际上是在跟我们争文化源头，一会儿传统节日，一会儿中医，一会儿神话，现在轮到的汉字，显然不可能是尽头。在我们，肯定认为这种争抢举动十分滑稽甚至荒谬可笑，但是荒谬可笑的东西他们为什么还要这么做？乐此不疲，究竟出于什么心态？不只是抢着好玩儿、过瘾那么简单吧。我想，这可能也不是某个学科能够单独阐释得了的，我们的社科工作者有必要把它列为一系列战略课题，好好研究研究。这种研究成果断然比花光了课题费、出版了但是完全可以束之高阁或者可以径直拉向废品收购站的所谓著作要好得多，要有意义得多。

借着韩国人的争，我们不妨检讨一下自己对待传统文化的态度。咱们这里各个地方也争文化源头，我在以前就开列过一个单子：江苏南京与湖北钟祥争“莫愁湖”，湖北当阳与荆门争“长坂坡”，江陵与宜城争“楚国郢都”，秭归与江陵争“屈原故里”，如此等等。不光现在争，古代也在争。宋朝赵彦卫《云麓漫钞》说，“今江汉间言赤壁者五”，他那个“今”就是千年往事了；今天呢？沿长江一带称自己是三国赤壁战地的，已经发展到了 9 个。咱们之间这么热衷于争，是热爱传统文化的表现吗？恐怕不是。大抵是为了地方的经济利益，不论争的人是否愿意承认。倘若发展手段黔驴技穷，争一些响当当的“文化”招牌最为简单省事。洪昇名剧《长生殿》里描写一个开酒铺的王嬷嬷，在马嵬坡吊死杨贵妃的树底下捡到贵妃穿的一只袜子，也可以挂在店中起到招揽生意的功效，人们纷纷“来到铺中饮酒，兼求看袜”，何况争到一笔真正的文化遗产呢？

然而，我们境内的争，争来争去毕竟还是我们自己的，韩国人来争性质就不同了，争到了，就是人家的了，虽然他们的“端午祭”跟我们的端午节不是一回事。而且，蒙不了我们，可能蒙得了别人；蒙不了我们这一代，可能蒙得了下几代。昨天是侵华日军南京大屠杀 70 周年祭日，但日本青少年没有几个相信这一史实的，这就是谎言的力量及其造成的恶果。因此，我们对待韩国人的争，也就是文化掠夺，保持自己的文化自信是肯定的，却决不能掉以轻心。我甚至想，是不是正因为我们内部争得毫无理性，把眼睛都盯在了文化用作招财进宝的工具上面，才使韩国人有机可乘呢？

为了中医申遗，他们把“中医”改成了“韩医”。还好，承蒙他们这回手下留情，没把“汉字”改成“韩字”。不过，这应该是改无可改的吧！令笔者沮丧的，是他们的争有计划、有步骤，而只有他们争一下，我们才想到“保卫”一下，就跟一些地方政府执行中央的政令一样，推一步就走一步。这样下去的话，我们会永远处于被动状态，得赶快拿出一个“治本”的策略，不能他们来争什么，我们才去正视。

（2007 年 12 月 14 日）

剔除民俗中的恶俗成分

从有关普宁“2·26”惨剧的报道看，酿成这场悲剧的直接因素是当地一项叫作“营老爷”的民俗活动。从正月十一到十三，那里都要抬着土地、财神、灶神等游行，接受村民的祈福，走到哪里，哪里就要燃放鞭炮。因为当事的杨家准备得太多，又因为燃放时不慎的“方向性”错误，引燃了待放的烟花爆竹，从而导致了灾难的发生。

一项原本喜庆的民俗活动，何以演变成瞬间夺去那么多条鲜活生命的悲剧？无论怎样总结，都不可忽略民俗中被张大了的陋俗成分。在“营老爷”中，过度燃放鞭炮正属于这种成分。必须承认，社会生活中的民俗作用不可或缺。如专业人士所言，它以文化意识的内涵与生活方式的外表，合二为一地在人类历史长河中流传与变迁。对某一信仰群体而言，民俗具有鲜明的价值导向功能、文化整合功能以及增强认同的向心功能等等。因而《管子》有云：“古之欲正世调天下者，必先观国政，料事务，察民俗，本治乱之所生，知得失之所在，然后从事。”把了解民俗摆在很重要的位置上。如今，“营老爷”在潮汕大地表现出来的旺盛生命力，说明它的诸种功能仍然没有丧失。以愚意度之，“营老爷”中的放鞭炮，一如春节民俗中的放鞭炮，具备的是一种象征意义，原本不需要“弹药”爆炸的效果。而在普宁这里能摧毁六层高的楼房，在央视新址那里能制造出惊天大火，那些燃放的东西还是传统意义上的烟花爆竹吗？

我们现在正处于大讲文化的时代，传统节日的内涵正在不断开发，渐渐淡去了的民俗正在复苏之中。但对民俗事象而言，继承或弘扬传统，不意味着一定要秉承所谓“原汁原味”，一概全盘照收，那些不能适应时代的成分尤其是混迹其中的糟粕，要加以甄别。如果说，燃放烟花爆竹有行业制造标准需要重新考虑修订，有管理缺位需要尽快完善的问题，烟花爆竹本身还是“中性”的成分居多，但是毫无疑问，民俗中很有一些成分属于陋俗乃至恶俗，必须随时代变迁而变迁，变迁的一个去向：弱化之乃至剔除之。我们看到，至少在公开的舞台上，东北二人转已经声明“绿色”了，不是同样能够赢得大众的喜爱吗？

“营老爷”只是流行于潮汕地区的民俗，从宏观层面来看，春节期间燃放烟花爆竹在全国的全面复苏，非要到处噼啪炸得山响才是过年，某种程度上意味着春节民俗中陋俗成分的全面复苏。严重的是，禁不胜禁，只有在事实上予以默认，挑战的还有“禁放”政令的权威。

（2010 年 3 月 1 日）

把祖庙作为弘扬传统的重要载体

历时三载，备受社会各界广泛关注的佛山祖庙全面修缮工程已于日前圆满竣工。祖庙作为最具代表性的岭南建筑之一，见证了佛山社会的历史变迁，承载着千年的文化信息，不啻佛山悠久历史的缩影。1899 年祖庙最后一次大规模修缮后距今已逾百年，这次修缮处于广东致力于打造文化强省的时代背景之下，千年文物建筑焕发出的新光彩因而格外引人注目。

在竣工大庆的那一天，祖庙还进行了秋祭、酬神戏、乡饮等三项传统民俗活动。文博界早有一种观点，正确地认识和理解保护与利用的关系是文物建筑保护的重点，也更有利于对文物建筑进行有效的保护。就祖庙而言，对它的修缮是对文物的一种保护，而对其“物尽其用”，让文物建筑在当代仍然“活”起来，同样也是一种保护。前一种保护属于物质层面，后一种在兼有之的同时，更多地体现在精神层面。也就是说，保护与利用，两者并非水火不容。而任何一件前人的物质或精神文化遗留，在当初也都不会是单纯的摆设，都承载着相应的文化塑造功能，形成本民族或者本地区的文化模式。关键是今天如何利用祖先的文物建筑，利用的“度”在哪里一定要把握好。千百年来，北帝信仰渗透在佛山社会生活的各个领域、各个阶层，“行祖庙，拜北帝”，深入人心，而演戏酬神，主要也是酬谢北帝的保护和庇佑。与此同时，祖庙在历史上还承担着礼遇贤能、尊老敬老、教化百姓的功能。种种功能与今天的不二之处，就是共同构成佛山人的精神文化家园。那么，“静”的祖庙因为传统再现而“动”起来，属于得其所哉了。

在祖庙进行的这三项民俗活动中，秋祭和酬神戏具有浓郁的佛山地方色彩，乡饮则是昔时非常普遍的文化现象。如果祖庙把乡饮作为文化品牌打造的话，在传承传统的基础上如何创新值得关注。因为在历史上不同的时代，乡饮酒礼都有不同的内涵。比如《五代会要》之“乡饮”条说，地方向中央举荐人才，出发之前，“先令行乡饮酒之礼”。届时，由乡大夫作主人，为人才设宴送行，待以宾礼，一切饮酒酬酢，皆有当时的仪式。《明会要》之“乡饮酒礼”条则说，朱元璋刚登基的时候，“诏中书省详定乡饮酒礼，使民岁时宴会，习礼读律”，目的呢，“期于申朝廷之法，敦叙长幼之节”，与五代时的送人才就有很大区别了。此后，朱元璋又多次明令天下行乡饮酒礼，内容也在不断变化，比如洪武十八年（1385）规定：乡饮酒礼旨在“叙长幼、论贤良、别奸顽、异罪人”，落座的时候，“高年有德者居于上，高年纯笃者居于次，余以序齿”，则此时的乡饮酒礼就有了尊崇德高望重者的一面。那年同时还规定，“其有曾犯违条犯令之人，列于外坐，同类者成席，不许杂于善良之中”，则此时的乡饮酒礼还有通过“羞辱”以对来者以警示的另外一面。

世易时移。历史上的祖庙本质上是行使神权、族权、政权的场所，今天则无疑是弘扬传统文化的重要载体。在我看来，无论弘扬哪一种民俗事项，在内涵上都未必泥古，前人在根据时代需要赋予时代内涵上已然作出示范。中断了近百年的“秋祭乡饮”活动在“新生”的祖庙得到新生，令人快慰；更使人高兴的是，这种做法为文物建筑的文化利用探索了一条新的门径。

（2010 年 12 月 12 日）

职务在身的人更要负责任地讲话

今天，高考第二天，廖新波先生一大早就在自己的微博上疾呼：“今是高考，唯告学子：要有尊严，别学医！”廖先生这样说话，自然是有前提的，那是 5 月 30 日发生在江西上饶，致上饶市人民医院医生残疾的一场恶性“医闹”事件，让他心酸且愤懑不已。

心酸归心酸，愤懑归愤懑，以廖新波先生广东省卫生厅副厅长的身份，这声疾呼出现在高考填报志愿即将开始之际，对莘莘学子想必是会产生“负面导向”作用的，苟如此，我认为其言论非常不负责任。省教育考试院已经放出消息，预计今年广东高考的录取率将超过 80%，这意味着绝大多数考生将有书可读。而录取面越大，选择余地就越多，如果高考录取结束之后，医科类的生源数量不足或不得不降格以求，廖先生恐怕就该担点儿责任了。其实，这种疾呼“可以有”，倘若是因为医学已经像法律、新闻等专业一样呈现无校不有的态势，因盲目开设而导致毕业生的供给远远大于需求，事情又当别论。现在，廖先生完全属于意气用事。

因为一次恶性事件——对，不止一次，很多——感到受辱，然后就不要从事什么，那么这个世界上可能就没有什么职业可干了。循着廖先生的思维，最近的两个实例就完全可以和他抬上两杠。6 月 1 日，广西南宁青秀区检察院“鞭炮声炸响烟雾腾腾”，大楼自上而下还垂下 4 条标语，原来是在“庆祝”检察长离任，其中一条上写着：“最腐败的检察长滚蛋，大快人心。”事情公开到这个地步，这个前检察长是否还有尊严可言呢？须知，他并非退休而是升迁呢！那么，是不是该告诫后来的人：要有尊严，别当检察长呢？6 月 6 日，中国短道速滑队在云南丽江“集体被挨揍”（王濛语）；送到医院，当地医生在一旁却只顾着自己吃夜宵，至于周洋发问：“还有没有人性？”须知，王濛和周洋还都拿过冬奥会冠军呢，此刻也算是尊严扫地了。那么，是不是该告诫后来的人：要有尊严，别干短道速滑呢？当然，我是抬杠。

出现问题，尤其对领导干部而言，理应采取直面的态度，有什么问题就解决什么问题。现在领导干部不大流行拍案怒斥了，早两年非常“时尚”，动辄耳闻一回。其实你怒斥啥呀，你都不想着解决推给谁去解决呀？民意对青秀区那个前检察长憎恶到如此程度，有关方面就不能继续装聋作哑，他们得介入调查了，腐败与否得弄清楚，既是对公众负责，也是对人家负责，没问题得还人家一个清白，有问题就得党纪国法伺候。“集体被挨揍”那里也是一样，刚刚发生的事情，有心调查的话，是非曲直不会成为“罗生门”，给将来留下一桩历史悬案的。这些年来，“医闹”现象已经成为一个突出的社会问题。发生在上饶的事件，不过是先前的个案重演而已，恶性程度可能升了级。但作为“圈子”中人，廖先生更应该大声疾呼：为什么那么多“医闹”个案发生，仍然没有促动我们这个社会形成相应的解决机制？我们还要等待多少个案发生才拿出行动来高度重视？

人之别于动物，在于人有尊严。呼吁学子要尊严就不要学医，那么没有听从“告诫”而选择学医的学子是否就意味着放弃尊严呢？关键是，“医闹”现象是否就无疾而终了呢？像廖先生这样有身份的人更要负责任地讲话，除了感性，更需要理性，甚至理智。

（2011 年 6 月 8 日）

是电子眼让人难堪吗？

四川的“摸奶哥”——一个左手握着方向盘在省道上超速行驶，右手却探向副驾上女性胸部的小哥——问世之后，经过短暂的声讨，人们旋即把焦点不约而同地集中到了“隐私权”上面。有则被引用说事的评论说：“在这件事情中，最值得谴责和说道的，不是被拍的主人公，而是无处不在的电子眼，对这些工具的管理如果稍有不慎，就会出现这样一幅让人难堪的场面。”但是，他没有追问：这幅让人难堪的画面何以产生。

电子眼有什么可谴责的？它只是个恪尽职守的忠实记录者，铁面无私，不舍昼夜，比人忠实得多。是“摸奶哥”自以为“神不知鬼不觉”，才有“难堪”出现，那个画面不是电子眼 PS（图片处理）出来的。这个逻辑关系可不能搞颠倒了。绵阳交警发出声明，大约是呼应保护隐私说的吧：公安机关将对此事件中的图片来源及真实性进行调查，经过调查核实后，将对事件责任单位和责任人按有关规定给予严肃处理，绝不姑息迁就，并将调查结果第一时间通报给公众。所以用“大约”二字，因为认真看了几遍消息里的这段表述，还是觉得严肃处理的对象十分不明，是“摸奶哥”本人还是暴露了“摸奶哥”隐私的责任单位和责任人？不过，对这类涉及危险驾驶的行为，掌握情况的交警方面是应该公布的，别原汁原味就是，车牌给人家遮几个数字，脸面给人家打个马赛克。交警方面应当通过公布诸如此类的照片，提醒各位司机大佬或小姐在任何地段、任何时候都须打醒十二分精神！

由“摸奶哥”留下的难堪画面，我倒是想起了一句老话：“若要人不知，除非己莫为。”其潜台词是，干了见不得人的事情终究要暴露。衡之以生活的种种现实，这句老话当然要归为老得掉牙的一类，在太多时候都谈不上灵验，但它揭示出来的基本原理亘古不变。至于古人即便“人不知天亦知”的世界观，我们就更不能苛求了。五代北宋之际的徐铉存世一本《稽神录》，其中说到庐山脚下有个卖油的，“养其母甚孝谨”，但是却给雷劈死了。他母亲“日号泣于九天使者之祠”，要个说法。终于，“一夕，梦绯衣人告曰：‘汝子恒以鱼膏杂油中，以图厚利’”，原来儿子卖油掺过假，被老天报应了。当然，今天的食品造假者对这故事不会有丝毫的触动，嗤之以鼻也说不定。但现代人毫不畏惧这些素朴的制约，也未必是什么好事。

出于保护隐私的需要，有关方面可以追查“摸奶哥”的图像究竟是如何流出来的，但事情的处理决不能止乎此。公众在关注到自己隐私权的同时，也还要检点一下自己在公共场所表现出来的道德指数如何。是去年吧？有记者在江浙某个城市的大街上抓拍了一张市民对天气突变反应的照片，结果拍到了“婚外情”。拿“摸奶哥”来说，如果没有超速15%，电子眼不会拍他；如果没有猥亵的举动，拍下来的照片也就是罚款取证而已，不会引起任何轰动。道理就是这么简单。所以我觉得，在这个问题上，该不该对“摸奶哥”处以“危险驾驶罪”一类的讨论，比保护所谓隐私的讨论要有意义得多。

（2011年8月23日）

下个黄金周可能还是一锅粥

好像没有哪个黄金周像刚刚过去的这个受到如此之多的诟病。央视此前表现如何不记得了，此番是毫不客气，批评黄金周成了黄金“粥”，意思是乱成了一锅粥。

我一直弄不大清楚，黄金周中的“黄金”究竟何指，实指旅游景点盆满钵满的那种东西，还是百姓假期稍长一点儿的形象说法？黄金周制度出现的动因之一，据说是在1997年东南亚金融危机的背景下，为了刺激消费，拉动国内经济。属实的话，“黄金”就真的是赤裸裸的金钱了。印象之中，黄金周自打问世之日起，眉开眼笑的也只是商家之类，对游人而言，即便没抱怨到当下这个地步，往往也是牢骚满腹。这个国庆长假，昭示黄金周之弊或许“登峰造极”了。但有这样一种感觉，别看大家现在对黄金“粥”认识得如此透彻，下一个黄金周来到时可能还会是一锅粥，这锅粥不会变稀而可能还会更稠。这倒不是不相信有关方面解决问题的能力，而实在是因为不仅方方面面之所诟病与既往的如出一辙，没什么新鲜货色，就连开出的“药方”都与先前的没有什么两样。馍已经不知嚼过多少遍了，味道早就没了，又凭什么对此一嚼寄予希望呢？

具体来说，大家所诟病的，无非是但凡有点儿名气的地方就人满为患，以长城和故宫最为代表，哪里是观景啊，分明就是看人。东汉光武帝封禅泰山，长长的一串队伍，“后人见前人履底，前人见后人顶”，但与今天这种看人不同，那是连刘秀也感叹的“道路险峻”的表现。这种景观在今天，平地上就能充分感受到了，虽暂无“欲行迫前人，欲休则后人所蹈”之忧，但也差不了多少了，至少已毫无旅游享受之乐。而针对黄金周改进所出的主意，当以央视《新闻周刊》白岩松先生给出的最有代表性，昨晚我看了他的那期节目，也无非是要把带薪休假真正地落到实处，以及恢复五一的那个黄金周。分散人流嘛，谁都想得到，以前就说过多少遍了，在我看来根本没有可行性。很多拥挤之中的受访者都谈到，一家大小只有这个时候才能集中在一起，再挤也得出来走走，带薪休假即便落到实处了，解决得了这个关键问题吗？而恢复了五一的黄金周，纯粹是理论上可以分流二分之一的算法，但有没有想到会把当下因为“畏惧”才猫在家里的人“诱惑”出家门呢。退一步说，就算分流了二分之一，那种万头攒动的景象仅仅是减轻而已，不是依然恐怖得很吗？

“不贰过”，是孔夫子赞美弟子颜回的美德之一。所谓不贰过，就是不犯两次同样的错误，吃一堑长一智是也。这个美德不仅应该在个人的身上体现，也应该或更应该在职能部门身上体现。然而，我们在纪念孔夫子生日的时候可以把场面搞得华丽异常，对他老人家的教诲却一派充耳不闻的架势。比如，此起彼伏的恶性事件中，总结了多少回“监管不力”的教训？再比如，那边的事故真相还迟迟没有公布，这边就又追尾了。诸如此类，比比皆是。在黄金周问题上重复来重复去，根本上看，其设置的初衷不改，其现行状况就不可能改观，正是有关方面所要达到的效果也说不定。但黄金周既然赋有中国特色的属性，意味着没有可资借鉴的样板，收获赞誉完全得凭借自己的努力。无论如何，我们不能仅以中国有个黄金周自居，更要让人提起来以之为自豪。否则，真不如没有，该怎么休就怎么休，不要前拉后拽地硬性拼凑，这一点听人说倒是国际通行做法。

（2011 年 10 月 9 日）

新闻发言人要体现出实际价值

1 月 9 日，《广东省人大及其常委会新闻发布办法（试行）》（简称《办法》）施行，其中一项内容是明确省人大常委会设立新闻发言人制度。省人大常委会的新闻发布活动将由新闻发言人负责并组织，新闻发言人在发布新闻和回答记者提问须准确、简明，遇敏感问题时尽量不回避，妥善应对。现在，几位新闻发言人的姓名、职务、工作联络电话、电子信箱都已经通过媒体对外公布。

省人大首次设立新闻发言人制度，应当说是时势使然。其中的一个“大势”是，设立新闻发言人在今天已经成为各级政府部门的“常态”，并“蔓延”到政府部门之外。一方面，公众对政府权力运行的透明度渴求以及对政府掌握的信息的知情需求越来越强烈；另一方面，政府部门也希望通过信息发布的制度化和规范化，来引导社会舆论，提高政府的决策水平、管理水平和工作效率，并借此改善政府形象。事实证明这种做法也是行之有效的。2010 年岁末，中共广东省委、省委工作部门和各地级以上市党委均已设立新闻发言人，以期就广东省党的重大决策、重大事件、重点工作和重要事项，以及与党的工作密切相关、媒体和社会关心的其他信息，及时主动、全面准确地通过媒体向党内外介绍情况。在这些背景之下，省人大常委会设立新闻发言人几乎顺理成章。在《办法》施行的同时我们还看到，广东省政协设立了界别发言人，现有的32个界别中设了26个，没设的那6个只是因为委员人数较少。不难预见，新闻发言人的设立还会不断出现新的“创新”之举，而新闻发言人的“分工”也会越来越精细。

再一个“大势”是，随着人大地位的日益提高、监督作用的日益增强，公众不仅有兴趣了解人大日常的、按计划进行的“静态”工作，而且在纷繁复杂的社会热点、焦点事件面前，公众也需要了解人大的“动态”状况，听听人大怎么说，看看人大的即时反应。比方“7·23”甬温线特别重大铁路交通事故发生后，根据国务院493号令，事故调查组应当自事故发生之日起60日内提交事故调查报告，但我们都知道，直到去年年底，差不多半年过去了，报告才公之于众。在公布的日期“大限”之后，都是社会舆论一直在追问报告何以姗姗来迟。我觉得，那个时候倘若当地人大新闻发言人——如果有的话——顺乎民意地表明自己的态度，其形象将得到怎样的升华完全不难预料。

新闻发言人问世的初衷，旨在建立一个与媒体——实际上是与公众——沟通的平台，各级新闻发言人也可以借此一展风采和才能。但是，像许多移橘成枳的事情一样，新闻发言人不可避免地抹上了“中国特色”的色彩。事实上，我们的大量新闻发言人在新闻发布会上不敢讲、不愿讲以及不会讲，使发布会成了报告会、布置工作会、媒体通气会，与此同时，记者也不会参与、不会提问。不会讲，最典型的要数“7·23”动车事故后，铁道部新闻发言人王勇平的那句“不管你信不信，反正我相信”了，很多媒体的年度“雷语”盘点都将之列在首位。尽管有关方面一再声明王勇平随后的去职与此无关，但有人将国务院新闻办公室2004年公布的新闻发言人名单与2010年的比对了一下，发现包括王勇平在内的首批 75 名新闻发言人中，目前仍在岗的还有或曰只有 11 人，基本上都是没说过什么话的。种种情况表明，我们把别人行之有效的做法搬过来了，却并不当然地等于在自己这里同样行之有效。

消息说，在省人大常委会设立新闻发言人之后，广东还将推进地市级人大常委会以及有条件的县级人大常委会根据要求建立新闻发布制度，设立新闻发言人的有关工作。衷心希望它的设置能够“得其所哉”，也就是说，在与公众沟通中真正体现出实际价值和效能。

（2012 年 1 月 13 日）

鞍钢事故报道的两处“硬伤”

鞍钢铸钢厂铸造车间 20 日晚间发生的喷爆事故，酿成了 13 人遇难、17 人受伤的惨剧。我注意到，各个网站的同一消息，以“记者郭威”署名的居多。然而，这则不足 300 字，对一起重大事故而言实在不该简约至此的新闻稿，也至少有两处致命的硬伤：一曰“铸造企业是高危行业”，二曰“鞍钢采用的地坑式车间属于比较落后的生产方式”。我作为曾经的铸造人，在工厂里摸爬滚打过几年，觉得实有澄清的必要，以免报道误导公众。鞍钢出事的地点是重型机械有限责任公司，笔者原来所在是第一重型机器厂（现在也叫集团公司了），两家企业的同类车间旗鼓相当，自家的经验应该具有可比性。

首先，铸造绝不是“高危行业”，它只是比较脏、累罢了。工厂里当年有一句“车钳铣，心欢喜；要翻砂，就回家”的俗谚，翻砂，即铸造的民间说法。那俗谚的意思是说，如果在工厂里能干上车工、钳工或是铣工，很高兴；而如果是铸造，还不如不干。中共早期领导人王若飞、陈乔年他们当年在法国勤工俭学，干的都是“翻砂”。搞笑的是，有传记说王若飞是“翻铁砂”，属于典型的望文生义。铁砂是浇铸时飞溅钢花形成的小铁疙瘩，是金属；而铸造用的型砂则主要是二氧化硅，由黏结剂等按比例混合而成。铸造行业有一种职业病，叫“矽肺病”，亦见其脏的程度，主要是铸件冷却之后露出面目，要打破其外围包裹的早已干透了的型砂，这个时候到处尘土飞扬，很容易吸入体内。但铸造人也有其可骄资本，商周时期今日成为珍宝的青铜器，莫不由铸造而来，“司母戊”（后改“后母戊”）大方鼎，其谁不知？在当代，铸造业更是装备制造业的基础工艺之一。我在工厂的七年间，未闻本厂的三个铸造车间（规模之大，使每个车间都相当于一个小工厂）发生过死亡事故，在车间上班没有丝毫的不安全感，师傅们中间也从来没有流露本行业“高危”的心态。

其次，地坑式车间决不属于落后的生产方式。相对于砂箱造型，地坑式造型只是铸造工艺中的一种，采用何种方式视铸件本身而定，无所谓先进与落后，大型铸件则必须采用地坑造型。鞍钢此番事故，正是在浇铸一大型铸钢件接近结束时发生的，这个“大型铸钢件”已足可证明这一点。我在当年也干过地坑，为葛洲坝水电站——时称“330 工程”——铸造水轮机叶片。记得我们那个地坑有三层楼那么深，围绕 1∶1、可以拆解的叶片木型，填充型砂，30 厘米左右一层，夯实；再一层，再夯实，直到与地面平齐，取出木型，形成型腔，然后刷涂料，烘干，浇铸。三班倒，歇人不歇工，同时造两片，好像 20 多天一个周期吧。后来看到光亮亮的成品，也有差不多两个人那么高，铸造这么大的家伙，除了地坑，没有任何砂箱能够胜任，所谓“落后”，究不知从何谈起。

澄清以上两点的目的，在于鞍钢发生了那么恶性的生产事故，我们一定要下决心找到真正的原因，这样才谈得上避免类似事故轻而易举地重演。辽宁省某铸造企业负责人认为本次事故的原因可能是铸造腔体本身不均匀，钢水灌注后遭遇水分，形成大量气体，从而导致爆炸。我比较认同这种看法，苟日后得到证实，终究还是没有遵守操作规程所导致，至少与行业本身和生产方式毫不搭干。而倘若过分强调所谓的“客观”原因，对属于主观层面的实质问题避重就轻，对于记取教训显然没有任何益处可言。

（2012年2月21日）

广州究竟需要多少人工湖？

位于萝岗区的广州最大人工湖——九龙海湖开挖了，报道说预计今年年底前可以蓄水，3年建好。

不知怎地，看了这则新闻有一惊的感觉：又要挖？又最大？前年海珠湖开挖的时候，是广州最大的人工湖；去年白云湖开挖的时候，是广州最大的人工湖；眼下的这个九龙海湖，又是最大，形象的说法是比杭州西湖大，还大不少。古人的确说过“长江后浪推前浪”一类的话，但这纪录一年一刷新，每次都“没有最大，只有更大”的态势，是不是跃进的速度快了点儿？相信很多人和我一样还比较感兴趣的一个话题是广州打算开挖多少个人工湖？想当然地认为，也许就这么多了。海珠湖在南，白云湖在北，九龙海湖在东，流花湖——如果在决策人物那里还能提上台面的话——在西，东南西北，一个方向一个，可不够了？当然，这是用“四至”法来看问题；倘若换个角度，用“各自拥有”法，亦即广州市辖的十区两市都挖它一个，就还差不少。广州市倘若有相关规划，不妨面世，免得大家胡乱琢磨，更免得让决策染上“灵机一动”的嫌疑。

广州的人工湖，咳唾间就冒出来3个，好处不言而喻。市民休闲多了去处，环顾湖面，或清风徐来，水波不兴，或波光粼粼，装点落日余晖，徜徉其中，何其诗情画意。视觉上的愉悦不说，兼且还有其他诸种功效。在九龙海湖这里，可以“缓解知识城城市化建设及地面硬底化给知识城地区带来的防洪排涝压力，保障知识城地区的防洪安全”云云。不过，记得海珠湖开挖的时候，愿景也是十分美好。印象最深的，说是可以利用潮汐原理冲刷附近的河涌，顺手牵羊，把老大难问题也治理了。所以印象最深，在于笔者就住在海珠湖附近，深知那一带河涌的成色，虽没看过王羲之的“洗砚池”，但推想二者该差不多。胜似“洗砚池”的，是它们的味道，每次沿涌走过，都如入庖肆，不肯掩鼻之人，要么是天生有“嗅障”，要么就是如笔者“久经战阵”，虽然仍闻其臭，却以为正常不过。可惜，海珠湖落成之后，那里是“春风不改旧时波”，有媒体调查发现，沿湖设了若干闸门，恰如若干尽忠职守的卫士，“闲杂水等”谢绝入内，湖内湖外，就此干脆来了个泾渭分明。所谓潮汐冲刷治污，理论上的，实践起来效果如何姑且不论，先要蒙司职者开恩提闸才行。最令人沮丧的，是广州的治水工程早已公开宣告全面胜利结束，那么，如果今后不再迎接亚运一类或超越之的盛会，这几条“姥姥不亲，舅舅不爱”的“洗砚涌”怕永无清澈之日。

这个“洗砚涌”的问题可能像中国的许多问题一样，彼时有彼时的道理，此时有此时的实情。就算九龙海湖能够达成设计的初衷，广州究竟需要多少人工湖，其重要性以及必要性也应该科学论证一下。如果论证过了，“俊媳妇”又何妨见见“公婆”？海珠湖尚好，当下还是城中村分列南北，房地产尚处于“按兵不动”的状态；白云湖没去过，不知实情；九龙海湖就开宗明义了，“两岸房价预计能够达到1.5 万到 2 万元/平方米”，而目前萝岗中心城区卖得最贵的商品楼盘不过 1.6 万元/平方米。退一步说，如果广州的人工湖不幸充当了为房地产助力的重要角色，即使是客观产生的效果，也难免让人觉得吞了苍蝇。

（2012 年 3 月 26 日）

革掉那些导致“结果糟糕”的机制的命

《南方日报》披露了东莞“一家外企注册一年仍未成功”之后，立刻引起了有关方面的重视和关注，这是完全可以预期的；那家企业被承诺很快可以如愿以偿，也完全在大家的意料之中。众目睽睽之下，没有解决不了的问题；然而，似乎也只有众目睽睽，才能够使那些原本并非难题的问题得到解决。如此解决问题的方式，已经构成了鲜明但却毫不值得称道的一个“中国特色”。问题都明摆在那里，如果媒体没有曝光，当事方面就总是能够罗列出种种底气十足的理由。

这一家企业注册的个案虽然解决了，普遍的那些，也就是面临同样困境但却不为人知至少公众不知的怎么办？众多的专家、网友在通过各种渠道，以各种形式纷纷建言。实际上，道理已经说了千遍万遍，即使是在当事职能部门自身，导致这种状况的出现，也未必是因为没把道理弄明白。在一轮轮的坐而论道之后，关键在于如何行动，也就是对那些堪称认识透彻了的痼疾如何痛下杀手，怎么迈出改革的步伐。在2009年1月召开的省委十届四次全会上，汪洋书记就已经表明，我省科学发展的大政方针已经确定，摆在我们面前的任务只有一个字：干！不干，任何目标措施都形同虚设。如何把大政方针通过一个个具体的操作实践体现出来，更离不开这个“干”字，这才是问题的关键所在。具体到注册审批，不用多说别的了，全省哪个地市能够率先把香港注册新公司的那套成熟做法借鉴过来，我们拭目以待。

同样是注册，去年的东莞曾经陷入“坤叔困境”。坤叔的公益团队努力了六七年，却始终注册不到一个合法的“身份”。汪洋书记在看了相关报道后，很为坤叔的公益团队愤愤不平，感叹“群众想办点好事怎么这么难!”确切地说，从事件来龙去脉的表象看，陷入“困境”的是坤叔；不过从问题的实质来看，陷入“困境”的不如说是政府职能部门，不如说是那些小修小补的改进，还根本谈不上属于改革。坤叔团队备受关注之后，问题马上峰回路转，在专门召开的协调会上，六七年没办成的事情一个小时就解决了，显然，这不是解决问题的“常态机制”。那些在客观上人为设置了屏障的职能部门，他们的观念是有代表性的，用汪洋书记的话说：“他们的出发点并不坏，但结果却很糟糕”。新时期的改革，就在于要革掉那些导致“结果糟糕”的机制的命！

毫无疑问，倘若广东的注册、审批方式还停留在当下这种水平，那么搞市场经济呀，提高国际竞争力呀，尽管调门再响，口号的声浪再高，都不免流于侈谈。广东要当好科学发展的排头兵，在实现转型升级，完善市场经济方面再先人一步，必须用实际行动打造出国际化、法治化的营商环境。从这些有着极端意味的个案来看，还任重道远。而注册难、审批难，又仅仅是众多改革攻关难题的一个方面，任何职能部门都必须转变观念，努力成为推动科学发展，促进社会和谐的助推者，而不是相反。只有敢吃“螃蟹”，才能创造出更多、更新的“广东经验”。必须明确，真正闯出一条科学发展的新路，其困难程度丝毫不会亚于当年广东杀出的那条“血路”！

（2012 年 3 月 30 日）

拿什么保证泥头车不在白天撒野

不久前，《广州市建筑废弃物管理条例》经省人大常委会第三十三次会议批准，自 6 月 1 日起施行。在总共九章六十九条的条例中，最引人注目的莫过于第三十条：“市人民政府组织市城市管理、公安、环境保护、城乡建设、交通等行政管理部门按照以下原则制定建筑废弃物运输时间的方案，并公布实施：（一）不影响道路交通安全畅通；（二）运输时间避开上下班等道路交通高峰期；（三）适当放开日间运输。”尤其是其中的第三点，意味着泥头车将在青天白日之下卷土重来。

我想，很多市民听到这个消息，和我一样会有些胆战心惊的。此前，泥头车只允许在夜深时运营，几点到几点记不清了，总之如果谁不是夜猫子，谁就已然与之“缘铿一面”。然此“缘铿”实乃幸事一桩。为什么“困住”泥头车？稍有记性的市民都会难忘当年泥头车的猖獗程度：车速极快、横冲直撞、丝毫不理睬交通灯等等。广州因为泥头车肇事死伤了多少市民，累加起来怕是个骇人的数字，总之隔三岔五就要听闻一单，以至于泥头车被赶到夜间出行之前，这种本来为城市建设出了大力的该受赞誉的运输工具，简直成了备受诟病的杀人工具，与野蛮、霸道，甚至毫无人性为伍。从前形容某个人如何杀人如麻，往往以其姓名“怖小儿”，今天的泥头车正有同等功效。所以，倘若泥头车真的要在白昼“回归”，不知道市民的这种心悸是否同时“回归”，对此不能妄加猜测，更不能一棍子把泥头车打死，但最主要的，要取决于泥头车自身的表现。寄望其自律无异于奢望，只能寄望于有关方面拿出措施保证泥头车不在白天撒野。

本来照几年以来的态势，泥头车的管理该算是不错的了，何以又无端地“放虎归山”？“困兽犹斗，况人乎？”《左传》里的这句话，或许可以诠释。所以要给泥头车运输时间解禁，一定是这头“困兽”抗争的结果。看到以及听到的一个荒诞的理由是泥头车白天不能上路，运营时间短，它就只有超速超载。前两天看广东卫视《新闻最前线》的镜头，算是目睹了它在夜晚是怎样的疯狂。记者深夜守候在鹤洞大桥，发现明明有上桥减速的醒目标志，但没有一辆泥头车不是加大油门冲上去，时速没有低于80公里的，下桥时也根本没有减速的意思，一旦有突发情况，根本来不及刹车。吊诡的是，因为白天不能上路，它在夜间的疯狂变得似乎合情合理，这就不免形成了一个悖论：因为撒野，白天不让它上路；因为白天不让上路，它就只能在夜间撒野；因为夜间撒野，只有白天让它出来……

当泥头车“重见天日”之后，拿什么保证泥头车不在白天继续撒野？有人要说，这个被刚刚批准的条例。然而，原来不是也有N多的条例吗？不是“多少个文件管不住一辆泥头车”成为一段时间人们耳熟能详的口头语吗？我们该如何对这个新的寄予期望？或者说，以我们当下各个领域的毫不乐观的“执法”状况，凭什么对这个新的寄予期望？泥头车之“快”，某种程度上在于城市建设速度之快，那么我们的城市建设速度能不能慢下来？为了维系好市民的生命安全，慢下来也没有什么不可以的。如果保证不了泥头车不在白天撒野的话，还是让它成为“困兽”吧。

（2012年4月23日）

人大代表理应常态联系选民

从3月底开始，深圳市福田区在全市率先开展了人大代表在选区常态联系选民制度。在日前的一次活动中，261名区人大代表除因事请假的外，共有215名代表深入到全区179个选区联系点与选民代表召开座谈会，听取选民的意见、建议。据福田区随后召开的“区人大代表与选民见面活动之民情通报会”介绍，活动期间人大代表共发放选民民意问卷表1113份，收集选民口头和书面意见建议900多条。经反复梳理，形成规范性意见建议458条，其中属福田区政府职权范围的366条。选民意见建议主要集中在民生问题上，其中包括城市管理问题、交通问题、“四旧改造”和社区文体设施建设等。

显然，这是福田区人大创新代表履职工作的具体实践。在中国式的民主进程中，各级人大代表依法履职的过程，实乃民主的一种实现方式。在本级人大会议上提出议案建议，是人大代表的一种履职；而下基层与选民见面，听取民声，了解民意，同样也是一种履职。相对而言，前者那种履职是静态的，虽然在提出议案建议之前，代表可能也曾经下基层调研；而后面这种履职则是动态的，却更应该成为常态的。某种程度上说，区县级的人大代表在与选民沟通上更容易产生积极作为，因为他们活跃在基层的方方面面，最熟悉选民生活，对国情的了解最直接。通过与选民常态的面对面交流，将选民所反映的关系民生、关系当地经济发展的那些重要问题集纳整理，以各种方式将“下情上达”，并由此推动政府相关部门去解决问题，从而最终让选民意见的积极成分得到落实，这正是符合我们客观实际的解决问题的方式。

我国没有专职人大代表，《全国人民代表大会和地方各级人民代表大会代表法》（简称《代表法》）明确“代表不脱离各自的生产和工作”，因而代表本身都是有本职工作的。也正是因此，人大代表用业余时间开展调研，履行职责，其辛苦程度可想而知，然一旦能够满足推选他们的选民的要求，也未尝不是自己政治理想的实现，又是足以可资欣慰的。在福田区的这次活动中，许多代表就放下了手头的工作，或者在外地出差也特意赶回来参加，值得赞誉。我们同时看到，福田区之所以有此举，是因为他们的人大常委会制定了《福田区人大代表在选区常态联系选民十项制度》，并经区委常委会审议通过。这样来看，这种代表在选区常态联系选民，多少还有“制度”约束的成分在内，这就使之具有相对被动的意味，而一个我们理想中的人大代表，更应当在约束之外积极作为，有主动“出击”的意识和作为。按照福田区的这一制度，原则上他们每两个月安排一次代表与选民见面，适时组织民情汇报会，每年安排不少于两次民生议政会。街道代表工作室组织专项视察检查，每半年人大代表向选区居民汇报一次履职情况，包括听取民意、反映民意、为民办实事等，由居民进行评价。而这，正契合了《代表法》第五章第四十五条：“代表应当采取多种方式经常听取人民群众对代表履职的意见，回答原选区选民或者原选举单位对代表工作和代表活动的询问，接受监督。”

候选代表与选民见面，是一种进步。人大代表在选区常态联系选民，无疑是更进一步。福田区的这一做法只是开始，倘若能够坚持下去，就势必能够取得预期的成功，就值得推广，推广到市、省的人大代表，大家都能或明或暗地、经常性地和选民见见面，体察一下第一手的民情。老实说，本人所在选区的区人大代表目前只知道一位，还因为是本单位的；至于其他，只能摊开双手耸耸肩了。长此以往，在我们的制度框架下，无疑是一种代表与选民“双输”的结局，甚至背离了制度设计的初衷。

（2012 年 4 月 25 日）

就该像李贻伟那样“整顿”会风

看了不少关于省第十一次党代会的报道，对佛山代表团分组审议时团长李贻伟“整顿”会风的一篇留下至深印象。

审议中，李贻伟先后打断了两名区委书记的发言。第一次他说：“要像在家里说话一样，没有那么多前言后语，就讲有什么东西就完了。”第二次他说：“别人讲过的，你就别讲啦，讲自己的就好。”这里不再“文抄”那两名书记被打断的讲话内容，由李贻伟的“评语”已经不难推断。而且对于参加过各种会议的人来说，闭着眼睛也能想象出那些说出来的东西都是什么，上面的调子定下来之后，下面便“千嘴一面”。这一点各种相关的电视新闻也早就予以证实，“同期声”还是使我们有“亲临其境”之感吧。我们借此知道，无论什么身份的人，对同一事件发表的看法基本上并无二致，大抵都是听起来无甚信息可言、可以不听甚至听了生厌的话。归结起来，正如李贻伟所一语中的的，“前言后语”太多，“自己的”太少。很明显，李贻伟对会风的要求就是更直接、更简洁、更个性。

不直接、不简洁、不个性，正是我们太多会议的一条软肋。这些年各地频频传出什么级别的会议上因为多少人呼呼大睡而惹得领导拍案大怒的新闻，在我看来，找原因的话，不排除其中确有浑浑噩噩的与会者，但也不能排除会议的冗长乏味、为开而开导致的结果。新近有部叫作《甄嬛传》的电视剧很出名，热播之余也留下了一个“后遗症”，那就是简简单单的一句话必须拿腔拿调地绕着圈子才说出口，至于有了“说甄嬛体”还是“说人话”的截然“对立”。网友的调侃虽有谐谑成分，但正道出了这种话语“非人话”的“本质”。我们的大量会议语言同样很难称作人话，不同的是，“甄嬛体”的弯弯绕绕尚有令人忍俊不禁的一面，而会议语言往往只剩下味同嚼蜡的一面，正是因此，偶尔的别开生面要成为新闻。

李贻伟说：“以后我们慢慢都形成这个风格，你要啰唆，我就‘喷’你。”这个“喷”字的确切含义我弄不懂，结合上下文却也不难明了大概，在佛山代表团那里显见是约定俗成，人人能够会意。没错，在整顿“会海”的问题上，不用发狠搞什么“无会月”之类，这个月不开，堆到别的时间段去开，就改变问题的性质了吗？会议本身是无辜的，完全是恶劣的会风因素导致人们迁怒之。开多少会都不要紧，更该检讨的是会议的质量、会风的优劣，只要有用、开得其所，但开何妨？而开起来，啰里啰唆的，扯得不咸不淡的，就应该“喷”他，就像李贻伟那样来个即时“整顿”。倘若今后能够形成这样的会风的话，哪里至于大白天开会硬是把人催入黑甜乡？

说老实话，我一向对某个地方的某个领导动辄对不良风气、不良现象拍案怒斥的做法感到好笑。你也义愤之余，两手一摊，双肩一耸，那还如何让人看到解决问题的希望？你得“喷”他，因为只有你才有能力去“喷”。李贻伟是佛山市委书记，通过循循善诱来改正会风，这是一种真正从我做起、从现在做起、从实事做起的态度。这样的“小胜”累积起来，何愁那些堪称痼疾的东西得不到本质改变？

（2012 年 5 月 14 日）

使新能源汽车成为公众的积极选择

广州市实行汽车限购政策之后，首次车牌摇号的结果日前已经产生。在总共摇出的5640张车牌中，比原定的6544张少了904张。本来，限购导致“一牌难求”才应该是正常状况，何以会出现虚“牌”以待呢？原来，这些车牌属于新能源车牌。数据显示，在此次的960个个人新能源车牌指标中只有170个人申请，130个单位指标只有16个被问津。也就是说，全部新能源车牌申请仅为186宗，占号牌总数的区区17%。因此，通过了资格审核的单位和个人，中签率势必为100%。

实际申请数量与预留指标相差甚远，这一现象值得引起关注，或许表明百姓对新能源汽车还是一个认识并接受的过程，他们还在观望。

新能源汽车，是采用非常规的车用燃料作为动力来源（或使用常规的车用燃料但采用新型车载动力装置），综合车辆的动力控制和驱动方面的先进技术，形成的技术原理先进，具有新技术、新结构的汽车。新能源，意谓传统能源之外的各种能源形式。新能源汽车是我国战略性新兴产业的重要组成部分，而战略性新兴产业是以重大技术突破和重大发展需求为基础，对经济社会全局和长远发展具有重大引领带动作用，同时集知识技术密集、物质资源消耗少、成长潜力大、综合效益好于一体的产业。作为引导未来经济社会发展的重要力量，发展战略性新兴产业已成为世界主要国家抢占新一轮经济和科技发展制高点的重大战略。2010年10月18日，国务院发布了《关于加快培育和发展战略性新兴产业的决定》，规划到2020年，新能源汽车将成为我国国民经济的先导产业。发改委随后在对有关决定解读时指出，新能源汽车是全球汽车行业升级转型的方向，我国要在未来形成具有世界竞争力的汽车工业体系，必须超前部署新能源汽车的研发和产业化。

节能与新能源汽车基于驱动技术的重大升级和转型，正是汽车产业应对能源安全、气候变化和结构升级问题的重要突破口。今年 7 月 9 日，国务院又正式发布《节能与新能源汽车产业发展规划（2012—2020 年)》，明确提出“到 2015 年，纯电动车和插电式混动车累计产销量力争达 50 万辆；到 2020 年，纯电动车和插电式混动车生产能力达 200 万辆，累计产销量超 500 万辆，燃料电池汽车、车用氢能源产业与国际同步发展”的宏大目标。作为贯彻落实，广东省政府提出：争取用 5 年左右的时间建立以骨干企业为核心的节能与新能源汽车产业链，用 10 年左右的时间将广东建设成为产业规模、创新能力和品牌影响均达到国际前列的节能与新能源汽车产业基地。其中一个近期要抓好的工作，是争取到 2015 年全省新能源汽车推广应用规模达到 5 万辆。而今年早些时候，《广东省战略性新兴产业发展“十二五”规划》也已经明确，全省 2015 年形成 20 万辆以上新能源汽车（含中、重混动力汽车）综合生产能力。规划同时透露，目前我省新能源汽车动力电池产量约占全国的 40%，居全国首位，部分混合动力汽车、纯电动汽车和液化天然气（LNG）客车车型已开始批量生产；支持深圳市建设国内领先的电动汽车研发与产业化基地，广州市建设国家新能源汽车产业基地。

将来回溯，2012 年很可能构成新能源汽车发展的重要转折点。在这些背景之下，广州市首次车牌摇号为新能源汽车预留足够的空间，无疑将起到“指挥棒”的作用。虽然本次遇冷，至于多达 904 张“无人认领”，但是这一方向却应当继续坚持，甚至可以在今后的摇号中继续增加新能源汽车车牌的比重。有报道说，前年底出台限购政策的北京，甚至正在计划出台新政鼓励纯电动汽车销售，私人购买纯电动汽车拟无须摇号，利用专门的牌照号段直接上牌。诸如此类，值得借鉴。与此同时，新能源汽车也要在各种技术层面打消公众的疑虑，使之真正成为公众的主动选择、积极选择。

（2012 年 8 月 28 日）

ETC“初装费”应该免去

10 月 11 日，广东省人大常委会主任欧广源带领部分常委会组成人员和省人大代表，对广东路桥收费推行“一卡通”电子不停车收费情况进行了视察，并听取了省政府、交通厅、国资委等部门的汇报。省人大代表朱列玉建议免除现在 275 元/套的安装费用，他认为虽然一卡通的使用量有了很大提高，但车主安装的积极性还是不高，免费提供车主使用，以切实降低收费时间，增加道路通行速度。

朱代表说得不错，本人就属于积极性不高的一类。按道理，使用一卡通电子收费后，车辆经过收费站时电子识别、收费、放行，方便得很，为什么会积极性不高呢？没什么特别的理由，不太经常上高速，自费安装那么一套玩意觉得划不来。虽然粤通卡和电子标签的售价已由 2010 年的 350 元/套降至今年的 275 元/套，降幅达 21%，成本也还是个问题，作为私家车主，这点小算盘还是要拨弄拨弄的。况且，还要先存钱进去，做不到像香港那样先消费后结账。道路方面的因素则在于，一些高速公路并没有设置 ETC（电子不停车收费）车道，设置的也有不少不大灵光。有数字显示，至今年 8 月底，广东省已开通的高速公路 ETC 车道 447 条，覆盖率达到 36.5%，珠三角地区为 60%。究其原因，用省交通厅厅长曾兆庚的说法，辽宁的高速公路只有 1 个业主，放眼全国大部分省市高速公路，都只有 3—5 个业主，但是广东很特殊，“99 个项目 98 个业主”。也就是说，联网收费区域合并，会涉及部分业主的利益。

对此，我赞同朱代表的另一个观点：不能让业主不愿意造 ECT 就不造，应该通过地方性法规让他们做这个工作，不要一味地指望协调。欧广源主任也明确表示，要通过立法的手段，更加积极地推进一卡通电子不停车收费的使用，抓紧制定《广东省高速公路联网收费管理办法（草案）》。我们看到，从 2010 年起，在全省全面推行一卡通电子不停车收费的建议被列为省人大常委会的重点督办建议，经过两年的推动，至今年 8 月底，全省一卡通用户总数突破了 175 万，排名全国第一，占全省汽车保有量由建议提出前的不足 8% 上升到了 18.64%，“一年进步一大步，成效明显”。因而高速公路 ETC 问题，在省人大的高度关注之下，迟早能够得到解决。

由 ETC 的初装费想到其他。在我看来，凡是涉及“初装费”的生活项目，都应该一概免去。记得 20 世纪 90 年代，大家的工资收入普遍不高，几百块钱，而广州家庭固定电话的初装费竟然高达 3600 元！在强大的反对声浪中，取消也就取消了，也没听说当事方出现巨额亏空，少赚了而已；再深层地看，先前凭借垄断赚了不该赚的钱就是。电话的初装费没了，别的还在有线电视初装费、管道煤气初装费，北方还有暖气初装费等等。我没有做过调查，不知道国外有没有“初装费”的概念，如果有的话，咱们可以叫“与国际接轨”，却又不妨通过取消而走在国际前面；如果没有的话，则我们还是尽快抹掉自己的这一不甚气壮的“中国特色”。理由无他，初装费涉及的这些，其实都是百姓安居乐业的基本乃至必备生活设施，政府理应无条件地提供齐全，百姓需要交的费用，只能是使用费用。

随着汽车保有量的不断增加，道路修建速度远远赶不上机动车增长速度，通过电子收费来解决高速公路收费站的“瓶颈”问题，更是大势所趋，不治本至少治标。而一卡通使用范围越大，对收费人工的需求也就越小，这笔省下来的钱与免费给车主安装粤通卡和电子标签的钱相比，说不定还会多一些呢。当然，我这里是凭感觉说话，实际如何不妨作为一个课题来研究，也不那么难吧。我们期待着《广东省高速公路联网收费管理办法》的早日出台，解决如欧广源主任所指出的问题：“不能因为落后的收费手段影响了高速公路的高速通行。”

（2012 年 10 月 14 日）

饿一饿，没什么坏处

今年的世界粮食日，国家粮食局首次在全国广大粮食干部职工中发起倡议，倡导自愿参加“纪念世界粮食日、饥饿 24 小时”的饥饿体验活动。为此，国家粮食局还有史以来第一次关闭了自己的食堂。活动的目的，旨在警醒人们“丰年不忘灾年，增产不忘节约，消费不可浪费”。意义饶是如此积极，仍然有人在本能地质疑作秀，还有“砖家”指出什么重要的在于平时节俭。真扯淡，饥饿体验已经开宗明义了，是要引发社会对“粮食安全”的关注，跟你那个所谓治本之策根本就是风马牛不相及的两档子事。

饥饿的滋味每个人都尝过吧，只是一般没有 24 小时之久。“直到饥时闻饭过，龙涎不及粪渣香”，汤显祖《牡丹亭》里的一句台词，虽嫌粗鄙，道出的却是个硬道理。清人陈其元也有“食无粗精，饥皆适口”的说法。他在回忆自己躲避战乱时的日子说：“偶得一鱼一肉，不啻八珍之享。”而后来承平年间尤其是当官以后就不同了，“年来宦游江南，每岁首赴苏贺正，僚友邀饮，一日之间或至三四五处”，赶场似地吃，虽然进嘴的东西“皆穷极水陆”，天上飞的，地下跑的，什么名贵吃什么，“然闻招则蹙额，举箸则攒眉”。西晋何曾的“日食万钱，犹曰无下箸处”，大约正是此种心态。所以，陈其元不知从哪里听说，“宋人治具宴客有三字诀：曰烂，曰热，曰少。烂则易于咀嚼，热则不失香味，少则俾不属餍而可饫”，他认为那个“少”字“真妙诀也”，意思就是吃得太好、太饱的话，吃什么都没意思了。世界粮食日的饥饿体验，显然将此举上升到了一个新的境界。

别吃太好、太饱跟饿一饿，终究还是有本质区别的。但饿一饿，有条件——也就是营养过剩——的人群，偶尔来几次，也没什么坏处。所以说“有条件”，在于今天肯定还有很多吃不饱的人群，“无条件”的话，就是“饱汉子不知饿汉子饥”了。历史上不少名人在没发迹的时候都有过经常挨饿的经历，他们就并非体验，而是真的没什么东西可吃。比方韩信，《史记·淮阴侯列传》说他“贫无行，尝从人寄食，人多厌之”。跑到南昌亭长家蹭饭吃，蹭几天可以，“食数月”，人家老婆烦了，“乃晨炊蓐食，食时信往，不为具食”，对不起，不备你那份了，韩信只有知趣地走掉。后来，一个在河边洗衣服的老太太“见信饥”，管了他几十天的饭。韩信成名之后，“酬（漂母）以千金”，这就是所谓“一饭之恩”。被明太祖朱元璋誉为“开国文臣之首”宋濂，在自家门上大书一联：“宁可忍饿而死，不可苟利而生。”宋濂当然不至于挨饿甚至饿死，但是在表达廉洁自律的鲜明态度。则这种饿一饿，非但没有任何坏处，简直应该推而广之了。

今天是“全球国际消除贫困日”，中国扶贫基金会和联合国世界粮食计划署在网上号召网友们参与6.3元过一天活动。6.3元，这一数字来自我国的农民人均年纯收入——2300元，再除以365天所得。对很多人来说，6.3元过一天，肯定也要饿一饿，虽然比“饥饿24小时”放宽了些，但背后关联着的问题同样沉重。我国的粮食安全早为有识之士所关注，“杂交水稻之父”袁隆平就经常谈到。对我们这些外行人来说，耳闻目睹，方兴未艾的城市化，铺天盖地的建高速公路、高铁、机场，得占用多少农田？虽然我国有18亿亩的耕地保护红线，也难免让人忧心忡忡。因此，体验饥饿以及6.3元过一天的活动都很有必要，至少让我们这些“饱汉子”还能记起饥饿是个什么滋味，记得我们那些农民兄弟的生活状况。

（2012年10月17日）

应以适当方式纪念芦山忠犬

在众多关于芦山地震的报道中，我们既看到了各路救援大军的英勇、奉献，也在细腻的记者笔下领略了对同是灾难受害者的动物的温情。前两天的一帧照片便令人酸楚：小主人牵着半岁的小狗二宝，无奈地望着成为一片瓦砾的家。20日地震那天，主人逃生了，小狗独自在废墟上等了两天，而当主人把它找回之后，它仍然一次次溜回曾经的家的跟前。

昨天又有报道，芦山县宝盛乡有一条6岁大的黑狗，地震刚发生时它的主人被一块巨石压住而遇难，黑狗挣脱了拴着它的锁链，“不停把头伸进巨石和地面留下的空洞里，不停用前爪扒拉”，终于使村民发现了遇难者。而之前已被飞石击中过的这只黑狗，又一直守候着主人遗体，直到自己伤重死去……

我想，待到芦山灾区的生活秩序恢复正常之后，我们应当以适当的方式纪念那条黑狗。报道说它是现实版的“忠犬八公”，很相像。那是20世纪30年代发生在日本的真实故事，相关的电影我看过两个版本了，日本本土拍摄由仲代达矢主演的，以及美国翻拍由理查·基尔主演的。拟人来说，八公的事迹很平凡：主人上班，它每天陪送到车站，目送主人步入车站大门；傍晚，再到车站来接主人回家。有一天，主人因急病逝去，再没有出现在车站，八公不知，每天傍晚仍然到车站守候。电影中，八公一直守候到自己生命的终结。现实中，日本在八公守候的涩谷车站专门立了一尊八公铜像。比对起来，我们芦山黑狗的事迹颇有些壮烈，理当享有不逊于八公的待遇。

一旦如此，在我们这里可能会石破天惊，传统文化的因素使然吧。虽然脍炙人口的“柴门闻犬吠，风雪夜归人”一类句子不乏，诗人每能借助狗的存在来描绘出温馨的生活意境，但多数时候对狗是低看一眼的。前人不知受了什么刺激，造出来的与狗关联的成语，大抵都是贬义，狗仗人势、狗恶酒酸、狗盗鸡鸣、狗彘不若、狗尾续貂等等。走狗，在后世就更令人不齿了，魏忠贤权势熏天时，手下的干将构成就有“十狗”。而晋傅玄之《走狗赋》，尚云“盖轻迅者莫如鹰，猛捷者莫如虎，惟良犬之禀性，兼二俊之劲武”，按钱锺书先生的解释，后世以走狗为刺词，彼时尚是美称。前人之所以“人眼看狗低”，我胡乱琢磨恐怕是迁怒的结果，因为憎恶狗的主人而迁怒于忠实的狗。前几年，美国西弗吉尼亚大学有一个问卷调查，发现那些家有恶犬的人，行事野蛮、滥用药物以及打架斗殴的概率，远远高出饲养性情较为温驯犬种的人和不养狗的人。研究者因此得出结论：决定一条狗是否具有攻击性，不仅是看它的血统，还要看其主人的品行。这样看问题就比较客观了，“狗恶”在于“人凶”，狗是被动的，人才是决定因素。可惜这成果来得太迟，我们的前人要是知道，恐怕就不会迁怒了。

当年，八公对主人的忠实感动了日本，据说他们的老师和家长都把它作为忠于家庭的例子去教育小朋友，因为八公的行动诠释了什么是爱，什么是不屈不挠的忠诚。如今差不多 80 年了，“忠犬八公”的魅力不减，超越了国界，美国拿去拍了电影，我们在报道芦山黑狗时也要借它的名号来冠一冠。当我们这里也出现了“八公”的时候，不妨借鉴这种同时也是张扬社会价值观念的有效方式。我们真的能够同时纪念那些充满温情的动物，未尝不是认识理念的一个飞跃。

（2013 年 4 月 24 日）

不能让诬陷扶人者若无其事

2013 年的最后一天，在广东河源，一名老人在路上摔倒，一名街坊主动上前搀扶并送去医院……叙事至此，众所周知接下来的就是“后果”了。很遗憾，摔倒老人的态度此番再落我们最不愿意看到的窠臼：指证就是这名街坊开着摩托车撞伤了自己。1 月 2 日，在接到老人家属索要几十万元的电话之后，街坊选择了跳塘自杀以证清白。而警方的技术鉴定确认，街坊所驾驶的摩托车并没有发生过碰撞的痕迹。这就更加证实，这又是一起与“好心得好报”背道而驰的案例。

这样的案例，这几年我们听闻太多，“至今已觉不新鲜”。然而每一发生，几乎都会引发那个全社会讨论来讨论去的问题：老人摔倒，扶还是不扶。某种程度上看，这实在是个伪问题，也就是不成其为问题的问题。因为答案不言自明，必然是肯定的。如果不扶，不仅有悖我们传统文化中的美德成分，而且有悖人性，丧失天理。在我们这里，尊重老人从来都是题中应有之义。战国时成书的《管子》里，就有很多具体的规定。比方设有“掌老”之官，对年纪超过七十岁的老人，一个儿子可以免除国家的征役，每三个月还可享受一回官馈之肉；“八十已上，二子无征，月有馈肉。九十以上，尽家无征，日有酒肉。死，上供棺椁”。还有“掌病”之官，虽然这项措施具有普遍性，但从“九十以上，日一问。八十已上，二日一问。七十以上，三日一问。众庶五日一问”的频率来看，同样也是对年纪越大的人，越体现出尊重的力度。这与今天仅仅优惠或者免费老人交通出行之类，力度显然要大得多。

答案不言自明的问题为什么不断引发讨论？就在于一旦扶了，在当下却可能产生两种后果：一种自然是好心得到了好报，再一种就是如刚刚发生的，被诬陷。我们凡事习惯于说主流是好的，但在这种事情上似乎不灵，至少瑜不掩瑕。前些天，明明被电动车撞倒，却并“不讹人”的沈阳大爷的横空出世，刚让国人感动了一回，温暖未几，兜头又泼来这桶冷水。这不是头一遭了，神州大地上此起彼伏的老人摔倒，给公众的感觉恰如坐上了过山车，一会儿升至高峰，一会儿跌至谷底。当好心人被诬陷，大家莫不义愤填膺，甚至感叹“坏人变老”；而当碰上“沈阳大爷”，大家又马上乐观地以为就此便春暖花开。如此循环往复，只能说明一个问题：我们的社会是在用个人的道德、良心等来触碰严峻的社会问题，任何自律层面的东西，都可能奏效，但不可能完全奏效。法国社会学家埃米尔·迪尔凯姆有部名著叫《自杀论》，将自杀类型划分为四种：利己型、利他型、失范型和宿命型。其中“失范型”的“范”，即社会道德规范，虽然迪尔凯姆所指的内涵不同，但他认为社会道德规范最重要的功能在于给社会成员指明生活方向，这一点我们应该认同吧。河源投塘自杀的好心人，正是这种“失范”的牺牲品。

所以，我们还是不要为善良的案例来“稀释”或“冲淡”问题的严重性。无论如沈阳老人那样带来“正能量”的案例有多少，如河源这种只会带来“负能量”的，一起都不该为社会所容忍。诬陷扶人者，无论基于何种理由，无论被诬陷者是否发生了悲剧，都不能让他坦然得若无其事。如今我们不是机制什么的不离嘴边吗？“有关方面”就应该有对付诬陷的办法，建立或者健全相应的机制，不能将这种屡屡出现的是非分明，仍然单纯地付诸公众舆论去赞叹、去声讨。至于这个“有关方面”是哪里，恕我不知，但总归这个问题不是谁也管不到的“死角”吧！

（2014 年 1 月 6 日）

不可忽视“小人物”的生活史

最近连续看了三本“小人物”自己撰写的个体生活史。都是去年出版的，一本在年中，两本在年尾，分别是吴国韬《雨打芭蕉——一个乡村民办教师的回忆录（1958—1980）》、姜淑梅《乱时候，穷时候》，以及沈博爱《蹉跎坡旧事——一代中国农人的耕读梦》。这里的“小人物”，没有丝毫的不恭意味，只是相对于政经界的“大人物”以及娱乐圈的“知名人物”而言。

《乱》和《蹉》，应该是作者后代的关系吧——姜的女儿是艾苓，沈的儿子是沈亚川（石扉客），都是所谓“圈内人”，因而在两书的腰封上皆有学界大腕助阵。《乱》点明由王小妮作序推荐，《蹉》则由林达统筹全稿并作序，且有钱理群、秦晖推荐，十年砍柴担任责编，阵容可称鼎盛。虽然姜的经历颇为传奇：60 岁开始识字，70 多岁学写文章，“乱时候”生活在山东，“穷时候”生活在东北，干的是家属工，感性认识十分丰富；虽然沈可以边写边画，大量插图尽出己手，能够上升到理性思考；但平心而论，三本书中最有水准的，更有史料价值的，还是那部只有哥哥和儿子作序的《雨打芭蕉》，正应了“打仗亲兄弟，上阵父子兵”之谚。

三本书展示的都是个人生活史，作者的年纪大致相当，因而时间跨度也相当：新中国成立前是切入，成立后的历次政治运动无形中成为重点。从中很容易看到，当时还是文盲的姜大娘，在“穷时候”历经的生活磨难全属物质层面；而那两位有些文化的——吴是民办教师，沈在平反后成为中学教师——则要添上精神层面的，沈还因组织笔会蹲过监狱，服了几年的徒刑。所以说《雨》的史料价值更高，在于《蹉》与《乱》都是事后追忆，小说的意味不免更浓。比方《乱》的作者出生于1937年，叙事却从1919年开始，从时间便不难推断，其“乱时候”那部分尽管皆以直接引语的面貌活灵活现地出现，却显见全系道听途说，而粗略一算，这部分已经占去了一半的篇幅。剩下的“穷时候”那部分，以其过于下里巴人，如果说能“让整个中国潸然泪下”，觉得实在有些夸张，泪腺太发达敏感，倘学古人刻薄一问，“卿哪得此副急泪”这一句最合适不过。《蹉》的作者则感慨过多，行文也非常重复，动辄顿一顿足，叹一叹气，酸了一些。其实你就将经历平铺直叙可也，感慨是读者该做的事情。最主要的，就已知的结果在回溯往事过程中时时给出明确判断，不可能不令人有“事后诸葛亮”之感。而《雨》则不同，所谓“好记性不如烂笔头”，作者依据数十本日记和工作笔记整理加工而成，其所再现的当年湖北农村教育的场景以及民办教师、农村公办教师和乡村民众的生活状况就要真实得多，可信得多。皇皇百万字之巨，足以为后人了解并研究那一代农村教师以及他们所走过的既艰辛又充满希望且影响深远的历程，留下了宝贵的民族志素材。

这些年来，著名人物的个体生活史早已汗牛充栋，尤其是关于那些“特殊年代”的，如冯亦代的《悔余日录》，邵燕祥的《人生败笔》《找灵魂》，韦君宜的《思痛录》等，都堪称精品。关于“小人物”的生活叙事，文章很多，著作极少。在文章的载体方面，比较出色的有山东画报出版社的《老照片》、广西师范大学出版社的《温故》这两种杂志书，虽然那里都是“大”“小”并存，但“小人物”的，毕竟已占有相当的比重。为什么要看“小人物”的生活史？这一类的书或文章往往无奇可猎是自然的，不大容易提起兴趣，但它们同样是时代的缩影。时代在寻常百姓人家打下了怎样的烙印，官修史书往往是无暇顾及的。然“青史几行名姓，北邙无数荒丘”，如果想要相对全面地了解历史，在盯住青史上的那“几行名姓”之外，关注“无数荒丘”也是必须的。就“小人物”的生活史而言，钱锺书先生说过的一句话放在这里十分熨帖：“夫稗史小说，野语街谈，即未可凭以考信人事，亦每足据以觇人情而徵人心。”关于那些“特殊年代”的历史，无论定论与否，如何定论，新的材料的出现，都足以丰富人们的思考，开辟深入认识的空间。

“小人物”的生活史，不可不看，亦不可多看。即便谈不上“去伪存真”的问题，“去粗取精”是非常必要的。从势头上看，这一类的书可能会越出越多，但我不大看好它们的前景。

（2014 年 1 月 29 日）

在神话终结处……

建筑大师梁思成先生近年来是一个热门“历史”人物，尤其是每一涉及古城北京文化风韵问题时，都会当仁不让地“出现”。人们形成的一个“根深蒂固”的思路是，如果当年梁先生他们的“梁陈方案”能够被采纳，便会如何如何。极端的观点甚至将今天北京内城拥塞、秩序紊乱的局面，也归咎于当年中央行政区设在旧城之中，从而过度依赖中心式发展。而朱涛的《梁思成与他的时代》在某种程度上回答了这个问题，用他的话说：“我立足于当代的问题回溯历史，到底是怎么发生的，它们以何种方式影响到今天，产生出今天的问题。”

这部20万字的著作分为两大部分内容，以第七章为分界。之前主要论述梁的史学方法论特色，以及在新中国历次思想改造运动中如何不断被批判、被攻击、被否定。相关研究著作，比如，三个书生——燕京大学教授张东荪、报人王芸生和清华大学教授潘光旦——何以在1949年以前在不同领域出类拔萃，而1949年以后却遭遇滑铁卢等。通过这些个案考察、分析和研究，揭示一代知识分子的思想转变是如何发生和怎样发生的。《梁》书的前七章基本上与之“不谋而合”，使我们清楚地看到，尤其是1955年对梁先生的批判，他的学术自信心是如何被摧毁的，他的独立人格是如何丧失的。1956年2月6日，得知当晚将参加毛泽东在座的晚宴时，梁先生马上写了入党志愿书，不惜自我贬损：“几年来，我是您一个最坏的学生。我脱离了您的领导，犯了严重错误，为祖国人民带来了巨大损失……”他将申请书当场交给周恩来，请他转交给毛。1957年“反右”时，梁先生所写的批判稿，和当时全国铺天盖地的批判稿一样，完全是一种非理性的文体。

虽然这些都有白纸黑字为证，虽然相当数量的前辈杰出学人在那个时代都留下了人生不大光彩的一笔，但我们还是要理智地看问题。《梁》及《忍》的最大贡献，就是用当时的材料还原了当时的社会舆论环境与人文环境，他们是怎样不断地被“洗澡”。梁先生说新中国成立以来，“我差不多每天都在兴奋激动的心情中度过高兴愉快的一天。一天一天地过去，我就一天比一天地更加爱我们的党，爱我们的毛主席”。对此种由大家嘴里说出来的幼稚语言，我们就不能简单地予以嘲笑。随着越来越多的私人记录以及各种报刊、档案文献的披露，我们不难发现他们究竟经历了怎样的一种心路历程！我们生活在那个时代又如何？对此一定要设身处地，不必也不可对他们的“失态”乃至“失足”一味苛责。

梁思成先生最为世人所熟知的，自然是他堂吉诃德般地保卫北京古城之举。这是《梁》书后半部分的主要内容。这一部分若延伸阅读的话，王军的《城记》是不二之选。但如朱涛所云：“抽象的颂扬和缅怀，无助于我们深入读解梁思成的城市规划思想。”即便对梁先生的建筑理论也是一样，“今人不应该毫无批判性的反思”，要搞清楚他们的独特贡献在哪里，才不至于使他们永远成为模糊的神话。《城记》是一部关于北京古城如何在蚕食中“变迁”的不可多得的好书，但在“梁陈方案”问题上，正有神话之嫌。

《梁》书告诉我们，历史要复杂得多。首先，将新政府中心置于日本人开辟的“西郊新市区”的设想，梁先生甚至不是初始和发起者。1949 年 5－8 月，新成立的共产党北平政府即透露出要将中央行政区设在西郊，甚至进入了论证层面，只是年底因为苏联专家的翻盘和毛泽东的一言九鼎才得以作罢。其次，为了抗衡苏联专家，“梁陈方案”另辟第三战场，在“西郊新市区”和旧城之间重新规划了一个无比纯粹、庞大的中央行政区，本身就不是一个完备、周全的规划方案，根本不具备可行性，也就是“针对复杂、困难的现实，将问题界定得过于单一，提供的解决方式也过于单一”。最后，关于中央行政区在北京的设置，很难说当局坚定地采纳了哪一种规划方案，这里有一点那里有一点，对“梁陈方案”也干脆拒绝，1953 年开始在三里河陆续建设的“四部一会”（第一机械工业部、第二机械工业部、重工业部和财政部及国家计划委员会）及一系列部级机关，还等于部分采纳了该方案，只是规模被大大缩小而已。

北京古城的风韵尽失，关心传统文化的人无不痛心疾首。王军是新华社记者，感性的成分未免多些；而朱涛是建筑学科班出身，看问题更专业一些、理性一些。我们的城市法规要么不完备，要么形同虚设，不被遵守，各自为政的部门，失控的房地产开发，如此等等，即便当年完整采纳了“梁陈方案”又能如何？我比较欣赏《梁》书印在封面上的那句话：“在神话终结处，历史的幽灵探出头来……”可惜的是，历史的幽灵在许多领域、许多个案上都已经探出了头，却还有太多的神话没有终结。

（2014 年 4 月 4 日）

“笑哭脸”使用频率说明不了什么

德国一家机构发布最新调查结果显示，2015 年，全球社交网站使用频率最高的表情符是“笑哭脸”，仅在“推特”上的使用就高达 65 亿次，相当于平均每个地球人都用了一次这个表情符。与此同时，英国牛津大学出版社先前评选出的《牛津词典》2015 年度词汇也选择了“笑哭脸”表情符，因为它的使用占到英美每年所使用表情符的约 20%。度二者语意，“笑哭脸”跟我们常用的“笑脸”符、“哭脸”符或“破涕为笑”符还不是一回事。

不管是不是一回事吧，按德国人的说法，“笑哭脸”霸屏社交网站显示出现代人内心对无拘无束放声大笑的渴望，这倒未必。不妨来拆开看看。我们宋朝的范成大说过：“笑中恐有义府，泣里难防叔鱼。”李义府“笑里藏刀”，尽人皆知；春秋时晋国的叔鱼，据说是中国历史上最早被诛之以法的贪官，当年他跟鲁国处理一件棘手的事情，一番道理之后来了个“且泣”，大功告成。所以清人沈起凤说“哭者人情，笑者真不可测”，不知范成大早把话说在前头了：“哭”也同样如此。

生活中，不要说点个“笑哭脸”有随手的成分，就算真的笑或哭所表达出的情感，也是极其复杂的。明朝宦官刘瑾垮台之后，李宪恐怕自己受牵连，“亦劾谨六事”。狱中的刘瑾就笑了，他说：“李宪亦劾我乎?”在刘瑾看来，别人指责他还有道理，李宪却没有资格。因为李宪为吏科给事中时，不仅“谄事谨”，而且很能狐假虎威，“每率众请事于谨，盛气独前”。他还常常袖子里揣块白金跟人显摆，说这是刘公所赠。一个当年巴结自己唯恐不及的人，忽然变成了对自己义愤填膺的人，刘瑾其实是哭笑不得，彼时倘有“朋友圈”，说不定他就会点个“笑哭脸”。

再比如哭。按照辞书的释义，是“因痛苦悲哀或感情激动而流泪，有时候还发出声音”。当然，这只是指“正常状态”下的生理反应。不是还有两个关于出嫁女的笑话吗？其一，新轿夫看见新媳妇哭得太厉害，就说咱们干脆抬回去得了，哭声立止。其二，准备上路的时候，轿杠少了一根，大家都找不到，新媳妇却哽咽道：在门、门的后面。这种哭是仪式的一部分，与痛苦、激动都无瓜葛。

生活之中的真实故事就不能当笑话看了。南朝宋世祖葬了殷贵妃，老拉着群臣去凭吊。有一次他对刘德愿说：“卿哭贵妃，悲者当厚赏。”刘德愿毫不含糊，不仅“应声恸哭”，而且哭得“抚膺擗踊，涕泗交流”。世祖高兴极了，马上给了他豫州刺史的位子。然后他又令医术人羊志哭贵妃，羊志“亦呜咽极悲”。过些天有人问羊志：“卿那得此副急泪？”羊志倒是实话实说：“我尔日自哭亡妾耳。”胡三省对此感叹，真如史书所言，“上荒淫，为下所侮弄”啊！清朝的张亨甫认为天下只有两种哭，一种是贾谊式的哭，为“国事也”；另一种是阮籍式的哭，因为“穷途也”。其实还可以再添上一种，“升官也”。八国联军进攻北京的时候，慈禧跑到西安去避难，候补知府袁树勋在慈禧召见讲完话后，“不发一言，惟叩头大哭”，把慈禧给感动了。她对光绪说：“知府，末秩耳，乃竟有此忠君爱国之心，真不可多得。”不久就连连提拔，直至袁树勋升任两广总督。时人称之为“一哭受知”，但钱锺书先生说，这叫“卖哭之用，不输卖笑”。

《朝野佥载》云，唐朝有个“不知姓名”的寿安男子，能“半面笑，半面啼”，这该算是现实版的“笑哭脸”。但是，一张脸同时能做出两副截然不同的表情，该是何等深不可测？钱锺书先生又说，释迦“恐人言佛不知笑故”而开笑口，且口、眼、举体毛孔皆笑；耶稣则正相反，悲世悯人，其容常戚戚；比较起来，孔夫子“时然后笑”，较得中道。这该是钱氏幽默的一种了。

拉拉杂杂这些只是想说，网络上“笑哭脸”使用最多，肯定不会有错，但也就是如此而已，反映不了什么。

（2016 年 1 月 4 日）

给科学探索赋予浓浓的诗意

1月4日，经过为期3个月的公示后，国际天文学联合会正式批准了我国“嫦娥三号”探测器着陆区4项月球地理实体命名，分别是“广寒宫”“紫微”“天市”和“太微”。今天，国防科工局和中国科学院在北京对外发布了这一消息。中国科学家基于“嫦娥三号”在月球上着陆区域地理形貌的特点，划分为4个方位区，再结合中国古代天文星图“三垣四象二十八宿”的星官名，而提出的命名建议。

这些命名真是恰如其分！如果说“紫微”“天市”和“太微”人们还相对陌生，“广寒宫”肯定再熟悉不过，我们早就知道，那正是嫦娥住的地方。其所以得名，要追溯到唐朝的风流皇帝玄宗那里。他做了一个梦，梦里有个道士“掷手杖于空中，即化为银色大桥”，连走带飞他就到月亮上去了，具体地点叫“广寒清虚之府”。那是玄宗梦醒之后的口述，月宫从此便被称为“广寒宫”。在美国的阿姆斯特朗和我们的“嫦娥三号”抵达之前，玄宗之外，我们还有一些前人去过广寒宫。《西游记》里的猪八戒、《聊斋志异》里的落第举子吴筠等等。雅人去那做的也是雅事，俗人则何时都不能免俗。看玄宗，吃了嫦娥款待的“酥饴仙饼”，回来就催生了我们今天吃的月饼；看了仙女的舞蹈，听了伴奏的音乐，回来就编成了著名的《霓裳羽衣曲》。

再看那两个俗物。按《西游记》里八戒自己的道白，他本是天上的天篷水神，一次去参加王母娘娘的蟠桃会（那是比孙悟空还高的待遇），喝醉了，“东倒西歪乱撒泼”，借着酒胆，“逞雄撞入广寒宫”。彼时其尚未错投猪胎，模样肯定不是后世定型的肥头大耳，所以“风流仙子来相接”。但水神把持不住，“见他容貌挟人魂，旧日凡心难得灭。全无上下失尊卑，扯住嫦娥要陪歇。再三再四不依从，东躲西藏心不悦”，于是，“色胆如天叫似雷”，惹了事。落第举子吴筠呢，骑着凤凰上去的，被“导入广寒宫”，跟仙女还有了“衾枕之爱”。

无论雅人还是俗物，殊途同归的是在月亮上生活惬意得很。李商隐说“嫦娥应悔偷灵药，碧海青天夜夜心”，幸而是在玄宗之后，否则，说不定没有好果子吃。即便不会吧，也煞是扫兴，全不如王禹偁的“嫦娥月里休相笑，万古应无窃药踪”。对那些去不了月亮上的，则留下了浪漫遐想的大量空间，像辛弃疾的这首《听月》：“听月楼头接太清，依楼听月最分明。摩天咿哑冰轮转，捣药叮咚玉杵鸣。乐奏广寒声细细，斧柯丹桂响叮叮。偶然一阵香风起，吹落嫦娥笑语声。”就是啊，何必添堵？

有趣的是，嫦娥身边捣药的玉兔，行为上也留过污点。《西游记》第九十五回中，他曾“私自偷开玉关金锁走出宫来”，变身妖怪，在天竺国和孙悟空大战了一场。当时把悟空给打懵了，连对手的兵器也辨不出是什么，“见那短棍儿一头壮，一头细，却似舂碓臼的杵头模样”。后来才知道，正是玉兔那个著名的捣药杵。玉兔大小也是个神，自然是有后台的，所以当悟空“愈发狠性，下毒手，恨不得一棒打杀”之时，像其他有后台的妖怪一样，救兵会及时赶到。这次来的是太阴星君，“后带着姮娥仙子”，表明嫦娥也到场了。给玉兔背上这口黑锅，不知吴承恩的用意何在。我们都知道，现实中的兔子没有丝毫的侵犯性，“兔子急了会咬人”，那也是有把它逼急了的前提。

说回命名。此前，我们月球探测器有了“嫦娥”，月球车有了“玉兔”，探测暗物质卫星有了“悟空”，现在，月球上又真正有了“广寒宫”。古老神话传说中的美好意象，与现代科学探索工具完美地结合在了一起。我们的神话传说丰富多彩，而我们的太空探索没有止境，所以完全可以期待二者的继续“融合”，继续给科学探索赋予浓浓的诗意。

（2016 年 1 月 6 日）

也为广州地铁十号线谏言

今天微信“朋友圈”里有一个很热的话题，那就是中山大学官微征求“中大人”亦即各位师生校友的意见：地铁十号线穿南校而过，你同意吗？官微的发布，在于广州市发改委日前就新一轮轨道交通建设规划开始公开征求意见。按照规划，此次共计建设 15 条地铁线路，总长 413.5 公里。据悉，这是广州市第三轮轨道交通建设规划，也是史上最大规模的地铁建设规划。建成之后对广州城市交通将带来怎样的改善和完善，完全可以预期。但是，因为其中的十号线要穿越中山大学南校区的中轴线，所以有了舆情。

不明就里的人可能会说，不是从地下钻过去吗，就算校园中轴线怎么就钻不得了？实际情况没有想当然那么简单。广州市规划委的公告同时说：“市民在 1 月 22 日前，可通过各种形式反馈意见。”因为“穿越”形成了舆论热点，又尚在“反馈意见”的有效期之内，在下也就不揣浅陋。中山大学官微中提出了两点反对理由，在我看来是成立的。其一，校区中轴线上及周边密布着广东省重点文物保护单位；其二，紧靠中轴线西侧是光电材料与技术实验室，对周围环境的平稳性要求极高。

先看其一。到过中山大学南校区的人都知道，这条中轴线从南门一直通向北门，纵贯整个校区，规划中的地铁线路正是如此。中轴线上有两处非常重要的文物，一处是孙中山铜像，一处是“怀士堂”。铜像是孙中山逝世后，其日本友人梅屋庄吉在 20 世纪 30 年代初赠送给中国的 4 尊塑像之一。1916 年落成，今年刚好百岁华诞的“怀士堂”呢，孙中山 1923 年在此作过长篇演讲，那句勉励学生立志做大事不要做大官的名言，就出自那次演讲。紧邻中轴线的，还有岭南第一座钢筋混凝土建筑“马丁堂”，以及“黑石屋”“十友堂”“荣光堂”

“陆佑堂”“爪哇堂”等承载着丰富历史内涵的著名建筑。这些“康乐园早期建筑群”连同孙中山铜像，早在2002年就已经被广东省人民政府公布为“第四批广东省重点文物保护单位”，跻身“国保”仅仅是时间问题。地铁要在这些重要文物建筑的底下钻过，语云“不怕一万，就怕万一”。

再看其二。那个光电材料与技术实验室貌似没有什么，但那是由国家科技部和广东省共同建设的国家重点实验室。一位物理学教授说，理工实验的精密测量在纳米量级（十亿分之一米），如果地铁从底下穿过，那么精密测量科学研究将无法进行。这种情况之下该谁“让步”呢？“他山之石，可以攻玉。”2013年，北京市地铁遇到过性质完全相同的问题。当年4月，北京市规划委对其地铁16号线以及其中17座车站的规划设计方案进行了公示。公示期间，北京大学反映该规划线路与其主校区精密仪器楼距离较近，建成后将会对科研工作产生严重影响，要求调整。最终，“轨道交通系统专家开展研究论证之后，结论是该段地铁线路调整对保证北京大学高精密仪器的正常使用很有必要”，北京市规划委吸纳了北大的意见。这一调整，“北大人”必然为之击掌，在我们这些“局外人”也不免为之叫好，更为当下解决广州地铁规划问题提供了镜鉴。

前几天，广州市国土规划委对北京路、传统中轴线（近代）、文德南这三片历史文化街区的保护规划进行公示并征询公众意见，如果这次公示的规划获通过，这三个历史文化街区就有了非常明晰的具备法定效力的“护身符”。此事充分表明，广州市对自身历史文化的保护，视野越来越宽，力度越来越大。保护的目的是为了传承，那么，这种保护就是千年大计、万年大计，就应当是一种全方位的态势。构筑城市交通网络与保护历史文化，从来没有到水火不容、势不两立的地步，完全可以做到双赢。

中山大学作为广东最著名的文化品牌、文化符号、文化标志，地铁欲穿越其中轴线而行，可不慎之？

（2016年1月12日）

至少不能对《文物法》视而不见

最新一期《瞭望》杂志刊登了一篇署名文章，指出目前西安的城市建设中还存在不少违反《中华人民共和国文物保护法》的现象。比如大雁塔北广场、大唐西市在施工前没有事先报批，已经建成和正在建设的西安地铁车站没有进行考古发掘。特别是 2015 年，在西市遗址上建设的“大唐西市三期佳郡”项目，未经考古勘探和发掘就开工建设，致使商肆、作坊遗迹密集的西市西南部分遭到毁灭性的破坏。两名作者是从事隋唐考古多年的专家，痛心疾首之情溢于言表。

那个“大唐西市三期佳郡”项目的大致所在，名目上已经不打自招。唐朝都城长安亦即今天的西安有著名的西市和东市，分布在朱雀门街的两侧，1985 年修复西安城墙时，发掘出了包裹在明城墙内的朱雀门遗址；再对着清朝徐松的《西京外郭城图》来按图索骥，很容易找到西市所在。徐松那幅图载于他的《唐两京城坊考》，该著作不但文献资料十分丰富，是隋唐两京城坊研究集大成的权威著作，而且他绘制的那些平面示意图极富特色，《西京外郭城图》之外，还有《西京宫城图》《西京皇城图》《西京大明宫图》等等。据徐松的著作，朱雀门街可是了不得，“东西广（宽）百步”；长呢，“九里一百七十五步”，从皇城南门朱雀门，一直通到都城的南门明德门，构成长安城的中轴线，同时也是长安、万年两县的分界线。唐朝一步等于五尺，一尺相当于现在的 31 厘米，这么一算，朱雀门街该有 155 米宽，当年如何壮观也就不难推断了。

说了一番朱雀门街，在于两位专家同时指出，唐长安城考古要纠正重墓葬、轻遗址，重宫殿寺观、轻里坊等一般遗迹的急功近利风气。而被轻视的“里坊”，正以朱雀门街为中轴，对称地分布在两侧。杨鸿年先生有一部《隋唐两京坊里谱》，在前人爬梳考证的基础上，再现了各个里坊当年的状况：谁住在那里，分布着哪些衙门、寺观和名胜。两京，即西京长安和东都洛阳，此中还是单看西京。挑几个“熟人”吧。先看东市所在也就是万年县辖区这边，白居易家住在“常乐坊”，位于“朱雀门街之东第四街街东自北向南之第六坊”，别嫌拗口，这句话相当于在表述今天地图上的经纬度，“朱雀门街之东第四街街东”是纬度，“自北向南之第六坊”是经度，两者交叉的那个点，就是“常乐坊”了。杨国忠家在“宣阳坊”，杜牧家在“安仁坊”，小雁塔也在这里。再看西市所在也就是长安县辖区这边，尉迟敬德、阎立本家都在“长寿坊”……这样的历史内涵倘能以实物来佐证，何其趣味无穷，如何要“轻”？不过，想一想当代名人故居因为城市建设也要每每告急，多少能够理解。

西安拥有7000多年文明史、3100多年建城史、1100多年的建都史，比起公元前九世纪才文明初现的罗马要悠久得多。但是我们今天去到罗马，不仅会看到地面上的古建筑比比皆是，而且裸露于地表的遗址也随处可见，以至于有遍地废墟之感。然而，正是这所谓“废墟”散发的文化魅力，吸引了全世界的游客。在我的心目中，理想中的西安就应该是现在罗马的那个样子。实际呢，前几年有机会去走了一回，发现这座历史文化名城中的历史文化已经变成了点缀。“随着数次城市扩建，特别是近30年来西安市的急剧扩张，唐长安城遗址正随着推土机的轰鸣及一栋栋高楼的拔地而起日渐消失。”两位专家除了痛陈现状，同时呼吁政府能够尽早建立隋唐长安城遗址的地理信息系统，将隋唐长安城遗址图与西安市精确地图及城市规划图套叠，明确城市现状、遗址分布、规划发展趋势，从而“抓住最后的机会，尽可能多地获取唐长安城的历史信息，尽可能多地保留一些遗迹，传给子孙后代”。

西安面临的状况具有标本意义。那么，国家层面应该以之为突破口解决这个各地普遍存在的问题，确保传统文化不要在这个讲文化的时代因为经济建设而消灭了许多。

（2016年1月14日）

广州的霰、雪及其他

周日早上广州城区飘了若干雪花，说是引发了全城狂欢并不为过。微信朋友圈里的广州朋友都在发布各自的见闻，“见”的有照片为证，在各自所在或拍车头车窗，或翻转雨伞变遮为盛，千方百计要证明雪花确实有。“闻”的则“泥沙俱下”。尤其是一帧PS的貌似积雪中书写的“白云山欢迎你”，引发了大量广州市民前往那里“赏雪”，造成那一带的交通严重拥堵。这种狂欢非常可以理解，打个绝无恶意的比方，恰如“蜀犬吠日”，实在太新鲜了。

在广州“下雪”的同时，便有气象部门出面科普，说那不是雪而是“霰”。什么是霰？是固态水在下落时来不及融化，就以小冰粒的形态出现。如果气温较高，就会以降雨的形式出现。那种小冰粒，就是霰。后来又有气象部门说，早晨下的是霰，中午下的是雪，这种极端天气在新中国成立之后还是头一回遇到。究竟是不是雪，专业人士莫衷一是，市民却认定那就是雪。有意思的是，清人屈大均已经讲过类似问题，他说广州“有霜而无雪，然霜亦微薄不可见”，又说“即或有微冰，辄以为雪，或有微雪，以为冰。人至白首有冰雪不能辨者”。霰，也许像霾、PM2.5一样，从此走进人们的视野，由陌生到熟悉。

古人早就知道霰。《诗·小雅·頍弁》即有“如彼雨雪，先集维霰”。东汉郑玄注释说：“将大雨雪，始必微温。雪自上下，遇温气而抟，谓之霰，久而寒胜，则大雪矣。”抟，把东西揉弄成球形。就是说，本来是要下雪，因为气温的缘故而变得似雪非雪，接下来可能会有大雪。这个我给演绎的绕口令式的见解和今天气象部门的说法差不多吧。《诗》中说这些，当然不是为了科普，而是铺垫，为了形象地说出后面的本意，即修辞学上的所谓比拟。用唐朝学者孔颖达的说法，该诗“言王政教暴虐，如彼天之雨下大雪，其雪必先集聚，而抟维为小霰，而后成为大雪。是雪有渐也”。所以这首诗的创作本意是，“以兴（周）幽王之为恶，亦初为小恶，而成为大恶，亦恶有渐也。王渐益恶，今则大甚”。

我们今天都知道，广州城区纬度低，靠近北回归线，这是其不大可能下雪的主因。从前的一些人不这么看，说什么“天蛮不落雪”。但这种歧视性的说法只是一说而已，广州应该是下过雪的，不少网友周日都在纷纷转发不知谁人爬梳的唐朝宋朝某年广州下雪的记载。这里还想拈出一例。比如唐代诗人许浑诗句有“河畔雪飞扬子宅，海边花盛越王台”，其中的“河”指珠江，扬子指东汉杨孚，他的宅就在今天海珠区中山大学旁边的下渡路那一带，从前是下渡村，现在还留有一口“杨孚井”。冼玉清先生考证，广州珠江南岸被市民习惯称为“河南”即源于杨孚。杨孚曾在京师洛阳为官，归里时带回洛阳松树移植宅前，恰巧当年冬天异常寒冷，松树上发现了积雪。至于“河畔雪飞”，自然是诗人的夸张了。许浑在唐文宗时入岭南节度使卢钧幕府，对广州的情况想必有相当了解，他的另一首《登尉佗楼》，不仅概括了广州历史，而且对广州文化予以了高度评价。

前面说到的屈大均是番禺人，他“考方舆，披志乘，验之以身经，征之以目睹”，写就了《广东新语》，对家乡的气候、地理、名胜以及物产民俗进行了全方位介绍。其中《天语》的部分内容谈的正是广州气候，“大抵三冬多暖，至春初乃有数日极寒，冬间寒不过二三日复暖。暖者岭南之常，寒乃其变，所以者阳气常舒，南风常盛”，说的和我们寻常年景的感觉不差。但有一些自然也不能让人苟同，比如广州为什么也会有“凛烈惨凄之气，在冬末春初殊甚”，是因为北方人来了的缘故，“盖地气随人而转，北人今多在南，故岭表因之生寒也”。这一点无须专业人士科普，稍微具备一点儿常识的人都知道是无稽之谈。

这两天，广州的气温低则低矣，但百年一遇的小雪花却给市民带来了无穷欢乐，得到热捧，恐怕在哪里都不曾有过这般待遇。对小雪花而言，也真是不虚此行，不辜负此行了。

（2016 年 1 月 25 日）

人们何以嫌弃“丑”猴

农历丙申年就要到了。申猴酉鸡，丙申年即猴年。

这些年来，大抵某个当值的生肖登台亮相之际，该生肖就会一段时间之内成为人们津津乐道的话题。大量寓意良好期冀的谐音用语，也开始纷纷被创造、被使用。鼠年来的时候，有“鼠”一“鼠”二，非你莫“鼠”。牛年来的时候，“牛屎”因为与股市中的“牛市”谐音，也跟着火了一把。那款“牛屎”玩具的造型甚至拟人化出了表情，有高兴的，还有憋屈的，十分有趣。猴年要来了，自然要关联到猴。因为广州白话中“猴”与“好”谐音，“猴塞雷”一类简直是浑然天成，“猴××”顺理成章地铺天盖地，入眼入耳。

猴子我们都常见，齐天大圣孙悟空当推它们的首席代言者。以其过于深入人心，现实生活中的猴子形象，与艺术世界中的孙悟空形象难免相互混淆。正是因此，今年接连出现的几个“丑”猴，给大家添了不少堵。先是央视公布猴年春晚吉祥物，引来嘘声一片。原图是韩美林先生设计的“康康”，以中国传统水墨画的形式传神地展现了猴子的机灵活泼，但那个 3D 效果图却着实不能令人恭维，那副尊容令网友“集体崩溃”，刻薄地称之为丑出了新高度。没过多久，海峡彼岸灯光节的主灯“福禄猴”又招来叹息一片，被网友认为比央视春晚的吉祥物更丑，奇丑无比，以致于调侃是不是放在路边用来辟邪的。今天又有一条消息，说敦煌榆林窟西夏壁画中有 6 幅《唐僧取经图》，其中的孙悟空猴面人身，但是“尖嘴猴腮，牙槽外露，很是凶恶”。

平心而论，猴子的模样肯定称不上俊俏。四川峨眉山、贵阳黔灵山的猴子，都以从游客手中抢夺食物而出名，露出的也的确是凶恶的一面。便是齐天大圣，在《西游记》里的长相也不堪一提，和两位师弟一旦接触到人，每每要把人吓走，大圣自己不大在乎长相就是。第十四回大圣和唐僧到庄院投宿，吓得人家大喊：“鬼来了！鬼来了！”第二十回在黄风岭，有个老者说他“拐子脸、别颏腮、雷公嘴、红眼睛的一个痨病魔鬼”，他忍不住了，但也只是笑道：“你这个老儿，忒也没眼色！似那俊刮些儿的，叫做中看不中吃。想我老孙虽小，颇结实，皮裹一团筋哩。”那老者道：“你想必有些手段。”行者道：“不敢夸言，也将就看得过。”寥寥几笔，大圣得意扬扬的顽皮形象跃然纸上。“中看不中吃”，别以为大圣把“用”错成了“吃”，那也是一句俗语，与“中看不中用”同义，有相当多的实例可以印证。比如《红楼梦》第五十八回，晴雯给宝玉出主意：“什么‘如何是好’，都撵了出去，不要这些中看不中吃的！”孙猴子是很有文化的，不仅很接地气的“俗话说”动辄挂在嘴边，而且研究者早已根据《西游记》故事情节指出，大圣对佛法的理解与运用远远在号称师傅的唐僧之上。

猴子诚然称不上俊俏，但是作为艺术化了的猴子，人们无不希望它的形象与可爱为伍。而且，任何外表丑陋的动物，都不妨碍它们在艺术上呈现“美”的一面。比如老鼠，那个迪斯尼的米老鼠不是很招人喜欢吗？我国第一轮生肖邮票的甲子“鼠”，出自詹同先生的手笔，设计得也相当成功。至于生肖票领军的庚申“猴”，更不得了。其暴涨的身价自然有各种因素在内，发行量少、大量用于通信等等，但票面上的那只小猴子也着实可爱就是，放大镜下观看，雕刻版刻出的猴毛一根根地清晰可数。时隔36年，丙申“猴”票再次出自黄老先生之手，甫一面世又热得滚烫，活灵活现地表达了猴子的灵性仍是主要因素。

前人云：“画鬼易，画人难。”现在看来，猴年画猴也不那么容易。原理一样，猴子不仅谁都见过，且在它当值之年，更成为大家心目中早就固化了的某种文化符号，要的是形神兼似，赏心悦目，容不得半点看不顺眼。因此，对那些“丑”猴的评价，刻薄归刻薄，大家的心情是可以理解的。

（2016 年 2 月 2 日）

光大传统节日的文化魅力

“广州过年，羊城看花。”是今年春节期间广州大街小巷随处可见的一句口号。如果问广州过年最显著的特色是什么，相信对广州稍有了解的人们都会脱口而出：花市。可以说，花市是广州传承得最好的一项民俗。明末清初屈大均的《广东新语》对花市已有记载，但彼时“所卖止素馨，无别花”，与今天的姹紫嫣红开遍不可同日而语。本地人叫逛花市为“行花街”，像我这样一些落籍于此的“新客家”也不免被感染，因为在这里，“未行花街不算过年”，花市已成市民根深蒂固的文化情结。

传统节日的魅力，正在于其所关联的民俗事象。我常常想，振兴或光大传统节日，势必该将民俗作为一个抓手。虽然民俗从历史中走来，身上免不了带些糟粕之类，但有趣的、积极的成分仍然不乏。像广州花市这种在历史上几乎没有中断过的民俗，要把它们很好地继续传承下去，与此同时，复活那些正在或已经退出历史舞台然而却充满着正能量的。再以广州而言，在不太遥远的过去，除夕还有儿童“卖懒”的民俗。所谓不太遥远，就是如今四五十岁的中年人都还有这种儿时的记忆。“卖懒，卖懒，卖到年卅晚。人懒我不懒!”届时嘴里唱着的这首童谣，其知名度丝毫不亚于广州亚运会开幕式上演的那首“落雨大，水浸街”。卖懒，实际上是要去除自己身上的惰习，以期在新的一年里更加勤奋。这种相当有趣的民俗事象，可惜如今只停留在追忆层面，如果继续下去，沦为化石层面也是可能的。

不知从何时开始，人们抱怨年味淡了。年味的淡与浓，在我看来取决于人们参与程度的浅与深。引申地说，对任何传统节日都是如此。如今众多传统节日的让人意兴阑珊，某种程度上在于少了这种参与感，大抵只剩下“吃”之一途：过年是年夜饭，正月十五吃元宵，五月初五吃粽子，八月十五吃月饼，诸如此类。而在从前，就连节日食品制作本身也是一种参与，现在则“得来全不费功夫”，于是能吸引眼球的，成了各地年夜饭的预订如何火爆，天价的粽子或月饼如何令人咂舌。倘若我的判断不错，那么在生活水准早已“天天都像过年”的时代，传统节日到来之时可不就是索然无味？

传统节日在形成阶段所遵循的是自然节律，但是在发展与演变之中，其文化意义便逐渐占据了主导。因此，今天的人们对传统节日往往“知其然，更知其所以然”，实乃正常现象。这种文化意义通过节日民俗得以展示，而节日民俗的功能，既能够使其社会成员产生相应的文化认同，分享文化认知，也能够使相互之间分享情感。传统节日的文化魅力亦在于此，我们尤其不可小看了其中的“繁文缛节”。

让某些消逝了的民俗复活，实际上正是光大传统节日的文化魅力，这也是传统节日理应承载的文化使命。世易时移，消逝了的民俗不可能是简单的复活，需要甄别，也可能需要注入新的内涵。总之，振兴或光大传统节日，一味地慨叹不行，一味地喊口号也不行，要找到切入点、发力点。倘若现代人特别是青少年对传统节日民俗懵然无知，不仅年味会越来越淡，而且任何传统节日的前景都不免让人堪忧。这样的话，振兴无从谈起，传承还有中断之虞。

（2016 年 2 月 16 日）

“行通济”关联“走百病”

每年的农历正月十五，佛山都有“行通济”的民俗。今年也不例外。通济，即通济桥。行通济，就是到通济桥上走一遭。据说佛山城南原来有一条通济河，河上的桥就叫通济桥。沧海桑田，河与桥早已湮没，但前些年为了民俗的需要，通济桥得到重建。报道说，元宵节当天佛山共有 70 万人“行通济”，或一家老小，或呼朋唤友。正月十六，热度不减，通济桥前正午仍然人头攒动，众多市民烧香之余，提着生菜，转着风车。

“行通济”做什么呢？民谣道出了其中奥妙：“行通济，有闭翳。”冇，方言字，“没有”的意思。记得 20 世纪 70 年代末第二轮简化字表公布的时候，“有”正被简化成“冇”，意思在广州白话里正好南辕北辙。闭翳，方言词，忧愁、衰气的意思。那么，“行通济”的寓意就非常清楚了：祈福新年，万事如意。如果用本地方言来表述，就是“咩衰气都赶走晒”。

看了关于“行通济”的一些资料，似乎都是在说这是佛山本土“独立起源”的民俗，如桥头石级共 9 级，桥尾 13 级，反映出“九出十三归”的意念云云。在文化人类学古典进化论学派那里，也的确在理论上能找到支撑的依据。该学派认为人类因为本质的一致，所以文化发展虽然互不相干，但因为具有共同的法则，沿着一条完全相同或相似的路线自动演进。但古典进化论论派只是人类学最早形成的学派，在其他学派问世之后，影响日渐衰落。比如传播论派，认为人类文化的发展主要依靠传播，是相互影响作用的结果。我就比较认同此论。以佛山“行通济”来说，很可能与历史上其他地方普遍存在的正月十六“走百病”民俗有着千丝万缕的关联，所谓“俗言此夜鬼穴空，百病尽归尘土中”。而佛山的“行通济”原本也正是在正月十六进行，只是近年才改在正月十五，因此一些老佛山至今“都是十六行通济”。

具体来看。谢肇淛《五杂组》云：“齐鲁人多以正月十六夜游寺观，谓之走百病。”这说的是明朝时的山东。刘侗、于奕正《帝京景物略》云：“（正月）八日至十八日，集东华门外，曰灯市。贵贱相遝，贫富相易贸，人物齐矣。妇女着白绫衫，队而宵行，谓无腰腿诸疾，曰走桥。”这说的是明朝时的北京。《清稗类钞》引《柳边纪略》

云："正月十六日，妇女步平沙，曰走百病；或连袂打滚，曰脱晦气，入夜尤多。"这说的是清朝时的东北。顾禄《清嘉录》云："元夕，妇女相率宵行，以却疾病。必历三桥而止，谓之走三桥。"在补充文字中又说："上元，妇女走历三桥，谓可免百病。"这说的是清朝时的苏州。我的一位在四川阆中工作的同学日前说，他们那里在2013年已将"正月十六'游百病'"成功申报为"中国体育非物质文化遗产"，在他们明清时的《阆中县志》中已经记载："上元后一日，锦屏山游人如蚁，谓之游百病。"

比对一下就不难发现，"行通济"与"走百病"在时间、地点、功能等几个关键元素上大致相当，或者说具有本质上的相似：正月十六、走桥、祈求健康。个别不同的地方，大家都稍有不同：有的地方参与者主要是妇女；有的地方要走过三座桥；佛山是丢生菜、转风车，有的地方还要"至城各门，手暗触钉"，即所谓"摸钉儿"以冀望能生儿子。这不奇怪，普遍性存在于特殊性之中，特殊性包含着普遍性，矛盾既然如此，民俗也不例外。民俗在某个地方存在，就必然融入某个地方的特色。以所见推所不见，从前的正月十六，全国各地一定都热闹非凡，"都城灯市春头盛，大家小家同节令。姨姨老老领小姑，撺掇梳妆走百病"，明朝周用的诗句道出了一斑。

振兴传统节日，我的观点一向是应当从节日民俗切入，注入新的内涵。视野所及，阆中与佛山的做法正十分可取。阆中是将传统体育活动融入"游百病"之中，佛山则将"行通济"同时打造成"慈善文化人人行"活动。倘若各地都能开掘本地具有积极意义的传统民俗，使之焕发出新的活力，则传统文化何来日渐式微之虞？

（2016年2月25日）

用文化创意来回答“李修松之问”

全国政协委员、安徽省政协副主席李修松在接受采访时说，他不建议大量的迪士尼乐园引进到我国，尽管迪士尼乐园吸引孩子，但传递的是别人的文化。性急的人士先不要给李委员的言论贴标签，耐心地看完报道就会知道，他的意思并不是要拒绝那个举世闻名的游乐场，而是对国内的一些文化产品“恨铁不成钢”。去年全国两会期间，李委员曾经就提出过建设以《西游记》等传统文化为主题的公园，如今重拾话题。在他看来，这些经典故事，是做成中国迪士尼的最好素材。

我认同他的这些观点，尤其是他提出建设以《西游记》主题公园。《西游记》是我很喜欢的小说，当然，“萝卜青菜，各有所爱”，即便前人，对这部作品本身也褒贬不一。不认同的，如毛宗岗说：“读《三国》胜读《西游记》。《西游》捏造妖魔之事，诞而不经，不若《三国》实叙帝王之事，真而可考也。”认同的，如张书绅说：“或问《西游记》果为何书？曰实是一部奇文，一部妙文。”在他看来，如来观音、阎罗龙王、悟空八戒，皆奇人；游地府、闹龙宫、反天宫，皆奇事；“西天十万八千里，筋斗云亦十万八千里，往返十四年五千零四十八日，取经即五千零四十八卷，开卷一天地之数起，结尾以经藏之数终”，皆奇想也，至于“诗词歌赋，学贯天人，文绝地记，左右回环，前伏后应”，皆奇文。合起来，《西游记》“无一不奇，所以谓之奇书”。

文学作品的优劣从来都见仁见智，不可能有划一的标准，就像张书绅所言：“以一人读之，则是一人为一部《西游记》；以士农工商、三教九流、诸子百家各自读之，各自有一部《西游记》。”如果把《西游记》建成主题文化公园，考验的是我们的文化从业者将怎样“读之”。倘若就是孙悟空上蹿下跳、猪八戒插科打诨，麻烦了。明朝戏笔主人在评价《西游记》《金瓶梅》时说，二书“专工虚妄，且妖艳靡曼之语，聒人耳目”，然“在贤者知探其用意用笔，不肖者只看其妖仙冶荡，是醒世之书反为酣嬉之具矣”。我们的文化从业者能不能开掘出“醒世”的内涵？李委员认为，迪士尼、环球影城等之所以成功，在于它抓住了孩子的两个天性——好玩和好奇，运用文化创意结合科技手段，将厚重的文化变得生动活泼起来，吸引孩子去玩，去猎奇，从而去探索，“为什么我们不能这样做呢？”这一问，问得好，不妨视为“李修松之问”。

“将厚重的文化变得生动活泼”，是一门不可小觑的学问。我们的许多针对儿童的文化产品之所以只能局限于儿童，走不出去，正因为果真弄成了“小儿科”。任何一个迪士尼乐园我都没去过，但迪士尼出品的动画片看过不少，如《狮子王》《白雪公主》《花木兰》等等，谁敢武断地认为其目标定位只是儿童？厚重与生动活泼，缺一不可。厚重是文化的底蕴所在，生动活泼是外在的表现形式。厚重不等于沉重，生动活泼不等于信马由缰。

虽然迪士尼乐园目前在我国只有两处，香港的早已人头涌动，上海的将于今年 6 月正式开门迎客，还算不上“大量”，但李委员的担心绝不是杞人忧天。曾几何时，某个地方的所谓世界主题公园一热闹，全国各地就陆续铺天盖地起来，如今呢？大多成了过眼云烟，真正算得上昙花一现。模仿终究是没有生命力的。当下我们电视台许多颇受欢迎的节目，相亲的、唱歌的，收视率不低，细看来也都是“引进”版，几乎没有原创。“来而不往非礼也。”人家向我们输出了他们的文化价值观，我们也要输出我们的，至少要拿得出我们的。显而易见，我们的文化产业还需要更多的创意和创新，来回答“李修松之问”。

（2016 年 3 月 3 日）

光大传统节日当从民俗入手

全国人大代表、浙江奉化市滕头村党委书记傅企平在本次全国两会上呼吁，把每年的农历七月初七也就是传统的七夕节设立为法定节假日，放假一天，同时将春节假期从现行的 7 天延长至 10 天。无独有偶，全国人大代表、湘潭大学原校长罗和安也建议将春节假期延长，至少 9 天；来自重庆的全国人大代表张洪川更建议放 11 天，因为“调研发现，很多人都感到春节七天假期不够用”。

不管多少天吧，几位代表的放假建议显然有出于重视传统节日的考虑，而包括七夕在内的传统节日日益面临尴尬，是一个不争的事实。再不拿出相应的办法，传统节日所蕴含的文化特质为后代所遗忘乃至遗弃也是可能的。但老实说，像几位代表的这种建议“至今已觉不新鲜”。留心这个问题的人们会发现，这些年来，每逢一个重要传统节日到来之时，似乎总是能听到类似的声音。久而久之，如何振兴传统节日的办法便恰如《说唐》里程咬金的“三板斧”：一个是要申遗，一个是要立法，再一个就是要成为假日。“三板斧”可能奏效，但也可能不奏效，倘是后者，就程咬金本人而言，当即溜之乎也。放在振兴传统节日这里则不然，后人说话似乎并不知晓前言，因而同样的话等于此伏彼起。十几年前就有全国政协委员提出建议，将七夕定为我国的情侣节，并且认为连节歌都是现成的，就用秦少游的《鹊桥仙》：“纤云弄巧，飞星传恨，银汉迢迢暗度……”

放假是否振兴传统节日之一途，很值得探究。清明、端午、中秋前些年都成了法定假日，各放一天，就弘扬或振兴这几个节日的层面而言，起色如何？“外甥打灯笼——照旧（舅）”吧。抬杠来说，古代社会里的节日都没有假期，照样搞得红红火火。为什么？是因为传统节日所关联的民俗事象所散发出的文化魅力。说七夕吧，它在从前还有妇女向传说中的织女学艺求巧的一面，所以又叫作乞巧节。读一读宋人孟元老的《东京梦华录》，就可以见识那时的七夕该是怎样的丰富多彩了。节略言之，有“妇女望月穿针，或以小蜘蛛安合子内，次日看之，若网圆正，谓之‘得巧’”；有“以小板上傅土旋种粟令生苗，置小茅屋花木，作田舍家小人物，皆村落之态，谓之‘谷板’。又以瓜雕刻成花样，谓之‘花瓜’。又以油面糖蜜造为笑靥儿，谓之‘果实’，花样奇巧百端”；还有“以绿豆、小豆、小麦，于磁器内，以水浸之，生芽数寸，以红篮彩缕束之，谓之‘种生’。皆于街心彩幕帐设出络货卖”……这么多玩儿的内容，人们对节日的到来如何不期盼，节日期间如何不其乐融融？

振兴或光大传统节日，势必该将民俗作为一个抓手。虽然民俗从历史中走来，身上免不了带些糟粕，但有趣的、积极的成分仍然不乏，应当复活那些正在或已经退出历史舞台然而却充满着正能量的。无论如何，“放假”与“弘扬”之间并不存在必然的因果关联，弘扬或者振兴传统节日也并不是区区几个法定假日所能够承载的。传统节日在人们的生活中日益淡漠，加上别人争抢我们的节日给我们造成了一定的危机感、紧迫感，都无关时间的因素。这就是说，传统节日的日渐式微，不是因为国人工作太忙无暇顾及，而是传统节日在现代文明面前因为没有注入新的活力。现在，除了届时吃一些应节食品之外，元宵吃汤圆，端午吃粽子，中秋吃月饼之类，大多数国人不是不知道怎么过节了吗？传统节日在形成阶段所遵循的是自然节律，但是在发展与演变之中，其文化意义便逐渐占据了主导。因此，今天的人们对传统节日往往“知其然，更知其所以然”，实乃正常现象。这种文化意义正通过节日民俗得以展示，而节日民俗的功能，既能够使其社会成员产生相应的文化认同，分享文化认知，也能够使相互之间分享情感。传统节日的文化魅力亦在于此。

传统节日有了假期，是形式上重视的一个表现。虽然这个形式非常重要，但毕竟仅仅属于形式，必欲使传统节日焕发勃勃生机，还需要文化学者、文化部门以及我们自己的不懈努力，在内涵上多下功夫，研究和探讨如何在传统与现代之间搭建一座有机延续的桥梁，在保留传统文化要素的同时，为传统节日注入新鲜血液，使之充分适应于时代，赢得时代的青睐。总之，要找准振兴的切入点、发力点。

（2016 年 3 月 8 日）

由“姓朱”“属猴”景区免票而感

清明节将至，北京十三陵景区推出了一项新举措：在清明小长假期间，“朱”姓游客出示身份证件即可免费游览十三陵定陵、长陵、昭陵和神路四大景区，门票合计 165 元。不用多说我们都知道“姓朱”与“免票”之间的因果关联：这是沾了祖宗的光，在完全“家天下”的时代，朱乃明朝的国姓嘛。十三陵景区有关人士说了，清明祭祖是每年十三陵景区的重头戏，今年清明将在长陵景区将举办明朝皇家祭祀祈福大典，再现万历八年清明节神宗奉两宫太皇太后谒祭长陵的场面。在这个“路上行人欲断魂”的特别日子，给朱姓游客以特殊优惠，也有“祭祖”的意味，虽然对绝大多数朱姓游客来说，500 年前才算一家。

无独有偶。此前，四川峨眉山也有个免票举措：凡是农历猴年出生的全球华人，在眼下这个猴年均可免票游览峨眉山。不明就里的人们可能会发出疑问，峨眉山是佛教四大名山之一，普贤菩萨的道场，跟属猴的人有什么关联？到过峨眉山游览的人就不会奇怪，因为在登顶的路上，有相当一段堪称“花果山”，数不清的猴子在那里喧宾夺主。它们所呈现出的完全是自然野生状态，不知有没有一个如孙大圣般的领袖“猴”物，可知的是它们与游人每每零距离，“相看两不厌”的时候自然是多数，但它们往往会出其不意地抢夺游人手中的食品，或者像西班牙的斗牛一样袭击游人身上的红色部位。由属猴免票来看，峨眉山本身也尤其看重这些猴子，有使之成为“文化名片”之势。

景区的门票面孔历来是冰冷的。所以这么说，是因为这些年来但闻的也是被诟病的总是门票提价之声，虽然有所谓价格听证，但是给人的感觉是说涨就涨，说涨多少就涨多少，完全说一不二。所以，这几天湖南凤凰古城免掉本就不该收取的“大门票”，还是赢得了喝彩。现在，“姓朱”与“属猴”分别被免票，于冰冷之中露出了笑意，至少是“顽皮”一下，无论如何是值得点赞的。比较而言，十三陵的“姓朱免票”只局限于清明节假期，而峨眉山的“属猴免票”则从今年 2 月 8 日跨到明年 1 月 27 日，差不多纵贯全年，用他们自己的话说，叫作“时间跨度之长、优惠力度之大，史无前例”。尽管在范围、力度方面存在些许区别吧，显而易见的是，二者在做法上异曲同工。不过，并无贬义地说，这种免票有“中彩”的性质。在十三陵那里，你得姓朱，然而我们在宋朝的时候就编出了《百家姓》，钱文忠先生还说，他“手头有比较新的数字，在 1996 年的时候，中华民族用汉字记录的姓有 11 969 个”。这么多姓而非“朱”不可，有中彩的性质吧？同理，在峨眉山那里你得属猴，但我们总共有十二生肖，猴子之外还有 11 个，你得正好属那个，虽然中选概率大大高于姓氏，但毕竟也是十二分之一吧？开个玩笑。

与这种“中彩”而免相对应的，是因为“实力”而免，后者更值得推崇，就是前两年湖南岳阳楼、江西滕王阁的做法。他们在某个时间点上均有免票的举措，当然，不是“姓范”或“姓王”的免票，而是无论姓什么、属什么，只要能够当场在单位时间内背诵出范仲淹的名篇《岳阳楼记》或王勃的名篇《滕王阁序》，就可以免。不知道那两个地方还继续这种做法没有，取消了的话应当恢复，应当成为常态，并给其他地方以借鉴。我们有深厚历史文化内涵的景点数不胜数，无论采用何种方式，倘若能将蕴藏其中的文化含量尽可能地体现出来，首先是没有辜负前人留下的这些文化遗产；其次，上车睡觉，下车撒尿或拍照，一问啥都不知道式的旅游庶几可以提升档次。了解文化，理该成为旅游的真正目的之一。

（2016 年 3 月 30 日）

“杏花村”之争是杜牧惹的祸吗？

刚刚过去的这个清明节，“杏花村”又一次成为焦点：它究竟是指哪里。因为唐朝诗人杜牧的那首名作，不知从什么时候起，天南地北已有十多个地方宣称自己那里才是正宗的杏花村。其中，以山西汾阳、安徽池州、湖北麻城三地的竞争最为激烈，三方甚至对簿过公堂，试图用当代法律解决历史问题。今年呢，竞争队伍里又添了一员，江西上饶的一名老先生“无意中发现”，杏花村原来在他们那里……

“清明时节雨纷纷，路上行人欲断魂。借问酒家何处有，牧童遥指杏花村。”当年，杜牧在落笔之际，无论如何也不会想到给后世留下了这么多麻烦吧。他等同于出了个哑谜，令后世竞猜之时不是和颜悦色，而是面红耳赤。偏偏全国名叫“杏花村”的地方，数量不会亚于“高家庄”“李家庄”，于是，但凡“如有雷同”的，在争抢者看来就没有许多电影导演那样坦诚地自白“纯属巧合”，而是千方百计在典籍中寻找有利于自己一方的所谓“证据”，哪怕是一鳞半爪或片言只字，也紧紧抓住，就此而言之凿凿。

那么，这种纷争是杜牧惹的祸吗？

可以说是。因为谁叫他写诗的时候不标明时间、地点呢？《及第后寄长安故人》多好，一查就知道时间，你不是文宗大和二年中的进士吗？828 年嘛。《将赴宣州留题扬州蝉智寺》，连时间带地点都交代清楚了。这首《清明》就不然，他一生在几个地方当过官，黄州、池州、睦州、湖州都干过刺史，走过的地方就更多。他如果说是哪年的清明，检索他的年谱就全结了，却又含糊其词。因此比如池州，就有它争的道理。杜牧在池州写了不少诗，《题池州弄水亭》《池州九峰楼寄张祜》等，池州又有个杏花村，清明节时来一首不是自然而然？清朝编过十二卷的池州《杏花村志》，他们今天建个博物馆什么的更顺理成章，不过，“杜牧喝酒的酒壶，都保存在杏花村村志馆里”，就让人哑然失笑了。

但更可以说的是：不是。杜牧作品传世的不少，《全唐诗》就收了八卷，《清明》只是微不足道的一首。这不是信口开河，张金海先生编纂的《杜牧资料汇编》，汇集了从晚唐迄清末 280 余人对杜牧作品的评价，“涉及书目凡三百五十余种”。我特地翻了两三遍——当然再翻几遍也不免遗漏——发现谈到《清明》的，只有明朝谢榛区区一人，大家谈论的更多是《华清宫》（一骑红尘妃子笑）、《赤壁》（折戟沉沙铁未销）、《江南春》（南朝四百八十寺）等，感觉上最多的是《阿房宫赋》。就是一个谢榛，对《清明》也还有些不屑，认为“‘借问酒家何处有，牧童遥指杏花村’。此作宛然入画，但气格不高”。他说有人把这两句给改成了“酒家何处是，江上杏花村”，不如改成“日斜人策马，酒肆杏花西”，这样的话“不用问答，情景自见”。后两句改成五言，这两个恶搞的家伙该如何处理前两句？不去理他，但那么多诗词名家对杜牧的《清明》视而不见，一方面说明此诗的微不足道，另一方面也说明“杏花村”从未成其为问题。杜牧根本就没有为后世景区点铁成金的任何打算！

这些年来，景点归属之争已经见怪不怪，因为前人的“语焉不详”，使纷争跨县、跨省甚至跨国。正像“杏花村”一样，不是杜牧惹的祸，而是这个品牌在今天所以能够带来的经济利益。我想，“杏花村”究竟是实指某个具体地方，还是只是一个文学意象，既然不能起杜牧于地下而问之，就是一个永远无法弄清楚的问题。那么，但凡“杏花村”，委实都不必排他，更不必非要致他人于死地而后快，大家就径直去利用这个品牌来个共赢好了。

（2016 年 4 月 5 日）

“随意取洋名”现象之我见

《人民日报》日前有一篇“微调查”，说的是西南某省会城市，不管是商业小区还是购物中心高比例取“洋名”的问题，甚至部分公交车站也以附近小区或者商场命名，从而出现被“洋地名”的现象。而这些所谓“洋名”，也无非就是“曼哈顿”“泰晤士”“维也纳”“地中海”，或者“香榭丽舍”“挪威森林”一类。“微调查”指出，这并不是该城市的独特现象。信然。

如今全国各地早有“千城一面”的诟病，应该说，这种诟病往往局限于诟病那些以物质形态出现的建筑风貌的高度同质化；在文化形态层面，比如“取名”的高度近似，实际上不遑多让。在那些著名的“洋名”之外，不著名的更比比皆是，看看街上的店铺招牌，尤其是服装类的，会有更多发现，基本上非“洋”不取。物质形态与文化形态二者合一，足以使原本个性比较鲜明的城市，渐渐变成如同克隆的产物。顺着“微调查”想补充一句的是，这也并不是今时才有的独特现象。1996 年 8 月的时候我就写过一篇《不会取名》，非议过这种现象。那时除了“随意取洋名”，还满街都是“贵族风范”，总督总统、帝王天子豪门，举目可见。20 年过去了，印象中阶段性的专项整顿也有过几轮，可惜，“随意取洋名”依然成为现象，并无衰减势头。那么我就觉得，恐怕要找找文化方面的原因了。我指的是人类学意义上的文化，也就是我们一些人的思维方式和行为方式。至少可以找出这么两点吧：一个是文化取向出了问题，再一个干脆就是没文化。

文化取向上的问题，表现为对自己的文化缺乏自信。看看各城市的所谓地标性建筑，要么是千篇一律的玻璃幕墙，要么是各种奇葩设计的试验场，无不标榜所谓“现代的”一面，恰恰漠视了“民族的”一面。我国在 20 世纪 80 年代中发行过一组 21 枚《中国民居》普通邮票，分别呈现 21 个省市区的特色建筑，其中很有一些属于城市。但是这些特色，被我们在城市化的进程中毫不惋惜地丢掉了，于是在外表相当光鲜的城市里，传统元素、民族元素成了文化残存，形单影只，要么是仿古的东西一哄而上。总之，没有或极度缺少引用国际先进理念设计出来的具有中国民族文化特质的建筑。这就等于是缺乏文化自信的一种不打自招，在这样的背景下，“随意取洋名”可以说自然而然。就像老舍《茶馆》里的小刘麻子溜须沈处长：“他呀，老把‘好’说成‘蒿’，特别有个洋味儿!”带点儿洋味儿，成了自觉追求。与此同时，说人家没文化，当然不是以从前文盲的那种标准来衡量，识字与否，而是数典忘祖。

取名如何多少有学问支撑。钱锺书先生的《围城》里有一段取名趣事：长孙出世，大家都说长得丑，“方遯翁想起《荀子·非相篇》说古时大圣大贤的相貌都是奇丑”，乃给孙子取名“非相”，但方鸿渐说《封神榜》里的两个开路鬼，哥哥叫方弼，弟弟叫方相，“方非相”的名字好像在跟鬼兄弟抬杠，老方置之不理。因为“去年战事起了不多几天老三凤仪的老婆也养个头胎儿子”，他深感于“兵凶战危”，乃据《墨子·非攻篇》给这个孙子学名“非攻”。接着又用姜太公故事预取了“非熊”，用唐人传奇预取了“非烟”等十几个，“只等媳妇们连一不二养下孩子来顶领”。我们在忍俊不禁之余，能不敬佩其中的知识含量？取地名也是这样。“张家界市”的前身是“大庸”，既是春秋时期庸国所在地，又是合《大学》《中庸》而为之，那该是多有历史和文化内涵的名字!

“随意取洋名”的相形见绌自不待言。这种至今仍在泛滥的现象值得高度重视，问题不该“无解”，但是解起来也不能战线拉得太长，否则，什么都成形了，后世的人类学家研究起来会得出个结论：在我们这个嘴里大讲“文化”的时代，干出了太多没文化的事情。

（2016 年 4 月 12 日）

地方不妨立法保护方言

从2月22日开始至4月10日，广东省人大常委会在全省范围内开展了2016年立法需求社情民意调研活动。调研的前四项主要内容都是针对当下经济社会发展面临的具体问题，如果调研到我的头上，我会着眼于文化，建议地方立法来保护方言。广东是方言大省，《立法法》修订之后，21个地级市都有了地方立法权，某个市应当有所尝试。而且，我这建议也符合调研内容，第五项就是“其他意见和建议”嘛。

在上月召开的全国两会上，李礼辉等12名全国人大代表向十二届全国人大四次会议提出及早保护方言的建议：加强对方言的调查和研究，中小学不再禁止方言，适当安排方言教育，条件允许下，建立方言博物馆。这个建议引起了我的共鸣。虽然我的家乡没有方言，全然字正腔圆，但是我非常艳羡能够使用方言的人们。在我看来，任何一种方言都有自己的独特魅力，其所蕴含的地方特色或曰神韵都无可替代、不能替代。而方言的消失，意味着文化差异性和丰富性的缩减。20世纪80年代中我初来广州的时候，满大街还基本上听不到普通话，现在早已经全然相反，意味着方言的使用范围在大大缩小。方言与普通话之间是非此即彼的关系吗？不是，没那么水火不容，二者完全可以并行不悖，相得益彰。因此，我赞同从现在起就将方言视为一种文化遗产来加以保护。

众所周知汉语有八大方言，这只是笼而统之的划分，细分起“亚方言”来则多如牛毛。无论哪一种方言，地域文化认同的功能都并无二致。比如两个原本陌生的人交谈，一旦知道是同乡，马上会从普通话切换到方言。古代也是如此。五代十国时的吴越王钱镠有过一次衣锦还乡，“自昔游钓之所，尽蒙以锦绣，或树石至有封官爵者。旧贸盐肩担，亦裁锦韬之”。同时大宴乡亲，大宴时还模仿汉高祖刘邦，端着酒杯高歌一曲。刘邦唱的是著名的《大风歌》，我读中学那阵收入了课本，就是“大风起兮云飞扬”那个。钱镠唱什么呢？还乡歌。内容呢？“三节还乡兮挂锦衣，吴越一王驷马归。临安道上列旌旗，碧天明明兮爱日辉。父老远近来相随，家山乡眷兮会时稀。斗牛光起兮天无欺！”不料一曲唱罢，没人响应，原来“父老虽闻歌进酒，都不知晓”，听不懂。钱镠常年在外，显然操的已是当时的普通话。醒悟之后，钱镠“再酌酒，高揭吴喉”，这回改用了家乡方言：“你辈见侬底欢喜，别是一般滋味子。长在我侬心子里。”这下子不得了了，话音刚落，大家“合声赓赞，叫笑振席，欢感闾里”。

方言的魅力当然不止于认同乡，这样的话不仅狭隘了，也低估了方言的价值。作为历史的产物，方言代表了中华文化丰富多彩的一面，其中所保留的许多古音，使我们能更加深入地理解传统典籍甚至诗词。我们不是经常听到一种说法吗？用白话念唐诗更押韵。这话说得当然绝对了，有些普通话不押韵的唐诗诚然用白话读来押韵，但更有普通话押韵的唐诗用白话读来并不押韵。这种情况在其他方言里同样存在。也就是说，每一种方言实际上都是古汉语中某一部分的缩影。我在定居岭南前，对入声字总是不明所以，概因普通话里的四声不再是“平、上、去、入”，而是“阴平、阳平、上、去”，入声字早已经消失了。那么，前人归纳的发音口诀中，“入声短促急收藏”是怎么个“收藏”法？一旦听懂了白话就发现，只是个很简单的发音问题，但却是理解古汉语无法绕过去的问题。

方言退出历史舞台几乎是一种必然趋势。李代表担忧，多少年后那些承载着厚重文化的美丽方言会不会逐渐衰落甚至消失？答案是肯定的，这从方言的产生便不难推断。何以八大方言中的北方方言涵盖了以黄河流域为中心，包括东北和长江流域中部及西南各省的绝大部分地域，而剩下的小部分地域却集中了另外七个？交通不便、相互隔绝而缺乏交流、融合是一个重要因素。寇凖《送人使岭南》的诗句说得最形象：“到海只十里，过山应万重。”即便国家没有“推普”，随着现代社会交流的日益广泛，任何一种方言的使用领域都会一缩再缩，直到成为博物馆里的“化石”。我们所要做的，是不要人为地加剧其消失的速度。地方立法保护方言，积极意义正在这里。

（2016 年 4 月 13 日）

传统村落与文化基地有机结合的范式

5 月 12 日，第十二届中国（深圳）国际文化产业博览交易会在深圳会展中心正式拉开大幕。当天，珠海北山力禾文化产业投资股份有限公司与中国国家运营平台七弦琴版权交易网在文博会主会场举行签约仪式，建立了战略合作伙伴关系。此举旨在激发中国音乐知识产权行业的协作发展，促进优秀音乐版权项目交易，站在一个全新的高度，将音乐文化产业交流推至文化传播的至高点。

这则消息也许不大引人注目。如果了解北山音乐品牌，就会刮目相看了。不久前，历时三天的第六届珠海北山世界音乐节圆满落下帷幕，来自 12 个国家的 40 位顶级乐手，沿用“声西击东”主题，继续打造了一场视听的饕餮盛宴。除了每年四月的世界音乐节，他们还有每年 9 月的爵士音乐节。这两个音乐节品牌，以搭建中西方文化交流的桥梁，汇聚世界各地的音乐为目标，进而让音乐融入寻常百姓生活，让艺术成为所有人触手可及的追求。从 2010 年到现在，短短几年时间，北山音乐节已从当初的籍籍无名跃升为中国十大音乐节之一，成为珠海新增的靓丽城市名片，并代表着珠海文化创意产业在全省的地位。

也许很多人同样没有想到的是，北山，原本为一个有着 200 多年历史的传统村落，现在的北山居委会隶属香洲区南屏镇。中国共产党早期优秀的理论家和革命活动家杨匏安，就出生在北山村。北山保留了许多传统建筑。杨氏大宗祠建于清代同治七年（1868），是珠海市最大的一座祠堂。此外，还有由民国戏院旧址改造而来的北山戏院，原本为“医帝庙”的北山会馆，包括保遐杨公祠、澄川杨公祠在内的北山大院……北山音乐节就是依托这些村落传统建筑来举办。自身独特的建筑风格和历史名村的独有性，古村落中式舞台与无国界世界音乐济济一堂，使北山音乐节从诞生之日起就别具一格，传统建筑也由之焕发了勃勃生机。

传统村落承载着传统文化的精华，作为农耕文明不可再生的文化遗产，不啻乡村历史、文化、自然遗产的“活化石”和“博物馆”。与此同时，传统村落也是我们的文化家园，那里有我们的基因、我们的根。中华优秀传统文化是中华民族的突出优势，是我们在世界文化激荡中站稳脚跟的根基，中华民族伟大复兴需要以中华文化发展繁荣为条件，必须结合新的时代条件传承和弘扬好中华优秀传统文化。党的十八届五中全会明确：“要加大传统村落民居和历史文化名村名镇保护力度，建设美丽乡村。”我们看到，方方面面已经开始付诸行动。在建立国家传统村落名录的同时，中央财政拨付每个村落平均 300 万元的资金支持，既体现了中央层面对保护传统村落的重视，更为全社会发出警醒，那就是：在发展进程中，必须守护好中华民族的精神家园，让民族文化的根脉薪火相传。

毫无疑问，保护传统村落同样必须处理好继承和创新的关系，实现创造性转化和创新性发展。所谓创造性转化，就是要按照时代特点和要求，对传统村落中那些至今仍然有借鉴价值的内涵和陈旧的表现形式加以改造，赋予其新的时代内涵和现代表达形式，激活其生命力。所谓创新型发展，就是要按照时代的新进步新进展，对传统村落的内涵加以补充、拓展、完善，增强其影响力和感召力。北山做到了这一点，成为传统村落与文化基地有机结合的范式。

北山在保护传统村落建筑的同时，将艺术家和文化创意产业引入了产业园，经过深入广泛的资源链接和整合，倡导“积极、正面、健康、绿色、环保”社会价值观，以音乐的名义，融合建筑、时尚、设计、艺术、旅游、教育和人文等多种元素，逐步打造具有新文化标杆的北山文创基地，让这片社区中的岭南文化旧式经典激发出了新的精彩。在不久的将来，他们还计划将北山世界音乐节进行延伸，最快在2017年举办专业性、权威性处于国内第一、世界顶级的“北山世界音乐颁奖典礼”，邀请全球世界音乐风格乐手来到北山献艺，并成立专业评审团队，为具有特色音乐风格、音乐贡献的音乐家颁奖，打造北山世界音乐标杆平台，确立北山在音乐文化产业的领头地位。

传统村落与文化基地有机结合，形成具有独特风格的音乐小镇，北山的成功范式值得推广。

（2016年5月12日）

世间焉有“聪明药”

早晨听央广新闻，听到了一则奇葩消息。说是高考临近，有一种能够帮助考生提高成绩的“聪明药”颇为流行。这种药在网上公开销售，每片售价在10元左右，算不上贵。卖家宣称，此药“专为增强‘记忆力、专注力和精力’设计，可帮助人的大脑保持高峰状态”。有记者以高考生家长的名义联系到销售“聪明药”的卖家，那卖家表示，他每个月在网上销售“聪明药”2000多颗，北京、上海、广州等地都有高考生购买。

听了这样的新闻，真有不知今夕何夕之感。笃信人能够凭借药物或者别的什么外力而“聪明”起来，原本以为只是古人的专利。概浏览所见，梦里得到高人指点，醒来后便“文思大进”的故事，古人一向津津乐道。比如唐朝以儒学称著的尹知章，《龙城录》就说他“少时性懵，梦一赤衣人持巨凿破其腹，若内草茹于心中，痛甚惊寤”，虽然痛得厉害，但“自后聪敏为流辈所尊”。像这一类的故事，陈年流水簿子里比比皆是，大都依附在实有其名且取得了一定成就的人的身上。

这类的故事蒲松龄一定也读过不少，他在《聊斋志异》里发挥了这种想象。在《陆判》篇中我们看到，有个叫朱尔旦的文人“素钝”，但胆子很大，有一天人家跟他打赌，说他如果“能深夜负十王殿左廊下判官来，众当醵作筵”，凑份子请你客。那判官虽是泥塑的，却因为“绿面赤须，貌尤狞恶”，夜里去十王殿，甚至能听到“两廊下拷讯声，入者毛皆森竖”，因此大家故意激将朱尔旦。可是没想到，朱尔旦真的就去了，去了就把判官给扛来了，“置几上”，大家吓得“瑟缩不安于坐”，认输，请他赶紧再扛回去。半夜里，判官化身为人找到朱尔旦家，告诉他自己姓陆，佩服他的胆量来跟他交朋友。熟络之后，陆判说你所以“作文不快”，是你那颗心不行，“毛窍塞耳”，我“于千万心中，拣得佳者一枚，为君易之”。果然，朱尔旦“自是文思大进，过眼不忘”，秋闱还中了魁元。大家知道了，都“愿纳交陆”，陆判也爽快地答应，只是来了之后，因为他“赤髯生动，目炯炯如电”的模样，搞得大家“茫乎无色，齿欲相击，渐引去”，还是怕得不得了。

如今的“聪明药”与陆判换心自然不是一回事，但具有本质上的相似，都是希冀无须刻苦、无须发奋而能够在聪明的程度上立见成效。用钱锺书先生的话说，这叫“以非常之事，如非分之愿。此不待言而言亦不能尽也，要贵乎迅速而已。咄嗟便办，瞬霎即得”。记者调查发现，“聪明药”网店月销量最多的，能超过 200 单！那么多的家长对此趋之若鹜，还是要听听医生的告诫。医生已经说了，这些“聪明药”除了一些中草药保健品外，主要是指莫达非尼和利他林两种，前者属于中枢促觉醒药，适用于特发性嗜睡或发作性睡眠症；后者是一种治疗儿童注意力缺陷及多动症的神经类药物。两种药物都有兴奋中枢神经的作用，是国家严格管制的精神类药品，目前并没有有力的研究能证明，吃了会让人聪明，相反长期服用倒会带来不少副作用。

用我们非专业的眼光来看，聪明人自然大把，但“聪明药”断然没有。像尹知章他们这些真实存在的人物，显然是习于急功近利的后人，以他们成就的“果”，来臆断所以如此的“因”。在我读中学的时候，课本里有荀子的《劝学篇》，现在想来仍然会有吧，那篇作品是超越时空的。那句著名的“不积跬步，无以至千里；不积小流，无以成江海”，不要仅仅当成格言警句，有口无心。笃信“聪明药”的话，则荀子就白说了，课本也白收了。还是要记得凿壁偷光、囊萤映雪、头悬梁锥刺股什么的，不是叫你机械地模仿古人的行为，而是你要借此明白刻苦的精髓。

（2016 年 5 月 17 日）

我们该怎样纪念杨绛先生

午觉醒来，发现“朋友圈”里满是杨绛先生今日凌晨逝世的消息，极其愕然。因为前两天还看到一些掌握所谓权威消息的大咖在忙于“辟谣”，说杨绛先生不是病危，只是在医院进行常规的身体检查。如今这种情形就像《红楼梦》里刘姥姥的自嘲：“才说嘴就打了嘴。”对这样一位年龄超过了一个世纪的老人，讳言“病”或“死”，是一件没有丝毫意义的事情。“辟谣”者操了不咸不淡的心。

事实上，杨绛先生本人对生死也看得极淡。读过《走到人生边上》的人就知道，她在 96 岁高龄之时写就的那部著作，坦陈了自己对命运、人生、生死、灵与肉、鬼与神等根本问题的思考。自序中云：“2005 年 1 月 6 日，我由医院出院，回三里河寓所。我是从医院前门走出来的。如果由后门太平间出来，我就是‘回家’了。”在后面的篇章中，又谈到了“上天堂时”以什么样的“面目”去见父母，见“我们仨”中的另外两位，那一段描写真是风趣极了。为了原汁原味呈现，在下不惜当一回文抄公。“如果是现在的这副面貌，锺书、圆圆会认得，可是我爸爸妈妈肯定不认得了。我妈妈（去世时）很年轻，六十岁还欠两三个月。我爸也只有六十七岁。我若自己声明我是阿季，妈妈会惊奇说：‘阿季吗？没一丝影儿了。’我离开妈妈出国时，只二十四岁。妈妈会笑说：‘你倒比我老了！’爸爸和我分别时，我只三十三岁，爸爸会诧异说：‘阿季老成这副模样，爸爸都要叫你娘了。’”但是如果是十五六岁“最好看”时的样子呢，“爸爸妈妈当然喜欢，可是锺书、圆圆都不会认得我，都不肯认我。锺书决不敢把这个清秀的小姑娘当作老伴；圆圆也只会把我看作她的孙女儿”。这一段我读过好多遍，每一次都能会心地笑出来。

我们纪念杨绛先生，她对生与死的达观态度就非常值得记取。还有，最重要的，该是读书。许多人赞美杨绛先生，无不把“才女”挂在嘴边。天赋诚然重要，但这仅仅是一个前提，纵观钱锺书、杨绛夫妇的一生，等于手不释卷的一生。因此，在《干校六记·误传记妄》中我们可以读到这么一段：默存过菜园，我指着窝棚说：“给咱们这样一个棚，咱们就住下，行吗?”默存认真想了一下说：“没有书。”杨绛先生非常认同，在她看来：“真的，什么物质享受，全都罢得；没有书却不好过日子。”关于读书，杨绛先生有个比喻精妙极了：读书好比“隐身”地串门，要参见钦佩的老师或拜谒有名的学者，不必事前打招呼求见，也不怕搅扰主人，翻开书面就闯进大门，翻过几页就登堂入室，而且可以经常去，时刻去，如果不得要领，还可以不辞而别，或另请高明，和它对质。

“临渊羡鱼，不如退而结网”，网结得如何另当别论，但必须有“虽不能至，然心向往之”的行动。当代人读书的状况如何？4 月份公布了第十三次全国国民阅读调查数据：2015 年我国成年国民人均纸质图书阅读量为 4.58 本，比 2014 年增加 0.02 本；人均每天手机阅读时长为 62.21 分钟，比 2014 年增加 28.39 分钟。虽然都有增加，但阅读量还是少得可怜。而手机那种阅读，我以为与传统意义上的读书是完全不同的两个概念，谈不上学习，只能算是了解一些信息。然而，举目所见，心高气傲之辈却是不乏，不知底气何在。这里又要用上杨绛先生给一个高中毕业生的回信了，除了寒暄和鼓励晚辈的句子外，杨绛先生有句话说得诚恳而不客气：“你的问题主要在于读书不多而想得太多。”

杨绛先生去世了，老人诚然已是超高龄，司马迁诚然早就说过“人固有一死”，但消息传来，心中还是不免一凛。但纪念杨绛先生，不应该只是满足微信“朋友圈”里来几个“双手合十”，或者人云亦云地口头感慨一番；一个真正的纪念者应该反躬自问：自己究竟从杨绛先生身上学到了什么，应该学些什么。

（2016 年 5 月 25 日）

减压不必以糟蹋东西为前提

5 月 29 日，来自川渝的 2000 名大学生在重庆武隆仙女山大草原展开了一场“西瓜大战”。乘坐专列来此的大学生们，砸碎西瓜相互投掷取乐，不到 1 个小时，1 吨多西瓜被全部砸光。此前还有一则消息，厦门市教育局向各区教育局、各直属高中下发《关于做好高三年级学生心理疏导工作的通知》，其中禁止“撕书、吼楼”的要求，备受关注。

掷西瓜与撕书、吼楼，此处相提并论，在于它们的出发点殊途同归，皆被冠之以“减压”的名目。不过在我看来，能否减压另当别论，即便能，也不必以糟蹋东西为前提。掷西瓜与撕书，全是糟蹋东西。不仅如此，而且与传统文化中仍然具有积极意义的价值取向背道而驰。

撕书，与前人“敬惜字纸”的文化传统就格格不入。宋代王曾的爸爸因为敬惜字纸，王曾便在科举考场上连中“三元”，还当了宰相；此外，还有人放出过狠话：“污践字纸，即系污蔑孔圣，罪恶极重，倘敢不惜字纸，几乎与不敬神佛，不孝父母同科罪。”这些例子都有些极端，王曾父子那里的因果关系也并不成立，闻之一笑可也，但“敬惜字纸”的实质，却是代表着古人发自内心地敬重文化。今天的垃圾出版物诚然众多，但高三学生撕的，显然不是这一类，是以为大功告成后的过河拆桥，知识在他们眼里只是进阶的工具，内心里实际上对文化缺少起码的尊重。有业界知名人士认为只要减压有效，就不必苛责。真是数典忘祖！因此，我倒是赞同厦门的做法，觉得不妨推而广之。

掷西瓜就更过分了。“盘中餐”自“粒粒皆辛苦”而来，盘中水果也是同样。从现场照片看，红色的瓜瓤散落在绿色的草地上，分外刺眼。青岛去年差不多这个时候也砸过西瓜，砸了 4 吨之多，但那些是“问题西瓜”，吃过的人有十几人发了病，被诊断为有机磷中毒，因为西瓜上的农药残留超标，还导致一名怀孕 3 个月的孕妇流产。所以商家把剩下的“问题西瓜”搬了出来，任由市民销毁，砸的前提是那些西瓜已经不能食用了。武隆这里则纯粹是嬉戏。当然了，活动举办方振振有词，说什么武隆是个小县城，每年都有很多卖不出去的西瓜，“西瓜拿来用了总比烂在地里好”。言下之意，他们倒成善人了，解决了当地西瓜的滞销难题。

滞销就只有糟蹋之一途吗？肯定不是。4 月下旬，《南方农村报》一则关于徐闻菠萝滞销的报道引起了全国人民的关注。徐闻县这个中国最大的菠萝生产基地，菠萝一度滞销，严峻形势为近 20 年来罕见。但是，在媒体的呼吁，民间爱心人士，尤其是“互联网＋”的共同作用下，“救市”的成效显著。“菠澜”过后，需要反思的问题当然很多，如何规模化种植，如何公司化经营，电子商务如何应用，等等。但是无论如何，所谓“过剩”的出路不会是为娱乐提供“武器”！

近年来，一些地方开始大张旗鼓地糟蹋起东西来，前提大抵是腰包鼓了。玩儿什么“番茄大战”“豆腐大战”之类，此伏彼起。如果是直接从人家那里模仿而来的东西，要考虑那些是否适合我们的国情，不能不分青红皂白地引进；如果是硬要与民俗“搭讪”的话，也要考察一下那是不是属于民俗中的陋俗，是不是应该淘汰而不是传承。武隆的“西瓜大战”，主办方便一语道破天机：“在世界各地很多地方都已经做过了，觉得有意思。”

由糟蹋东西想到新近有个说法："70后不愿种地，80后不会种地，90后不提种地。"折射出了当代农村的某种真实现状。倘若"西瓜大战""番茄大战"得不到遏制的话，在下要续上一句："00后不知种地。"因为他们可能以为西瓜、番茄这些东西不是地里长出来的，而是工厂生产的，用来玩儿的。

（2016年5月31日）

署名问题原本可以成为美谈

因为论文署名问题，复旦大学"70后"海归副教授郑磊这几天备受舆论点赞。起因在于，他与研究生合写的论文拟被国内一家核心期刊采用，但对方提出硕士生不能与导师联合署名，即使名列第二也不行，"除非是博士生"。郑磊认为这是对学生成果的不尊重，"只能撤稿了"。

那家核心期刊为何有这种署名要求？假以时日会得其详。这些年我们已见识了不少署名问题，与这种大异其趣。那是接连曝光的论文"抄袭门"的一个共性：败露之后，原本与学生共同署名的导师类人物都缩起了头，要么声称只是帮助学生发表，要么声称自己是"被署名"，并不知情。这里面有几个名牌大学的副校长，甚至还有中国工程院院士。但那些导师究竟窦娥与否，沸沸扬扬之后便如泥牛入海，变成了"你懂的"。

署名问题原本可以成为美谈。宋朝张邦基认为，欧阳修是"本朝第一等人也"。空口无凭，他举了四件事用以佐证，其中第二件就是《新唐书》（彼时尚称《唐书》）的署名问题。《新唐书》由欧阳修领衔编纂，但列传部分是宋祁执笔。编纂这种"大部头"，署名"向有旧例"，即"只列书局中官高者一人姓名，云某等奉敕撰"。因为欧阳修的官阶高过宋祁，所以循例没有宋祁的份儿，但欧阳修说："宋公于列传，亦功深者，为日且久，岂可掩其名而夺其功乎!”于是《新唐书》破天荒地将两人姓名同时署上，宋祁感慨地说：“自古文人不相让，而好相陵掩，此事，前所未闻也。”

今天我们见到的《新唐书》正是这样署名，而如《旧唐书》就是“刘昫等撰”、《晋书》就是“房玄龄等撰”，这一“等”，等掉了不少幕后英雄。比如《晋书》就“等”掉了 20 人，实际上呢？光监修就有三位，房玄龄只是其一，另外还有褚遂良、许敬宗，其余 18 个动笔的人，如令狐德棻、敬播、李淳风、李义府等，就只好屈居“前言”“后记”之列，一笔带过了。郑磊不知了解这些前事与否，行动上是暗合的。他拒绝了将学生名字写进论文“致谢”部分的建议，认为“把学生名字拿掉，我良心上过不去”。

房玄龄官至宰相，当时的位阶最高，署名遵循的正是“旧例”，但那些东西毕竟拿得出手，表明不虚。二十四史中的《宋史》《辽史》《金史》，署名脱脱等编纂，“等”掉了多少不论，然三史质量着实参差不齐，尤其《辽史》，按中华书局的出版前言来说，“既没有认真搜集和考订史料，再加上纪、志、表、传之间相互检讨也很不够，因此前后重复，史实错误、缺漏和自相矛盾之处很多。甚至把一件事当成两件事，一个人当成两个人或三个人”。这就说不过去了。因此也不难推断，同样身居相位的脱脱虽然署了名，在编纂中所起的作用恐怕就是给项目立项，争取经费而已，其他两眼一抹黑。果真的话，这种署名问题，跟前几年曝光的那些便“何其相似乃尔”了。

郑磊之所以坚持给学生署名，因为在这篇论文写作过程中，“学生不是帮忙搜集整理资料那么简单，而是紧密合作的关系”，而“学生致力于研究，应该被鼓励，学生时期能成功发表一篇有价值的论文，对激励其学术发展，培养学术自信都意义深远”。在他看来，这不是人情论文，像别人那样捎上个学生以提携，而是事实如此。那家核心期刊的担心，估计也正在这里，他们想来见识了太多的人情论文，不小心搞了株连，“假做真时真亦假”嘛。

那么归根到底，如果大家都本着实事求是的态度，论文署名又如何会成为一个问题？不仅不会成为问题，如我们所见，无论在历史上还是今天还都能成为美谈。推而论之，凡事实事求是的话，又岂止论文署名如此？

（2016 年 6 月 23 日）

赞立法保护岭南中药材

7 月 11 日，广东省人大常委会《广东省岭南中药材保护条例》起草立法工作研讨会在茂名举行。这一拟于今年出台的条例，将从种源、产地、种植和品牌四个方面，对岭南中药材进行立法保护，其中化橘红、沉香等五种的原产地或主要产区都在茂名市。诚如与会专家所言，省人大常委会在全国率先立法保护中药材，利在当代，功在千秋。

前两年我参观过位于广州大学城的广东中医药博物馆。甫一进门，映入眼帘的情景即非常壮观。那是由 600 瓶岭南中药材原色液浸标本组成的两面“高墙”，每个瓶子大约半米高，直径至少半尺，书架一样叠上去，贯通了 3 个楼层。加上光线设计得好，令标本瓶晶莹剔透，色彩斑斓，站在馆内不同楼层观赏，都会呈现出不一样的视觉美感。仔细看去，每个标本瓶的旁边都有铭牌，标明药材的名字，扶桑、两面针、溪黄草、五指毛桃什么的。

药材即可供制药的原材料，在我们国家尤指中药材，也就是未经加工或未制成成品的中药原料。在我们的众多神话传说中，“神农尝百草”是很有名的一个，这一尝，尝出了百草“平毒寒温”的药性一面，于是就有了草药。先秦成书的《山海经》，堪称上古社会生活的一部百科全书，其中也有医药部分，不啻中华民族最早的中药材档案。到西汉，刘向褪去了中药材的神话色彩：“今夫辟地殖谷，以养生送死。锐金石，杂草药，以攻疾苦。”研究指出，中药学正在西汉初具雏形，现存最早的草药学专著《神农本草经》即成书于这一时期。所谓本草，在于中药材中以植物药居多，“诸药以草为本”之意。《神农本草经》既出，后世各种本草著作莫不以之为宗，中药材著作直接以本草命名的，如恒河沙数，到李时珍的《本草纲目》达到了一个辉煌的顶峰。

中草药能够治病，是由“草”的药物性能决定的。药物的不同性能，以及药性的不同组合，构成了药物作用的千差万别。唐朝甄权所著的《药性论》早成佚书，但后人从他书中还是能辑出许多佚文，从而得知该书以讨论药物性能为主。有趣之处在于其所承袭的前人观点：把草药分出三六九等，名之以君、臣、佐、使等药，其中君药76味、臣药72味、使药108味。这样划分，与天人感应的原理不同，具有“社会学”的意义。用沈括《梦溪笔谈》中的话说：“其意以谓药虽众，主病者专在一物，其他则节级相为用，大略相统制。”跟治理国家有那么点儿近似的意思。不过，沈括显然不认同这种借喻，他不客气地指出：“《药性论》乃以众药之和厚者定以为君，其次为臣、为佐，有毒者多为使，此谬说也。设若欲攻坚积，如巴豆辈岂得不为君哉?”巴豆，众所周知是强力泻药，一服即灵。在甄权的分类中，巴豆显然不在君药之列。当然，草药可分君臣，并非《药性论》的原创，借鉴了《内经》《素问》那些奠基性的中医著作。

中药材的名称异彩纷呈，有以十二生肖的，有以天地人日月星辰的，以春夏秋冬东南西北的，其他诸如产地、数字、颜色、气味、功效等，应有尽有，药名因而可以成诗，或径用，或谐音，或双关。比如《青箱杂记》记载的陈亚，“尝著药名诗百余首，行于世”，至于凡事都到了可以用药名来填诗作词的程度，自认为“药名用于诗，无所不可；而斡运曲折，使各中理，在人之智思耳”。有人想难倒他，问“延胡索”能入诗吗?”他想了很久，还是吟出“布袍袖里怀漫刺，到处迁延胡索人”，以为“此可赠游谒穷措大”。陈亚和章得象“同年友善”，章发迹了，要提拔一下朋友，陈亚作了阕《生查子》：“朝廷数擢贤，旋占凌霄路。自是郁陶人，险难无移处。　也知没药疗饥寒，食薄何相误。大幅纸连粘，甘草《归田赋》。”表明自己没那种再当上去的瘾。在这里，蒴擢、凌霄花、桃仁、芫荑、没药、薄荷、大腹皮、甘草等都是中药材，所以陈亚有“近世滑稽之雄”的雅号。

《青箱杂记》是北宋元祐年间的作品，意味当时陈亚的《药名诗》或许独步天下。如我们所看到，这些作品不是一句“滑稽”所能承载，表明了中国药文化源远流长、博大精深，超越了其作为治病的范畴，构成了中国优秀文化的重要组成部分。

（2016 年 7 月 15 日）

勉县径直改回“沔市”好了

昨天的消息中看到，陕西勉县撤县设市领导小组办公室发布通告，面向全社会开展撤县设市城市名称征集活动。因为“勉县内外勉县籍人士和关心关注勉县发展的人士都可参与”，在下也就不揣冒昧。殊为可惜的是，这则消息有这么一句：征集时间从 2016 年 7 月 1 日至 7 月 10 日。那就意味着，现在再说什么都等于废话一堆了。

白说也说一说吧，即便是在规定的时间内，说的也难免不是废话。我想建议的是既然铁定了要改，那么“勉县”的“勉”干脆改回原本的“沔”好了。也就是说，径直就叫沔市，而不是候选的定军山市、武侯市、诸葛市、三国市等等。这些候选名字借鉴的应该是其他成功改名的地方的经验，但事实多少证明，在这个讲文化的时代，那种由本地风景名胜乃至土特产赤膊上阵充当地名的做法，操作者可能自鸣得意，冷静的旁观者则认为问题还不在于直白得毫无回味余地，而在于恰恰是在曲解文化、抹杀文化。这种改法顾及的只是眼前利益，充其量权一时之需，就像不久前沸沸扬扬的“徽州复名”中首任黄山市市长崔之康所说，“徽州”改“黄山”有一定合理性，符合当年的实际需要。仅此而已。所谓“实际需要”基本上就是经济发展需要，当年如此，现在亦然。

民政部 2012 年印发了《全国地名文化遗产保护工作实施方案》，其中在“重点保护对象”条款里有“千年古县地名文化遗产”这一项，明确重点保护的理由在于：“千年古县积淀了深厚的历史文化、地理文化和乡土文化，是中华传统文化的基本单元，其历史悠久的地名承载着深厚的地域文化信息。”稍稍爬梳一下勉县的历史沿革便可知道，它正属于千年古县之列。勉县的原名叫作沔县，因沔水而得名，汉朝的时候就已经有了，元置沔州，明改沔县。直到 1964 年 9 月，“沔县”才被改为“勉县”，原因不过是“沔”字“生僻难认”。我们当然不必苛责当年的这一更改，那种改不仅没有功利的动机，而且出发点正基于文化。如今我们的国民图书阅读率虽然有持续下降的态势，但文盲率更呈断崖式下降早就是不争的事实，那么“勉县”如果回归本来面目，在“生僻”与否这一点上就已然没有任何障碍可言。然而，他们打的却是另起炉灶的主意，好像历史悠久的“沔县”只存在三国这一段。

三国这一段在勉县历史上的确是最风光的。就说定军山吧，《三国志》载，诸葛亮遗命“葬汉中定军山”，表明他的墓就在这里，如今那里的“武侯墓”也确是全国重点文物保护单位。按《三国演义》的说法，蜀汉大将黄忠在定军山斩了曹魏大将夏侯渊，曹魏大将钟会后来杀到定军山，“忽然狂风大作”，因为诸葛亮在显圣。如此等等，这类的故事当地人自然掌握得更多。但是定军山这个古战场能否因此担当起虽然只是县级的市的大名？倘若勉县可以改成定军山市，那么陕西宝鸡岐山哪一天“撤县设市”，岂不是非“五丈原市”而莫属？定军山、诸葛亮无疑是勉县最拿得出手的文化符号，但这些符号终究属于极其狭义的文化范畴，像之前那些特产（如普洱）、风景（如张家界）摇身一变成为地名的一样，自我矮化了应有的文化高度。

地名保护一直是一个热点话题，关于“徽州复名”问题的争论更使之热上加热。从这个角度来看，勉县的公开征集改名实在有点儿生不逢时。那位黄山首任市长还说了，“考虑到文化的正本清源”，黄山应该考虑改回徽州了。但是，与其折腾来折腾去，如勉县这类地方何妨就从“正本清源”考虑，先来个“勉县复名”？尊重老地名，不要随意放弃，嘴上说起来容易，终究需要行动来检验。

（2016 年 7 月 20 日）

在“四大发明”之外

前不久，中国科学院正式向社会公布了他们经过近三年研究而遴选出的 88 项中国古代重大科技发明创造。在“四大发明”之外，补充了 84 项。遴选的依据是，“某项发明的原创性，要有可靠的考古或文献证据，能证明它是迄今所知世界上最早的，或者属于最早之一且独具特色”。这项研究很有意义。

“四大发明”我们早已耳熟能详。除此之外，我们这个文明古国还有哪些科技成果对世界文明产生了重要影响，是个很有必要厘清的问题。首先，它能够治疗我们一些人的妄自菲薄症；其次，它能够使我们对日常生活中已经司空见惯，但原来对人类生存和发展有着那么大贡献的成果“恍然大悟”，进而因为“地位”的明确而理所应当地敬重起来。像水稻、粟、大豆、茶树，以及柑橘栽培等，原来都为我们的祖先所“最先”，还不足令我们在倍感亲切的同时肃然起敬吗？

这 88 项重大科技发明创造分为三类：科学发现与创造、技术发明、工程成就。我们看到，这些成果在对世界文明作出贡献的同时，首先对自身发展起到了重要作用。举“技术发明”里的“竹子栽培”为例。《诗·卫风·淇奥》每章即以“绿竹”起兴，“瞻彼淇奥，绿竹猗猗”云云，借绿竹的挺拔、青翠、浓密来赞颂君子的高风亮节，在文学作品中率先以竹喻人。淇，淇水；奥，弯曲处；猗猗，长而美。《诗》所收集的歌谣年代在西周初年至春秋中叶（前 11 世纪至前 6 世纪），中科院的成果界定“竹子栽培”年代为3000多年前，这就等于是说，此项技术诞生未几，已经被民间成熟地运用于比拟了。竹子清姿瘦节、挺拔高傲的外表，自此每为后世文人雅士所寄托、所自况。魏晋时产生了大名鼎鼎的“竹林七贤”，郑板桥的“衙斋卧听萧萧竹，疑是民间疾苦声”，更将单纯的自我陶醉提升了一种境界。当然，“竹子栽培”在文化领域产生的最重要贡献还在于其成为古代文献的重要载体。众所周知，纸张发明和广泛应用前，前人的书写材料是简牍帛书，其中的简就是竹简。正是因为云梦秦简、敦煌、居延、银雀山等汉简的重见天日，今天才有了直接触摸历史的文献资料。

不大理解的是，“工程成就”里的“安济桥”为什么不直呼为“赵州桥”。安济桥可能是原名，而赵州桥却也并非今名。唐朝张鷟《朝野佥载》已经说到：“赵州石桥甚工，磨砻密致如削焉。望之如初日出云，长虹饮涧。上有勾栏，皆石也，勾栏并有石狮子。”玄宗时的宰相张嘉贞更有《赵州大石桥铭》，且直接道出了修桥者的姓名：“赵郡洨河石桥，隋匠李春之迹也。”至于桥之本身，张嘉贞觉得“制造奇特，人不知其所以为”。奇特在哪里？张嘉贞外行看热闹：“试观乎用石之妙：楞平砧柳，方版促郁，缄穹隆崇，豁然无楹，吁，可怪矣！”他是惊异于石料的边棱平直，如砧石般整齐排列，构成的主拱又大又高，却连一个柱子也没有。在梁思成先生那里则是专业视角。他说，“罗马时代的水沟诚然也是券上加券，但那上券乃立在下券的券墩上”，而赵州桥“这种将小券伏在大券上，以减少材料、减轻荷载的空撞券法，……至十九世纪中叶以后，才盛行于欧洲”，这么一算，欧洲同类桥梁的出现较之赵州桥，“竟是晚七百年，乃至千二百余年”。赵州桥之所以伟大，也正在这里。人们心目中已然根深蒂固的赵州桥，忽然给叫成安济桥，有这个必要吗，不会引起混乱吗？

在全球史视野下盘点中国古代重要科技发明创造，中科院这项成果提供了全面、准确的答案。可以预见，随着研究的深入，清单还会得到不断地更新。我们在关注名单长短的同时，更应当关注的是它们所蕴藏的文化内涵。如此，则不仅等于温习了我国古代的文化史、文明史，而且对于提振民族自信心无疑也大有裨益。

（2016 年 7 月 25 日）

跟动物可以讲人的法律吗？

八达岭野生动物园的老虎袭击游客之后，舆论从几乎一边倒地指责伤者漠视规则，到有人站出来指责这样的舆论“猛于虎”，正像先前的诸多新闻事件评论一样，一会儿一个风向，最后不了了之，不大可能廓清什么认识上的迷雾，基本上属于扰攘一阵而已。从本次新闻中，我倒是窥见了些许“趣事”——声明一下，绝无对伤人事件幸灾乐祸的成分，而是有传言称伤人的老虎可能会被处死，“趣事”就发生在这里。好在有关方面及时以纯属谣言进行了回应。

这就对了。跟动物讲人的法律，真亏那些人想得出，可能吗？即便可能，也只是古人的“专利”。以虎而言，东汉的童恢这么干过。清朝龚炜的《巢林笔谈》说，童恢为不其令，“邑有虎患”，他派人捉来两头，还搞了当庭审讯：“王法，杀人者死。汝若杀人，当伏罪；不者，号冤。”结果，“一虎低头作震惧状”，童恢知道这是吃过人的家伙，“即杀之”；另一头呢，“视恢鸣吼，若诉冤者，遂释之”。任何头脑正常的人，都会认为这种做法纯属扯淡。“王法”诚然杀人者死，“虎法”饿了要吃，见到活的生物要扑，怎么可能拧到一块去？不过龚炜显然也是把它当寓言来看的，他要表达的真实意思是：“我尤异夫伏罪之虎，就死而不欺其志，愈于人之奸遁百出者多矣。”即是说，有些人连动物还不如，逮到了都不认账，何况主动坦白。

跟动物讲人的这个那个，最有名的非韩愈莫属。他当年在潮州弄篇文章，讲道理加恐吓就驱赶了鳄鱼。时人还毫不吝惜地掷去一顶大帽子：自是潮人无鳄患。怎么可能呢？宋太宗时陈尧佐任潮州通判，就发生了“民张氏子与其母濯于江，鳄鱼尾而食之”的惨案，像八达岭这里一样，“母弗能救”。韩愈驱鳄得手于一时可能不假，但罩上的神秘色彩也使他受到了后世的不少苛责，王安石就说他“诡怪以疑民”。乾隆的时候闹蝗灾，有人拍马屁请皇上如法炮制，挥挥大笔，乾隆在这个问题上还算清醒：“若欲假文词以期感格，如韩愈之祭鳄鱼，其鳄鱼之远徙与否，究亦无可稽求，未必非好事者附会其说。朕非有泰山北斗之文笔，似此好名无实之举，深所弗取，所请不必行。”表达对韩愈的那套做法根本就不相信的态度。

说回老虎。宋人笔记《湘山野录》记载，杨叔贤为荆州幕，也是有老虎伤人，他就在虎穴那里“摩巨崖大刻《诫虎文》”，连文字也与韩愈的《鳄鱼文》相仿，什么“咄乎，尔彪！出境潜游”等等，给老虎下驱逐令。后刻碑的事还没完工，杨叔贤改官知郁林，委托知军赵定基继续此事，自己则打算把这一套带到岭南，当成经验来推广，所谓“岭俗庸狭，欲以此化之”。与此同时，自己还雄心勃勃地赋诗言志：“且将先圣诗书教，暂作文翁守郁林。”摆出一切都步韩愈后尘的架势。可惜他走了没多久，赵定基就接到报告：“摩崖碑下大虫咬杀打碑匠二人”，老虎干脆把工匠给咬死了。这件事赵定基当即报给杨叔贤，不知他以及那些欲用人的法律来训诫动物的人们作何感想。

老虎终究是老虎，行事出于其动物性的本能。人跟动物讲人话，衡之以人的法律，风马牛不相及，表现出的不仅不是所谓法制观念的增强，反而与闹剧庶几相当。八达岭这里即便要了伤人的老虎的性命，剩下那些也不可能“引以为戒”，今后哪个游客要是不听劝阻非要下车，照样会发生不堪的后果。因此，尽管此番这两只老虎作案证据确凿，但任何处理结果却都该不关“肇事者”甚事。

（2016 年 7 月 27 日）

以“墨子”命名量子卫星乃不二之选

我国即将发射的全球首颗量子科学实验卫星，被正式命名为“墨子号”。

墨子，我们都知道是春秋战国时墨家学派的创始人，“诸子百家”中的一子。量子卫星，是中科院空间科学战略性先导专项首批科学卫星之一，升空之后，将在国际首次开展星地高速量子密钥分发、空间尺度的量子隐形传态等多项实验。这些专业词语对我们许多人来说如读天书，但墨子是相对熟悉的，“兼爱”“非攻”嘛，还有他那个“为木鸢，三年而成”的故事一般也都知道，虽“蜚一日而败”，但弟子们佩服不已：“先生之巧，至能使木鸢飞。”木鸢，被认为是风筝的始祖。

这样一位古代思想家又怎么与现代量子科学实验卫星产生了交集呢？报道给我们释疑了。老一辈光学、科技史研究者钱临照先生对墨家经典著作《墨子》有过深入研究，发现其中有不少与现代科学知识相通的记载，在《经下》与《经说下》篇中便各有八条相关内容，称之为“光学八条”。如《经下》中的“二临鉴而立，景到，多而若少，说在寡区”，是说两个人站在镜子前面，影子相反，若大若小。原因在于镜面弯曲。又如《经说下》中的“光至，景亡；若在，尽古息”，是说光线照得到的地方，就不会有影子；如果光线一直存在，也就一直不会有影子。诸如此类。用专业人士的说法，叫作墨子在两千多年前就发现了光线沿直线传播，并设计了小孔成像实验，奠定了光通信、量子通信的基础。

别看《墨子》这些文字今天读起来这么费解，墨家在当时却是与儒家并列的两大学派。孟子说过：“墨翟之言盈天下。”韩非子也说过：“世之显学，儒墨也。儒之所至，孔丘也。墨之所至，墨翟也。”

只是这门当时的显学，自秦汉开始便日渐式微。根据孙启治先生的观点，正是因为墨子主张的“兼爱”“非攻”，平等地爱一切人，必然会反对一切攻伐别国的战争。并且，墨子不止口头反对，还积极研究防御进攻的方法。《公输》篇中，他与公输班（亦写作“公输盘”）较量的故事印象中是收进中学课本的。“公输盘为楚造云梯之械，成，将以攻宋。子墨子闻之，起于鲁，行十日十夜而至于郢”云云，说服不了一定要侵略的楚君，墨子乃“解带为城，以牒为械”，与公输盘直接较量。结果，“公输盘九设攻城之机变，子墨子九距之。公输盘之攻械尽，子墨子之守圉有余。公输盘诎”。在孙启治先生看来，墨子的“兼爱”以及一连串的“非”，非攻、非乐、非儒、非命等等，“都为统治者所不欲，也不可能做到，因之必然遭到他们的反对”，所以，“士大夫学者和一般读书人自然不会去理会《墨子》”。

回到科学层面，制作木鸢一类实为不能再小的小儿科，墨子当时也意识到了：“吾不如为车輗者巧也。用咫尺之木，不费一朝之事，而引三十石之任，致远力多，久于岁数。”在《鲁问》篇中，鲁班“削竹木以为鹊，成而飞之，三日不下”，正当他“自以为至巧”之际，墨子又说了：“子之为鹊也，不如匠之为车辖。须臾斲（同“斫”）三寸之木，而任五十石之重。故所为巧，利于人谓之巧，不利于人，谓之拙。”墨子不会想到，他的奠定了光通信、量子通信基础的那些知识，在后世真的“利于人”了。那么，以“墨子”来命名这颗实验卫星，实乃不二之选。

以传统文化中的代表人物或标志性符号来命名航天器或空间探测器，是近年来的一个常见做法，因此我们在太空中真的看到了“嫦娥”“悟空”。量子科学实验卫星首席科学家潘建伟院士说：“就像国外有伽利略卫星、开普勒望远镜一样，以中国古代伟大科学先贤的名字来命名全球首颗量子卫星，将提升我国的文化自信。”信然。借此唤起国人对传统文化的关注，也是其功不可没之处。

（2016 年 8 月 15 日）

有时真的希望自己成为杞人

郑州花了6.5亿元建起的立交桥全面通车才两个多月，就演变成了郑州市区的有名“堵点”，1公里的路要走半小时，新建成的道路变成了新建成的停车场。这则新闻想必已为大家所关注。我们回头查看当地媒体当时关于“郑州最复杂立交桥”即将通车的报道，却无不乐观地预计“这一区域过去的交通拥堵状况将彻底成为历史”。事与愿违，在我们已是一种常态，不拘领域、部门。我在2004年的一篇评论中就说过：每一项交通拓宽工程或枢纽工程竣工之时，预期的乐观态度都与客观现实构成残酷的对比。有一段时间，对这种常态有一个常见的“开脱”理由：初衷是好的。

这里无意去翻先前的什么旧账，所以也要跟着议论一下，在于预感到郑州的这种情况在广州可能很快也会遇到，所谓物伤其类吧。对广州道路交通建设稍有关注的人，都知道广州大桥的拓宽，就是在广州大桥东面2米处增建一座外观与旧桥十分相似，宽24米的新桥。现在，大桥的主体工程早就已经建好了，7月本埠媒体甚至发出消息：力争在8月30日完工。有人在大桥下面还看到了“争分夺秒保830，一丝不苟创精品”的横幅。现在快到9月底了，还没有通车。当然，什么时候通车并不要紧，要紧的是通车之后能否达成拓宽的初衷，亦即解决现有的交通“梗阻”问题。当初准备拓宽而征求意见之时，我以自己差不多每天行走的经验曾经发出这种担心；当有了郑州这个“标本”之后，更难免担心会步其后尘：拓宽了的大桥通车之后，两头的立交桥极有可能成为新的瓶颈。就近几个月的持续观察来看，至少中山一立交由南向北已经成了瓶颈，遑论大桥通行能力提高一倍之后！

广州大桥是在我初来广州读书的1985年建成通车的。某个天气晴朗的下午我曾经趴在桥栏上观看工人们拆除建桥留下的脚手架，都是竹木的，拆掉之后笔直地丢落江里，下面的小船再去打捞。对这种聪明的做法，我带着一种欣赏的眼光。大桥的东侧就是田野，近在咫尺的赤岗塔，周边簇拥着水田。当时广州城区地图的东部即以广州大桥所在的广州大道为界，天河那边要在地图背面去找……广州大桥的设计在当时应该是合理的，在我这个外行看来，至少合理在路桥几乎等宽。忽然某一年，广州大道中拓宽了，拓宽了一倍不止，结果把广州大桥弄成了“哑铃”的细柄。所以说忽然，我在当时发表的《信息发布干嘛要慢几拍?》中说得明白，市民但见两侧的绿化树被砍，不知是要干什么。广州大桥拓宽工程在这一点上无疑是进步了，作为广州市重大城建项目公众咨询监督委员会首个参与咨询的重大项目，用公咨委新闻发言人的话说，“是广州重大项目决策民主化的起点”。拓宽的用意，显见是与道路的宽度进行“无缝”对接。但是两头下桥之后旋即遇到的立交桥呢？显见又将是新的瓶颈。这在当时，便已然是明摆着的问题。

如果说，我们的许多规划只是盯着“点”而不是盯着“线”，是“只见树木不见森林”，肯定没有任何单位和部门接受。但事实上，“顾”了这里“失”了那里的事情真的很多。广州大桥拓宽之后的成效，很快就可以接受检验，但愿我是杞人。在这个问题上，我还真的非常希望成为杞人。

（2016 年 9 月 20 日）

为共享单车立法很有必要

共享单车如今是城市的一道新景观，红的、蓝的、黄的，走在广州街头，举目可见。2016 年是共享经济的元年，共享单车正是这一理念的产物。运用了互联网、GPS（全球定位系统）定位等新技术的摩拜等共享单车，以其“随骑随停”的自由属性带给市民舒心的享受。据统计，2016年我国单车租赁市场规模达0.54亿元，用户已超过400万人。共享单车优点多多是毋庸置疑的，但是也带来了相应的一些问题。所以在今年1月多地召开的两会上，共享单车成为代表委员热议的话题之一。广州市人大代表、广州市天源实业有限公司董事长温良就提交了相关建议，呼吁尽快为城市共享单车规范化管理立法。

为共享单车立法，很有必要。从其优点来看，当下公共交通还难以满足与人们的目的地实现无缝对接，共享单车正很好地填补了这一空白，解决了长期以来困扰人们出行的所谓“最后一公里”问题。而无论是发展多年的公共交通，还是近两年兴起的网约车，都不能很好地解决这一问题。并且，在引领中国发展全局的“五大发展理念”中，“绿色”占据其一，共享单车的出行方式完美地契合了这一理念。但是像任何新生事物一样，共享单车也不可避免地会带来相应的问题。从根本上看，它的“出身”就有疑问。因为共享单车不是公共单车，公共单车是政府主导的公共服务，共享单车的实质是企业名下资产通过网络平台租赁单车的服务，但这些车辆并未列入工信部非机动车销售目录，所以法律层面上首先需要确立其地位，就是如何通过立法把共享单车这种新业态纳入政府管理范畴。

从相对微观的视野看，共享单车大批量、高密度的投放，占用了公共道路和停车位资源，加上停放点分散，管理跟不上，有“失控”之虞，还带来了一系列诸如骑行不规范、停放不规范，甚至影响市容等问题。与此同时，文明的缺失，导致共享单车的使用也问题多多，如车篮、车把等零件被损毁，车辆使用后被随意丢弃，毫不爱惜，或被挂在树上，或被扔进河中……五花八门的破坏方式，在多个城市都不断上演。因此，为共享单车立法，微观层面至少有两点就需要考虑。首先为共享单车定位并制定规划，规范其有序发展，这就涉及共享单车的投放总量控制。上月的一项数据显示，广州共享单车投放已达20万辆，究竟能承受多大规模需要总体规划。其次要制定相应的使用规则，在教育、规训与惩罚方面着力，甚至可以建立黑名单制度，对使用者的诚信行为进行记录，发挥好共享经济的特色。有一点需要明确，为共享单车立法的目的，绝不是要简单地管住或者扼杀共享单车。

共享单车的出现，某种视角上可以看作单车这种出行方式的“回归”。在大跨步进入“汽车时代”之前，单车曾经是我国各地的一大景观，然而，单车也早已沦为“姥姥不疼，舅舅不爱”的角色，名之曰“弱势交通运行方式”非常准确。以我前些年还在骑单车的经验，骑行中甚至有“受辱”的感觉，因为许多主要道路都明确要求单车“人行道上推行”。在城市规划和建设方面，很少或几乎不考虑单车的存在。记得建设部有位副部长来广州，大赞广州气候如何适宜，鼓励市民以步行和骑单车的形式出行。这本来是个好主意，更不要说还“可节约大量的能源”，但我在当时就撰文认为，副部长平时显然是不骑单车的人，因为他并不知道，在许多中国城市的许多主要道路，单车道都已经被理所应当地取消了。为城市规划者设身处地一下：地面就那么大个地面，一方面不限制发展汽车，保有量呼呼地上窜，一方面又要照顾单车的出行，二者岂可得兼？共享单车的出现，或将倒逼不少城市将原本信誓旦旦的慢行系统规划和建设真正提上日程，并付诸行动。从这个意义上看，为共享单车立法，促进共享单车良性发展更有必要。

据悉，目前在立法道路上走得比较快的是深圳市。去年 12 月 27 日，深圳市交通运输委公布了《关于鼓励规范互联网单车的若干意见(征求意见稿)》，拟通过总量控制，做好配套停车位建设、强化用户信用管理等手段，对共享单车的发展加以治理。期待在这一立法领域，广东人大尽早为全国贡献“广东智慧”。

（2017 年 2 月 15 日）

认识传统村落还有极大提升空间

4月中旬，广东省人大《人民之声》杂志社组织在广州、东莞两地的部分全国、省、市、镇人大代表，到东莞举行座谈会，就如何加强古村落的保护与新农村建设工作建言献策。报道说，在人大代表的监督、政府的推动下，近年来南社村针对古村落保育与活化进行探索，走出了一条富有特色的古村落保育与活化之路，成功打造了古村转型的“南社模式”。

这个活动很有意义。传统村落是人类在生产生活中与自然环境不断作用、不断适应的产物，相当于农业社会政治、经济、文化的鲜活载体。当其营建之时，就地取材，因材施用，积累和发展成为富有鲜明地域特征的技术与制度，具有丰富的历史、艺术与科学价值。我国绵长的历史，孕育出了丰富多彩的地方村落文化。传统村落的内涵与风格，不仅在不同时代呈现出不同特点，便是同一时代的不同地域，也呈现出完全不同的表现形式。早些年国家发行过一套民居普通邮票，有二十几枚之多，展示的分别是云南、上海、安徽、陕北、福建等各省民居，其中并没有广东的，我想，这不是因为广东民居没有特色，而是广东三大族群——广府、客家、潮汕——的民居各自的特色太过鲜明，拎出任何一个都涵盖不了其他两个吧，因而估计是设计者忍痛割爱的成分居多。从传统村落的这种历史文化魅力，对司空见惯的当地人来说，可能不觉得什么，但对“外人”来说，放在人类物质文明的层面，就是其文化特质所在、魅力所在。我至今清楚记得1991年在平远县从事人类学田野调查时，第一次目睹客家围屋时的激动乃至震撼，以后又多次到梅州，但那种欣赏与品味的激情并没有减弱半分。从理性层面看，加强传统村落保护可以为城镇化发展保留可资借鉴的历史文化脉络，更好地体现地域特征和民族特色。而且，重要的是，传统村落还有维系中华民族最为浓郁的乡愁的功能，是重要的乡愁文化符号。

显而易见，当村落文化日渐消亡之时，才日益引起了我们的重视。所以我想，因为建筑与人文内涵而忝列文保单位的传统村落、传统建筑固然要格外青睐，但着眼点还不能局限于此。也就是说，我们保护传统村落的基点不能建立在能否带来经济效益的层面，而应当建立在作为乡土建筑“活化石”的文化层面。诚然，一个地方没有文化也能生存下去，但可能生存得档次低下，更可能生存得缺少教养。一个国家一个民族要保护自己的文化，延续历史，而国家、民族的文化，何尝不是由涓涓细流汇集而成？农村如此，城市也是这样。同样显而易见的是，有效地保护农村传统村落、城市传统建筑，前提须是“一锤定音”的决策者要认识到传统文化的珍贵性和不可再生性，在农村或城市的改造建设中，要更加重视保护传统村落、老城区的历史文化底蕴，更好地保护历史文化空间，传承历史文化脉搏，而不是改造到哪里就让推土机推向哪里，改造不等于简单的拆旧房建新房或高楼。消灭了那些历史的见证物，就等于人为地抹掉原本生动多样的历史片断。如今，在城市发展中已经逐渐认识到了这一点，对传统村落保护的认识却还有极大的提升空间。

农村的历史文化遗产，同样是先辈智慧的结晶，同样是一条不可割断也不该割断的历史文脉。所以我常常想，很有必要在农村大力普及文物知识，告诉人们不可以把文物片面地理解成值钱的古董，单纯地和经济价值挂钩，而应当让他们知道，这些祖先传承下来的属于不可再生的文化资源如果不好好保护，既愧对先人，更愧对后人，必须以应有的敬畏与尊重对待之。再以客家围屋为例，现在到梅州还能举目可见，但是人多地少、财力有限的矛盾，令今后的保护工作一定会面临很大困难，但是无论如何，都应当先有保护意识，再有保护行动。2015 年，梅州已经成为全省首批获得地方立法权的设区市之一，其地方立法就应该以之为突破口，诸如全面调查围屋的分布、数量、保存现状等情况，并开展测绘，建立文字、图片、录像等档案。这项工作应属当务之急。

由“南社模式”还想到遍布在全省各地的古村落遗存，目前已经评选出“最美”“十大”一类，但仅仅这些还远远不够，这些吸引眼球的东西搞过之后，更应该以点带面，促成人们对岭南传统村落的深层理解与发自内心的钟爱。只有真正认识到其中蕴含的文化之美，才谈得上真正地呵护它们，才不至于在我们这个讲文化的时代中断了传承乡土建筑这根文化链条。

（2017 年 4 月 18 日）

国乒当从孔令辉事件中记取什么

刚刚过去的这个端午假期中，各地的龙舟竞渡依然热热闹闹，奇葩粽子依然“你方唱罢我登场”，但是最夺人眼球的新闻，当推中国乒乓球协会发布的公告：暂停孔令辉中国女乒主教练工作，立即回国接受调查。原因大家都知道了，新加坡有个赌场一纸诉状将孔令辉告上香港高等法院，追讨 200 多万港元赌博欠款；而孔令辉此时，正在德国杜塞尔多夫带队参加第 54 届世界乒乓球锦标赛。

尽管孔令辉旋即通过微博对此发表声明，是亲朋好友在赌，自己只是看，但稔熟赌场的业界人士的条分缕析，让我们觉得其参赌的可信度更高。现在，我们都在期待中国乒协的调查结果，但倘若不幸证实业界人士分析的话，至少在我也不会感到意外。概因赌博早成一种世界性现象，我们东汉的《说文》就有“古者乌曹作博”之说，乌曹是夏桀时候的臣子呢。历史上不少著名人物也都与赌博有染，负面的如魏忠贤，《玉镜新谭》说他发迹之前，胆子已然奇大，“日务樗蒲为计，家无担石而一掷百万”。正面的也不乏，如奉劝天公重抖擞，“不拘一格降人才”的龚自珍。

《清稗类钞》说，龚自珍“尝于帐顶绘先天象卦，推究门道生死，自以为极精，而所博必负”，也就是逢赌必输。一次杭州一个盐商家宴吃饱喝足了，开局，老王后到，见龚自珍“独自拂水弄花，昂首观行云，有萧然出尘之概”，就上前跟他打招呼：“想君厌嚣，乃独至此，君真雅人深致哉!”不料龚自珍笑笑说，你以为陶渊明种菊看山是他的本意吗？“特无可奈何，始放情于山水，以抒其忧郁耳”，我今天这样子跟他差不多。停了一会儿，他又不大甘心地说，今天的路数他算得清清楚楚，可惜“适以资罄”，也就是囊中羞涩，“遂使英雄无用武之地，惜无豪杰之士假我金钱耳”。老王向来便非常仰慕龚自珍的文名，马上“解囊赠之”。谁知龚自珍照旧是“每战辄北，不三五次，资复全没”，气得他“狂步出门去”。

孔令辉当然不同，十几年前就开保时捷了，像魏忠贤那样“家无担石”无从谈起，但像龚自珍那样“每战辄北”是可能的。寻常人等，其实都知道“十赌九输”的道理，光赢不输的只有一类人。以慈禧太后为例，她喜欢以麻将来赌，但“每发牌”，必有宫女站在她身后，用约定的暗号告诉那三家这里抓到了什么牌。在香港电影里，“出老千”的目的是要让被算计的人输，这里恰恰相反，是要让被“算计”的人赢，哄老太太高兴，借以达到自己的目的。因此，慈禧如果在等什么牌，“侍赌者辄出以足成之”。老太太高兴了，“则跪求司道美缺”。这种情形在今天一度也司空见惯，那些借“变相行贿”向上爬的人，都深谙“将欲取之，必先与之”的精髓。孔令辉是什么级别我不清楚，遥想 2015 年春节时的新加坡赌场，显然没有想到要巴结他。

有人说，乒协火线解职孔令辉的做法是体育精神的体现，我看到的倒是法治精神。孔令辉以“国乒正在比赛，大家都散了吧”来试图大事化小，乒协并没有买账，非常值得称许。而且，我也不同意“挥泪斩马谡”之说。马谡是失街亭而被斩，如今杜塞尔多夫世乒赛正在进行，国乒虽然面临严峻挑战，但总体形势要比刚刚失去苏迪曼杯的国羽要好得太多，纵然不像以前那样包揽五杯，半数以上是可以预期的，斩马谡的类比殊为不当。从孔令辉事件中，我倒是觉得国乒有些常识要补。早几年，还有个主力队员不是以为领证不是结婚，办了酒席才算吗？就算那位“真的很单纯”，这种常识的欠缺毕竟还是个人的私事，但如孔教练这种，就算像他本人声明没有参赌，而作为党员干部、国家公职人员，应该知道《中华人民共和国治安管理处罚法》《中国共产党纪律处分条例》对党员干部为赌博活动提供场所或者其他方便条件等，有一些什么样的明确规定。因此，国乒队伍今后在苦练技战术的同时，还需要补些生活常识、法律意识。

（2017 年 5 月 31 日）

动动脑子，且长长记性

出自“延安市南城区改造指挥部宣”的宣传标语闹了笑话，出发点是宣传本地清凉山，但是，纸板上的内容却是关于南京清凉山公园的简介：清凉山，位于南京市鼓楼区清凉门内，是南京城西的丘陵山岗。延安的清凉山被称为“新闻山”，曾是解放日报社、新华通讯社、延安新华广播电台、新华书店等众多新闻机构的所在地，是新中国新闻出版事业的发祥地，按道理，与南京那个根本不可能弄混。可惜，不可能的事情硬是成了可能。

“窃张公之帽也，假李老而戴之。”这种尴尬状况的出现，首先自然是相关人等根本没有脑子，饶是同名，货要对板呀？如果抄袭也分级的话，最低级的该是把人家的东西原封不动地拿来，换上自己的名字。唐朝有个进士曾经这样撞到枪口上。《唐语林》载，卢钧守衢州，一个进士带了十几篇文章来拜见他。卢钧翻了一下，发现都是自己的东西，但没有马上拆穿他：“君何许得此文？”那进士大言不惭地回答：“某苦心夏课所为。”卢钧这回不客气了：“此文乃某所为，尚能自诵。”进士也说了实话：“某得此文，不知姓名，不悟员外撰述者。”

当下的“直把延安作金陵”，已经简单到无须“卢钧”本人鉴定，连名字也不换一换，这样的相关人等怎么可能有脑子？

稍高一级的抄袭该是改头换面，前人也有先例。《朝野佥载》云，唐朝冀州枣强尉张狗儿（大名怀庆）“爱偷人文章”，时人有“活剥张（一曰王）昌龄，生吞郭正一”之谓。他的手法是“才士制述，多翻用之”，就这么摇身一变，别人的就成了自己的。《唐诗纪事》举了个实例，李义府有诗曰“镂月为歌扇，裁云作舞衣。自怜回雪影，好取洛川归”，狗儿在每句前头各添了两个字：“生情镂月为歌扇，出性裁云作舞衣。照鉴自怜回雪影，来时好取洛川归。”张（或王）昌龄、郭正一都是唐朝著名诗人，诗句为狗儿剽窃最多，才有那句俗语问世吧。这句俗语最后转化成了今天我们熟知的成语：生吞活剥。这或是狗儿对社会的一大贡献，虽然他自己做梦都没有想到，而且这也根本不是他的初衷。

所以尴尬的其次，是相关人等根本不长记性。这样说，是因为类似的事情前些年已经上演过多次，最典型的就是“开封指导漯河”与“邯郸学步青岛”。稍有记忆的人都会记起，后面这则说的是河北邯郸一个区委宣传部副部长发表的署名文章，与山东青岛一个区的政府文件除了地区名和人名之外，几乎“一字不差”；前面那则说的是河南开封某副市长的讲话中，连“构建和谐平安漯河”的字样也照搬不误，漯河，是离开封不远的河南的另一个地级市。前几天，这事同样发生在延安，富县县委书记发表于《延安日报》上的署名文章，尽管没有“漯河”一类的硬伤，但大面积抄袭“新华时评”，还是被有心人一一比对了出来。当地与其忙着为书记摆脱干系，倒不如先反思一下自己长没长记性。

网络时代，“搜索”的功能使写作尤其是官样文章的写作在许多人眼里变得非常简单了，关键词一输入，相关的东西跳出来，然后剪切、复制，齐活。但也不要见到“清凉山”就不分青红皂白地弄来呀！说到文章，倘若可以这样炮制出来的话，还有存在的价值吗？前人跌倒了，后人不要覆辙重蹈，哀之还需鉴之，起码要动动脑子，且长长记性，前人的跟头才算没有白摔。这会是我的一厢情愿吗？

（2017 年 7 月 11 日）

“葛宇路”中的责任问题

7 月 13 日下午，仅用了 1 分钟左右的时间，北京市朝阳区那块引发争议的“葛宇路”路牌就被双井街道和城管部门依法拆除了。这个路牌，是一个名叫葛宇路的中央美术学院学生“私自设立”的，因为他通过搜索纸质地图和网络地图，发现那是一条无名路，于是就在 2014 年制作了相关路牌并悬挂在马路边。用他自己的说法，最初设计的时候只是把“葛宇路”作为一个艺术品，没想到后来能成为具备实际功能的一条道路的名称。所谓具备实际功能，就是所有快递、外卖、导航、市政标识均可正常使用“葛宇路”进行定位。

依法拆除这样一块路牌，应当算是一件寻常小事吧。但当晚央视《新闻 1＋1》就做了“葛宇路，不是路”的专题，可见这件小事很值得关注。在我本人，因为在报道里看到双井街道办事处某位负责人说了可能要对葛宇路追责一类的话，便又很想关注一下其中的“责任”问题。

葛宇路当然是有责任的，至少违反了关于地名的一系列法规，上有国务院的《地名管理条例》，下有北京市的《地名管理办法》。一言以蔽之，地名命名之事，任何单位和个人都不得擅自为之。对此，葛宇路也表示自己愿意担责。除此之外呢？在下认为“葛宇路”中的责任问题远远不止于此。比如，2005 年 3 月，北京市规划委朝阳分局已经将这段路命名为“百子湾南一路”，但不仅附近居民不知道，连双井街道办事处工作人员也不知道，所以才有葛宇路的“发现”。为什么这么多年过去了，有关部门都没有在道路上悬挂相关标志。这该是谁的责任？又比如，如果不是葛宇路“自我爆炸”，发了篇《如何在北京拥有一条以自己命名的路》的网文而引发广泛关注，那么“葛宇路”就还将非法存在下去。既然非法，为什么可以堂而皇之地存在四年之久而有关部门都没能发现，甚至在2015年底市政对该路段的路灯还使用“葛宇路”进行了统一编号。这又该是谁的责任？扣顶帽子，相关职能部门有“玩忽职守”之嫌吧。

葛宇路说，他为道路命名的初衷，只是一种单纯源于对“名字和个人的关系，以及私人符号出现在公共场合的某种趣味性思考”后的艺术设计。他希望人们在看到这个作品以后都会想到自己和这个城市的关系，突然发现这个城市有自己能够参与到的空间，而不再与自己无关。老实说，前面那部分话相当深奥，我听不大懂，看到这个作品无论如何想到的也只是葛宇路与那个城市的关系，自己还真摆不进去。但后面关于的那小部分话我能明白，尤其是“参与”。“葛宇路”的出现，“聊补无米之炊”，他的行为从效果或后果上看，虽然超出了他的设想，但都是积极的，是对市政管理缺位的一种必要补充，极大地方便了市民。在客观上，葛宇路恰恰是尽到了一个公民参与城市管理的责任。所以，不要张口就追究人家，而把自己置身度外，更应当反躬自问，葛宇路可能被追究的做法，不正是自己一度缺失的职责吗？进而言之，有关部门何妨把“葛宇路”作为一种鞭策，拿出葛宇路的那种认真劲头，履行好城市精细管理的职能。

央视《新闻1+1》的“葛宇路，不是路”专题，利用了“葛宇路”作为人名和地名的双重含义，可谓巧妙。但是，“葛宇路”原来不是路，现在已经阴差阳错地成了北京一条“真”的路，有关方面真不如将计就计，留下这个原本不是路名的路名，让举国都同样能够记住这座城市所代表的宽容与温润。或者，公平竞争的话，就将它与原本存在的“百子湾南一路”并列起来，由公众选择究竟如何命名最好。

（2017年7月14日）

“海战博物馆”提供了一个优秀范例

周日在东莞参观了位于威远炮台旧址附近的“海战博物馆”，眼界大开。在我有限的视野中，这可能是国内最好的博物馆之一。威远炮台与镇远、靖远等炮台一道，构成鸦片战争中虎门海防的第二重门户，“海战博物馆”坐落于此，显见其与鸦片战争的关系。事实上正是如此。此中的“海战”，是围绕鸦片战争的海战。这个博物馆“好”在哪里呢？好在布局构思之新、文物收集之细、编排展示之精，做到了化“雅”为“俗”，晓畅易懂。

“海战博物馆”通过对比的方式，对鸦片战争进行了全方位的梳理。在战争之前主要是中西“形而上”的对比，也就是展览的第一部分“鸦片战争前的中西方世界”。如何对比呢？“民主科学与专制愚昧”“工业革命与小农经济”“海洋争霸与禁海闭守”，从这些细分出来的专题题目，便一目了然。以英国工业革命而言，他们的机器大生产已经代替了手工作坊，成为名副其实的“世界工厂”，我们则还停留在男耕女织，生产仅用来满足普通民众基本生活需求和达官贵人欢愉玩赏。战争开始后，则主要是中英双方的军事力量对比，比对双方战舰、火炮、枪械、炮弹制造原理、工艺技术、实战性能，乃至部队操练方式，研究之细令人啧啧称奇。以火炮差异而言，具体到双方的材质差异、铸造差异、火药差异、炮弹差异、射程差异、射速差异、射击精度差异、机动性差异究竟在哪里。这样一来，他们“船坚炮利”的那个“炮利”，就非常具体形象。当然，“虎门之战”的双方兵力与伤亡对比，以及展览行将结束时的“中英双方兵力”“中英双方战争经费”“中英双方阵亡人数”对比，呈现出惨不忍睹的一面，那些过于悬殊的冰冷数字不可能不震撼到稍有思考能力的参观者。

“海战博物馆”的出发点，与去今22年前茅海建先生那部振聋发聩的著作《天朝的崩溃——鸦片战争再研究》可谓异曲同工。后者提出的一个深刻命题是，我们在鸦片战争中究竟犯了哪些错误，“尽管历史已经明白无误地说明，我们犯过错误”，也就是“我们错在哪里”。前者印证的一个深刻命题是，西方列强为近代中国带来的耻辱，使我们悟出了一个道理：落后就要挨打。那么，我们究竟在哪些方面落后了？落后的程度又是如何？需要弄个明白，也就是“我们怎样落后”。茅先生说：“一个民族对自己历史的自我批判，正是它避免重蹈历史覆辙的坚实保证。”同样地，只有在落后的根源上、具体环节上找到差距，我们才能知耻而后勇，才能发力去迎头赶上。

“海战博物馆”内可用人头攒动来形容，足见它对公众的吸引力。由此想到博物馆发挥功能的问题。到博物馆去看什么，显然取决于博物馆能提供什么，怎样提供。因此，博物馆要为大众喜闻乐见，在展示手法上怎样创新，值得认真思考。“海战博物馆”的七个组成部分，浏览下来就是一部完整的鸦片战争史，但它没有满足于单纯的陈列。琳琅满目的关联双方海军、海防、海战等相关装备、军事器材的1840件文物，也都比较寻常，但他们采用“信息组团”的陈列手法，将同一类的多件文物组合展示，从而让平凡普通的文物有机组合起来，使展示更有规模感，更具震撼力。比如单门火炮没有什么，司空见惯，但是12门清军火炮与12门英军火炮组成的火炮方阵呢？并且，与诸多博物馆大异其趣的是，这里还将清军、英军所用的铁炮、炮弹等进行裸露展示，声明“请触摸，感受它的温度与质感”，此举势必带给观众更直观的心理感受。

博物馆功用的发挥在于特色，在于内涵，在于对“常识”的普及程度、认识程度。“海战博物馆”无疑提供了一个优秀范例。

（2017年7月17日）

拔高毛笔字的意义倒也不必

7月15日，陕西师范大学2017年录取通知书的书写工作如期开始。像往年一样，他们的录取通知书照例用毛笔书写，包括新生的姓名、专业，10天内要完成4500份之多。该校负责人说：“毛笔手写通知书，是给本科新生的入学第一课，这是传统文化课，也是大学精神教育课。在这个过程中，‘抱道不曲，拥书自雄’的学风和‘淳厚博雅，知行合一’的校风得以传承，也引导着学生将个人前途与国家富强、民族复兴的伟大事业紧紧结合。”

毛笔手写录取通知书，在凡事电脑打印的时代，的确能收到重视汉字书写的理念之效，“书写”之“书”，从前就是用毛笔书写文字的行为，因而“传统文化课”的说法我是深表认同的，何况陕师大集结的是书法名家以及具有书法功力的教师们进行书写。不要说今天，古代也非常注重毛笔字的影响力。南朝刘宋开国皇帝刘裕的字写得不好，手下直截了当地说：“此虽小事，然宣彼四远，愿公小复留意。”但这东西显见不能速成，手下又出主意：“但纵笔为大字，一字径尺，无嫌，大既足有所包，且其势亦美。”刘裕于是“一纸不过六七字便满”。当然了，前人也有相信书法能够速成。葛虚存《清代名人轶事》里说钱坫“篆书尤空绝前后”，但他在家却没练过，忽然生了一场病就把什么都改变了。虽然生病时“手足厥冷，目瞠视，微有息而已”，但七天之后“忽中夜跃起，濡墨作篆”。后来他说，自己其实没病，“梦至石室，见唐巾老者指授篆法七日夜，作成，辄批抹，最后书乾卦象。老者曰：‘可矣’。”就这么练成了。钱坫在史上实有其人，一代学术大师钱大昕的侄子，且确为书法大家。不过，正是这些前提因素，人们才编出那个故事吧。

电脑普及之后，敲键盘取代了写字，许多人连字也写不好了。早前就有报道说，许多大学生在找工作填写简历时常出现不敢写字、提笔忘字的现象。我因工作关系，常见年轻编辑修改的报纸大样，不少还真是看不顺眼。前人云“字如其人，人如其字”，以为通过书写行为可以投射出人的性格、心理、情绪、能力等方面信息，在这里却也对不上号，俊男美女个个如同人精，单单只是“字如蟹爬”。

有人也许要说，评判字的好坏的标准是相对的。苏东坡、黄庭坚都是大书法家，但苏说黄的书法“虽清劲，而笔势有时太瘦，几如树梢挂蛇”，黄说苏“之字固不敢轻议，然间觉褊浅，亦似石压蛤蟆”。如果说苏黄二人多少还有相互揶揄的成分，别的人可就是来真的了。南唐那个“故国不堪回首月明中”的李后主，不仅诗词了得，同时“善书”，他对颜真卿就看不上眼，说“真卿之书，有楷法而无佳处，正如叉手并脚田舍汉耳”。米芾对颜真卿倒是看上了眼，说是“如项羽挂剑，樊哙排突，硬弩欲张”，至于“昂然有不可犯之色”，对柳公权的评价也不错，如“深山得道之士，无一点尘俗”，但对别的大家却贬得一塌糊涂，比方说欧阳询的“如新瘥病人，颜色憔悴，举动辛苦”；说李邕的“如乍富小民，举动倔强，礼节生疏”；说蔡襄的“如少年女子，体态妖娆，行步缓慢，多饵铅华”；等等。应当看到，他们是从书法的“法”的角度进行评判，而我们只是顺眼与否的低标准。

据说在陕师大不管学什么专业，都要写好字。他们入学后的第一个考试，就是钢笔字测试：让每位新生用钢笔书写自己的简历，上交后由老师们联合评分，分数排名在后10%的学生，会接到学校的“练字提醒”，可取之处不言而喻。放眼整个汉字使用群，写好汉字已有沦为人类学中的“文化残存”之虞，任何弘扬之、倡导之的做法都是可取的。不过，片面拔高写好字尤其是毛笔字的意义，要其承载不该承载的使命，似乎倒也不必。

（2017年7月21日）

名字不宜乱改亦不宜乱取

继贵州“茅台学院”之后，四川有个“白酒学院”又在亮相。位于宜宾临港大学城的四川理工学院白酒学院新校区一期工程正在稳步推进建设，预计将于 8 月底前建成，年内投入使用。好在该学校最后是否定名为“四川白酒学院”还在“商议阶段”，那么就还有议论一下的空间。如果生米煮成熟饭，说什么都是废话，当然现在也十有八九属于废话。在我看来，还是不要这么直白为好，毕竟是个本科院校，取名还是该有些文化意蕴。

严格地说，名字只是一种代号，取什么、怎样取，值不得非议，但取什么名折射出的却是文化素养，代表着某种价值取向。取名问题，对国人来说似乎有种困惑。前些年的店铺招牌、商业楼盘，都喜欢挂“洋”头，崇尚所谓贵族风范，摒弃“中国”的、“平民”的，十分媚俗，至于引发全国上下的整顿清理。再早几年吧，国家层面拟出台《人名规范用字表》，针对的是国人喜欢用冷僻字为孩子取名的问题，极端的家长喜欢钻到《康熙字典》里去找，以难住别人来显示自己有“文化”。这种做法前人其实已有，有识之士还说过“未免好奇太过，后人不必则效也”，后人覆辙重蹈是因为没几个知道的吧。取名固不可以媚俗、求僻，但也不能直白得不留余地。

综合报道可以看到，茅台学院的设立是“落实贵州省实施工业强省战略的现实需要”；白酒学院的设立是“四川省白酒产业转型升级和创新发展的需要，也是川南经济区推进产学研用协同创新，实现次级突破的需要，将为产业和区域协同发展发挥人才培养和技术支撑作用”。意义当然都非常重要，但是显然，这两个酒学院的设立都只是“权一时之需”，也就是经济发展之需。“白酒学院”官网毫不讳言：2017 年，学院积极响应省委省政府大力推进川酒产业发展的号召，在长江第一城、酒都宜宾建设国际一流白酒学院。且不云经济发展之后，白酒不再成为支柱产业学院该怎么办，以酒产业本身而言，发展的结果是什么呢？是把装在瓶子里、坛子里的酒，倒进人的肚子里。

据说，古之圣贤，无不能饮，尧饮千钟，孔子百觚。但那说的是圣贤，对一般人而言更适用于叶圣陶先生的说法："酒装在坛子里好好的，装进人肚子里就坏了。"因此，酒的功效从来都符合一正一反的辩证法。不过，相对于"吸烟有害健康"，我们还没有意识到酒的"反"的一面。极端地看，殷商的亡国即与其好酒相关。他们留下的那些青铜器精品，除了鼎，大抵都是爵、觚、觥、尊之类，各式的酒杯酒壶，由此不难想见当年"酒池肉林"的情形。平和地看，《水浒传》里的好汉武松，凭借酒力在景阳冈上可以赤手空拳打死老虎，但在孔家庄却拿着刀也被黄狗追得狼狈不堪，最后跌倒在水里爬不起来，被武艺不堪一提的孔氏兄弟捉走。酒这东西就是这样，如果一味突出其"正"的一面，就会被它身上披着的那件"文化"外衣遮蔽双眼，就会浑然漠视它的"反"的一面。

还是回归到学院的取名吧。单刀直入，见之于开会、讲话，是极为可取的，但见之于某些取名或改名则不然。我们的地名已有被改得"单刀直入"之势。大庸、思茅、灌县等等，原本很有文化内涵，却摇身一变成了张家界、普洱、都江堰，游人倒是耳熟能详，但是文化含量的丧失难以估计，"徽州"成"黄山"之痛已被屡屡提及，改回来恐怕只是时间问题，苟如此，"与其更于后，曷若慎于初"？或许，"白酒学院"没有取名"五粮液学院"，已经外延扩大不少了，但以"白酒"直接冠名高等学府，终究感觉到远离了文化。茅台学院已成事实，白酒学院再成为事实的话，但愿到此已矣，不要再有洋酒、葡萄酒，或者大曲、二锅头学院了。

名字不宜乱改，却也不宜乱取。

（2017 年 7 月 27 日）

单纯的记忆力只能算雕虫小技

昨天看到一则极简的新闻，说浙江泰顺竹里乡有座书院，以能背诵 30 万字中西文化经典为基本招生条件；再佐以若干张图片。以其过简，便检索了一下他们的“学制及招生简章”，发现背诵还伴以苛刻条件：“每本经典皆需整本通背、连背，背诵时咬字清楚，语速以可辨字音为准。连背之标准，以全本顺畅为佳，若有错误或停顿十秒以上，可提示，每五千字至多提示一次，每一万字再加一次为通过。如《老子》五千字，可提示一次，《论语》一万五千余字，可提示三次加一次，为四次，以此类推。”从他们将“背诵”视为“学力”这一点似不难推断，此基本条件比拼、推崇的实际上就是记忆力。

记忆力好，从来都是国人津津乐道的一项本领。过目不忘、过目成诵早成了成语。《晋书·苻融载记》云，苻融“耳闻则诵，过目不忘，时人拟之王粲”。王粲是谁呢？“建安七子”之首。《三国志》载，王粲与人共行，读道边碑，人问曰：“卿能闇诵乎？”曰：“能。”于是“背而诵之，不失一字”。《啸亭续录》云齐次风，“貌清癯，村俗之状，见于眉宇。性强记，诵《十三经注疏》，不遗一字”。《郎潜纪闻四笔》云徐乾学，甚至能“横阅碑文”。前人解释不了这种超强的记忆力所从何来，便归结为神秘力量的庇护。唐朝张说当宰相的时候，“有人惠说二珠，绀色有光，名曰‘记事珠’。或有阙忘之事，则以手持弄此珠，便觉心神开悟，事无巨细，涣然明晓，一无所忘”。

如今提及陈寅恪、钱锺书诸先生，即便是相熟的友朋，也不免惊诧他们的记忆力之强。金岳霖先生回忆，有一天他到陈寅恪先生那里去，有学生来问一个材料，陈先生说：“你到图书馆去借某一本书，翻到某一页，那一页的页底有一个注，注里把所有你需要的材料都列举出来了，你把它抄下，按照线索去找其余的材料。”古人有这种本领的也很多。《墨客挥犀》载，北宋目录学家杜镐“博闻强记，凡有检阅，先戒小吏某事在某书第几行，取视无差”。北宋历史学家赵彦若也是这样。有一回，“馆中诸公方论药方，有一药不知所出，虽掌禹锡大卿曾经修《本草》，亦不能省”，这时有人说问赵彦若，果然，彦若对曰：“在几卷，附某药下，在第几叶第几行。”

必须承认，那些卓有建树的学者往往都有天才般的记忆力。如清朝学者钱大昕那种著名的不用说了，王国维次子王仲闻先生一直寂寂无闻，新近读到不少人士的回忆，知道这位20世纪五六十年代的中华书局临时工，竟是《全唐诗》的审订者、《全宋词》的修订者！凡是有关唐、宋两代的文学史料，尤其是宋词、宋人笔记，只要向他提出问题，无不应答如流，甚至一个普通作者的一句普通宋词，他也能写出全文！至于相熟的人们戏称之“宋朝人”。不过我们都应当清楚，对前辈学人而言，单纯的记忆力却也仅仅属于雕虫小技，他们杰出成就的取得，端在于治学方法。不少人刻意强化钱锺书先生“照相机般的记忆”，杨绛先生便曾撰文指出，他本人并不以为自己有那么“神”，他只是好读书，肯下功夫，不仅读，还做笔记；不仅读一遍两遍，还会读三遍四遍，笔记上不断地添补，所以他读的书虽然很多，也不易遗忘。钱先生的笔记手稿，商务印书馆2011年将中文部分影印成了20册，2015年将外文笔记影印成了48册，洋洋大观。因此，我们看待前辈学人，不要一味盯着他们先天禀赋的一面，更要看到他们后天刻苦治学的一面。盲目地推崇他们的记忆力，无异于舍本逐末。

泰顺这家书院办了多久，成效如何，我们一概不知，媒体津津乐道的单只背诵这道门槛，恰恰遗漏了人们应该知道的东西。我不是存心要泼冷水，但想提醒一下，把记忆力看得无比重要，入学后又是“以自学为主”，小心培养出来的只是“两脚书橱”。

（2017年8月1日）

杰作的魅力在于植根生活

“其命惟新——广东美术百年大展”8月4日起“回家”开展了。刚过去的这个周末，我便迫不及待地跑到广东美术馆先见了一面。来自全国各地40多家美术机构的这么多广东美术家代表作品集中亮相，因为是历史上的“首次”，自然也是每个参观者的“首次”。唯其如此，这次大展对广东百姓以及关注广东美术的人来说都堪称一件盛事，但有时间，不妨前往驻足，一饱眼福。

对我个人而言，虽然身处美术圈外，但来到广东之前，对广东美术也稍有了解。从自己收藏的邮票中早就发现，1973年国家发行的编号票63－65便是为广东画家而出，三枚邮票画面分别是杨之光的《矿山新兵》、汤小铭的《女委员》和潘嘉俊的《我是海燕》，其中杨、潘皆广东人，汤为广西人，然读书、落籍均为广东。此外，1976年发行的J11《纪念中国文化革命的主将鲁迅》，第二图即汤小铭的《永不休战》；1982年发行的J84《中日邦交正常化十周年》，第一枚即关山月的《梅花》。20世纪80年代初，我还买过一册冯伊湄的《未完成的画》，从中了解了司徒乔及其作品。但是，广东美术如何得风气之先，领时代之新，走变革之路，当然细细品味本次大展才能得到认知。大展作品中，除了《女委员》，上述邮票画作真迹全都活生生地呈现在眼前，我还第一次看到了司徒乔的《放下你的鞭子》。伍启中代表作《心潮逐浪高》是高水准的知青题材作品，画作标题所借用的毛泽东《菩萨蛮》词义可以再借用一下，因为也完全符合观者目不暇接的斯时心境。

面对杰作的真迹，犹如在博物馆面对“镇馆之宝”。所以亲切，怀旧的情愫肯定是有的，耳濡目染，那些杰作毕竟影响了几代人。但如果说我们喜欢那些作品仅仅是因为怀旧，怕不尽然。大展展出的大量作品，令我们不难感受到与时代、与生活的紧密关联，或曰相当之近，在高于生活的现实主义理想化中，展现了社会沧桑巨变的片段，因而能引起我们的共鸣。即使如罗工柳的《地道战》、胡一川的《开镣》《前夜》，乃至尹国良的《时刻准备着》、邵增虎的《螺号响了》所反映的情景我们并没有亲历，但经过艺术提升了的时代画面，丝毫不妨碍我们有身临其境的奇妙感觉，这正是作品所展示出的无穷魅力所在。王玉珏的《山村医生》，从一个平凡至极的角度表现了山村医生的敬业精神：马灯映射出柔和的光线，青年女医生身披白大褂，在灯下细细地捻着棉签。山村的夜晚因之显得宁静而安详，充满了舒缓的气息，画作简单明了而内涵深远。从画家的创作经历中我们知道，当时还在广州美术学院读书的王玉珏，为了体验生活搞好毕业创作，在中山县平沙农场与农民、知青同吃同住同劳动。正是在那里，她观察到有位医生对患者十分细心体贴，于是便多次去和她聊天，观察她的一举一动。没有这样的生活体验，恐怕很难绘制出感人至深的人物形象。作品来源于生活，极富生活气息，往往也保留了相应的民俗。王兰若的《潮州柑市》（1956）描绘丰收的潮州柑摆满码头，准备运往外地的忙碌景象，与此同时我们也看到了彼时小船乃主要运输工具，还看到了复建前的湘子桥。

“周虽旧邦，其命惟新。”新时期广东美术如何再创辉煌，自然是一个宏大课题。从一个门外汉的视野来看，画家继续扎根于岭南沃土，与时代密切关联在一起，真诚地与之对话当是必要前提。在此基础上，考验的才是画家如何运用艺术化的细腻笔触来表现纷繁的现实生活，在主流话题和民间立场之间如何寻求到平衡之点。8 月 22 日起，广东美术百年大展还将有第二期展出，十分期待。

（2017 年 8 月 7 日）

能否再立法限定机动车的增长?

8月4日，《广州市停车场建设和管理规定》立法听证会进行了陈述人现场辩论。制定这样一部法规，关系到广州市城市管理和市民出行等重大问题，听证无疑很有必要。我注意到，陈述人就中心城区是否应多划停车泊位、住宅停车费是否应恢复政府指导价两个事项展开了激烈辩论。不错，目前广州市利用住宅区建筑区划内共有部位施划停车泊位的情况如何，以及法规对这类停车泊位的管理应当如何规范，都是听证事项的重要内容，但是我觉得，这部法规充其量只能暂时缓解问题，出台之后还应该放眼长远，再制定一部控制机动车生产之类的。

停车场建设和管理成为立法选项，显见了停车问题的严重性。该算是机动车带来的新问题吧。曾几何时，道路拥堵才是人们关注的一个焦点，想来如今已经渐渐习惯了。交通拥堵的主要原因，自然要归结为机动车数量太多，道路建设速度跟不上机动车生产速度。好在广州从前些年就开始限制机动车上牌，否则现在更不得了。机动车缺停车位无疑也是前期规划滞后的一个缩影，脑袋里光想着经济增长点，一味地忙着造车，却没有更多地考虑造出来之后怎么办，放哪。这样说决策人物，他们可能觉得委屈，但停车位明显不足和机动车数量急剧增加的矛盾越来越凸显，是一个人人见得到的事实。严格来看这倒一点儿也不奇怪，诸如没修几年的大桥就窄得形同瓶颈之类，在我们国家都是比较常见的现象，那么要求决策人物在停车问题上产生远见，等于苛求。

从目前来看，检讨或调整我们的汽车发展政策几乎是不可能的，保有量突破多少，听起来每每有津津乐道的意味。其所带来的经济效益还遮盖得住“负面”影响——如果承认有这影响的话。但我们的立法恐怕得走在前面，到了认真评估中国各个城市究竟能容纳多少机动车的时候了。也就是说，机动车的增长是否应该有个极限的问题。有没有？答案不言而喻：有。

1972 年，美国麻省理工学院四位年轻科学家曾经撰写过一本叫做《增长的极限》的著作，第一次向人们展示了在一个有限的星球上无止境地追求增长所带来的后果。书中的那些观念和论点现在听来不过都是些平凡的道理，但在当时，西方发达国家因为正陶醉于高增长、高消费的“黄金时代”，对这种惊世骇俗的警告并不以为然，甚至根本听不进去。然而事实证明，该书对 1970—2010 年这一时期的预期完全正确。“他山之石，可以攻玉”，或曰“前车之辙，后车鉴之”。我国的经济和社会正处于高速发展阶段，我们必须同样认识到生产对于生活的双重影响：产品可以是天使，也可以是恶魔。《增长的极限》谈论的是人类对气候、水质、鱼类、森林和其他濒危资源的破坏，我们完全可以把这个概念借用于机动车生产，探究其增长的极限在哪里，视之为当务之急。省环保部门曾经透露过，他们正在全面评估“广东的环境到底能容纳多少机动车”，十几年过去了，如今不知道评估的结果出来了没有，如果出来了，不妨公之于众；如果还没有，那要找找原因，把这项工作继续进行下去。

当机动车生产成为不少地方的支柱产业之一后，其数量的继续增长便可以预期，但是必须防止无节制的增长。目前的问题明白地昭示，不仅我们的道路建设速度跟不上机动车增长速度，停车场建设速度同样跟不上。换言之，路“堵”暴露的只是问题的一面，车“停”带来的另一面，严重程度并不亚于前者。路面上能够划出多少停车位、停车费用住宅小区停车服务价格该市场调节还是该政府指导，即便达成一致意见，也不是解决问题的根本，根本在于我们的环境对机动车的容纳量究竟有多大。进而言之，无论在哪个领域，我们都需要了解增长的极限在哪里，要学会为未来做好准备。

综上所述，本人无意否定停车场建设立法的积极一面，毕竟涉及人民群众当下的切身利益，然在立法治标的同时或之后，能否再立法治本，也就是通过评估容纳量来立法限定机动车的增长？

（2017 年 8 月 8 日）

自信，不小心就会沦为自大

前几年，某个“80 后作家”公开承诺，从他的新书里挑一个错则奖赏 1001 元。拍胸脯之余还特别声明，自己绝不像“某老头般耍无赖不认账”。他说的那位老先生，也曾经对自己的新书开出赏格：“挑出一个错，奖金一千元。”但是，有位白先生挑出 909 处错误后，老先生并不照赏格兑付。此事还打了官司，有没有、有多少错误退居其次，争议的焦点变成了“发布悬赏广告的事实是否成立的问题”。结果，因为他是在家中聚餐、采访发出的言论，“不能构成以公开方式发布悬赏广告”，白先生赏金没有领到，反贴了几万元的案件受理费。

了解了这段“往事”，可知“80 后作家”把老先生搬出来，不算是后者“躺枪”；并且，他为什么定了 1001 元的赏格也可以豁然开朗。然而，正如《红楼梦》里刘姥姥那句著名的自嘲：“才说嘴就打了嘴。”他的那部著作同样被人挑出了 172 处错误，包括历史性错误、排版错误、标点符号错误等等。有趣的是，挑错人还是那位白先生！怎么叫“才说嘴就打了嘴”呢？因为“80 后作家”同样不“颁奖”，然后被白先生告上了法庭。8 月 10 日上午，该案在北京朝阳法院开庭审理。“80 后作家”的悬赏是在腾讯微博上发布的，还佐以“各位老师为我作证”，属于真正的悬赏广告没有疑义，因此此番庭审直奔赏金问题。报道说，法官询问双方多少赏金肯和解，原告称“打个八折吧”，引起旁听席一阵哄笑，而被告方则只同意兑现 1 万元。因为双方分歧较大，当庭调解未果。

这件事的结果显然指日可待，然在终审出来之前，不妨说些闲话。一前一后的老新两个作家无疑都自信爆棚。自信，相信自己，作为自我评价上呈现出的积极态度十分可取。但是一不小心，自信成为过于自信，可能也就会沦为自大、自傲。过于自信便有害无益了。别说人，连时令都是这样。二十四节气里有几组小大对应的节气：小暑、大暑，小雪、大雪，小寒、大寒，但是为什么有“小满”而没有“大满”，理论上该是“大满”的位置实际上代之以“芒种”呢？《七修类稿》说了：“夫寒暑以时令言，雪水以天地言，此以芒种易大满者，因时物兼人事以立义也。盖有芒之种谷，至此已长，人当效勤矣；节物至此时，小得盈满意，故以芒种易大满耳。”就是说，按照作物生长的规律，小满之后尤其需要辛勤劳作，根本没到喘口气的时候，不可以“大满”。《说文解字》云“满，盈溢也”，俗谚有“水满则溢，月盈则亏”，因此，在前人的哲学中，大满还是个根本不可能的存在，不要说接不接小满了。打个或许不确切的比方，这两个开出赏格的作家，无论是老的还是小的，都蹈了“大满”的覆辙。

我国素有“一字师”的文化传统，那是指订正一字之误读或更换诗文中一二字者，即可为师。倘若遵循这一传统，则白先生指出的909处、172处错误，即便剔除作者本人及他人并不认可的地方吧，为师也应该名正言顺。遗憾的是，老新作家都摒弃了这一优良文化传统，让我们都看到了官司的结局。《清稗类钞》里有则故事，说“戴熙在南书房时，不善事内监”，所以写了错字之后，“宣宗令内监持令改之”，人家不告诉他错在哪儿了，“但令别书，……戴遂别写一纸，而误字如故”，结果“上以为有意怫忤，遂撤差”，戴熙没得干了。“一字”有时就是这样重要。幸而那两册著作中的文字，再错上数千大约也于经济社会发展无甚大碍，并且两位作家的生活也决不会受什么影响，但是谦逊一些，有那种“三人行，必有我师”的态度，总是有益无害。

如今有人论证什么，动辄声称“翻（或读）遍二十四史”，发现或没有发现什么，每令余哑然失笑。那么大部头的书，真的翻遍了吗？就算一页一页真的翻了，看仔细了吗？读进去了吗？这种牛皮实际上也是过度自信的一种，殊不可取。

（2017 年 8 月 10 日）

“好人法”实施不意味着万事大吉

从 10 月 1 日起，《中华人民共和国民法总则》已经正式实施。《民法总则》是民法典的总则编，又被称为“社会生活的百科全书”，它对民事活动的基本原则和一般性规则作出规定。我国自 1987 年元旦起正式实施《民法通则》，与如今的《民法总则》虽然只有一字之变，变的背后却是立法理念和制度的创新发展。

正式实施的《民法总则》所以备受关注，还有一个重要原因，那就是其中的第一百八十四条：“因自愿实施紧急救助行为造成受助人损害的，救助人不承担民事责任。”可以说，从该条款拟增进《民法总则》并在“庙堂”讨论修改之时起，就已经同时引爆了民间的舆论场。用民间更通俗的说法：此乃“好人法”，保护“好人”的法。这里的“好人”，就是见义勇为之人。见义勇为，看到合乎正义的事情就应勇敢地去做。孔夫子说过：“见义不为，无勇也。”

专业人士告诉我们，《新约圣经》中有个著名的说法：好撒玛利亚人。说的是一个犹太人被强盗打劫受了重伤，躺在路边，有祭司和利未人路过但不闻不问，唯有一个撒玛利亚人路过，不顾教派隔阂而善意照应他，还自己出钱把犹太人送进旅店。基于这个前提，不少国家把这类保护“好人”的法律叫作“好撒玛利亚人法”。必须看到，所以设置这样的条款，在于使见义者见义之时没有后顾之忧，不必担心自己勇为时因为可能发生的过失而受到追究。就是说，这是给伤者、病人的自愿救助者免除责任的法律。我国《民法总则》中的第一百八十四条，正是旨在从法律层面鼓励更多的人“路见危难，伸出援手”，未尝不可视为借鉴他人法条中有益成分的一个结果吧。从 2016

年 12 月到今年 3 月，《民法总则（草案）》第一百八十四条总共经历了 3 次修改。最初的版本是“实施紧急救助行为造成受害人损害的，除有重大过失外，救助人不承担民事责任”，最后的表决稿删除了前几次审议稿中的“重大过失”字样，仅规定“因自愿实施救助行为造成受助人损害的，救助人不承担民事责任”。业界人士认为，这 3 次修改的出发点和目的，在于化解公众“看见老人倒地敢不敢扶”“看见有人病倒敢不敢救”等困惑，为鼓励公民对不负救助义务的他人实施救助，赋予善意施救者必要的责任豁免权，大大降低了善意施救者所要承担的风险，保护善意施救者。一言以蔽之，旨在释放鼓励大家见义勇为的明确信号。

《民法总则》增加这一条款，正有其现实必然性的一面。去年 6 月，北京 34 岁的天涯社区副主编金波在一个地铁站突然晕倒，虽经现场旅客救治，仍不幸逝世。2014 年 2 月，深圳 35 岁的 IBM（国际商业机器公司）项目经理梁娅也是在公共场所突然倒地，但 50 分钟内无人施救而去世。与此同时，因见义勇为被诬而百口莫辩，让人们感叹“好人难做”，导致人们不仅不勇为而且不敢为的情况也屡见不鲜。社会在为之心寒的同时，实际上也在拷问我们的法律。《民法总则》给善良的做好事的人们吃了一颗定心丸，对见义勇为行为的多个情况进行了明确。在咀嚼第一百八十四条之际，还应看到第一百八十三条：“因保护他人民事权益使自己受到损害的，由侵权人承担民事责任，受益人可给予适当补偿。没有侵权人、侵权人逃逸或者无力承担民事责任，受害人请求补偿的，受益人应给予适当补偿。”这一条款的明确，避免了“好人”流血又流泪。

《民法总则》正式实施后，不意味着万事大吉。通过法律形式让“好人”出手没有了后顾之忧是十分必要的，但“好人”要做到有效及时的帮助或救助，相关急救知识和技能的掌握是十分重要的。当被救助者处于困境或者危难中，特别是在病情危重时，如果善意救助者不懂医学抢救常识，采取了不当救助措施，将会对被救助者造成严重后果。因此，让更多的人具备基本的急救常识，才能让更多的“好人”出手更专业，帮忙而不添乱。在这一点上，我们还有太多的至少是关于科普的工作要做。

（2017 年 10 月 9 日）

对待非遗该如礼遇高寿老人

10 月 11 日上午，广东省人大常委会召开“关于加大对我省非物质文化遗产保护传承扶持力度”代表重点建议办理结果汇报会，听取省文化厅等承办单位汇报办理情况，其中提到《广东省粤剧保护传承规定》。具体情况因为报道简略而不得其详，然谈到保护传承，粤剧堪称广东非遗的标志性项目。这次汇报会过后几天，10 月 15 日，中国邮政发行了《粤剧》特种邮票一套 3 枚，展示了粤剧的“四件宝”：邮票图案分别为《香花山大贺寿》《六国大封相》《玉皇登殿》这三出粤剧中的传统例戏，邮票版式一的边饰则表现了经典曲目《天姬送子》。登上“国家名片”，足证粤剧在民族文化中占有相当重要的地位。

“昆曲是江南的兰花，粤剧是南国的红豆”，这是周恩来总理生前的高度评价，粤剧也因之有了“南国红豆”的昵称。2006 年，粤剧入选我国首批国家级非物质文化遗产。2009 年，粤港澳三地联合申报的“粤剧”成功入选“人类非物质文化遗产代表作”，继开平碉楼填补广东世界物质文化遗产的空白之后，填补了广东非物质文化遗产的空白。但在欣喜之余我们也必须看到，申遗成功，一方面体现了国家和世界对粤剧独特艺术价值的充分肯定，另一方面也意味着粤剧作为传统剧种在现代社会正面临着严峻考验。申遗成功等于颁给粤剧一块“金字招牌”，如何擦亮招牌，把通过口传心授的这项无形的、活态流变的文化遗产继续传承下去，不至于在我们这个讲“文化”的时代断了链条，还需要脚踏实地的行动。自今年 7 月 1 日起施行的《广东省粤剧保护传承规定》，是我省首次为单一剧种制定的政府规范性文件，明确了粤剧保护对象、保护传承原则、保障措施、传承队伍、普及宣传等方面的内容。这从法规层面，为粤剧保护传承提供依据。

粤剧该如何在实践中保护传承？专业人士的见解多了，我作为外行也提两条。其一，粤剧要“走出去”，让世人充分认识。不错，粤剧早就走出国门了，东南亚、北美、大洋洲等但凡有粤籍华人华侨聚居的地方，就传唱着粤剧。但我是想说，粤剧得走出自己的方言区去。举例说吧，每年央视春晚几乎都有地方戏曲联唱，京剧打头，地方戏曲随后，但每年的“随后”里，大抵都是“刘大哥说话理太偏”“树上的鸟儿成双对”之类，印象中从不曾听到《搜书院》《帝女花》的旋律，仿佛地方戏就是豫剧、黄梅戏等。再者，如果单纯发音的话，“yue ju”，人们恐怕以为是彼越剧而非此粤剧。粤剧的知名度，远远没有越剧的高，“天上掉下个林妹妹”，谁不知道呢？我们要正视这些现实，正视了，就会想到“走出去”，最见效的“终南捷径”我以为先是到春晚那里去露一露脸，让非粤语方言区的人们也耳熟能详。

其二，对传承者的扶持，不能只是捧“月”而忽视“群星”。《广东省粤剧保护传承规定》第九、十条都是关于传承人的条款，但我是想说，不仅要突出那些“光鲜”的，还要关注到支撑着“光鲜”背后的文化源头。早几年，粤剧名伶白云峰及其爱徒何海莹的逝去轰动一时，令人唏嘘。正是因为那个悲剧故事，才使包括笔者在内的许多人知道广州还有那样一些“私伙局”执着于固守粤剧的阵地，还有为数不少的老戏迷执着于伴随他们成长的这种文化之根。这种执着本身是令人感动的。因此，我们在厘定“正宗”传承人的同时，还要关注如“私伙局”这类草根坚守者的生存状况，那些真正的“原生态”，无疑是该项传统绵绵而来的源头活水。

江山代有才人出，各领风骚数百年。诗词界是这样，地方戏曲界也是这样，毋庸讳言，式微是不可避免的，有朝一日终将成为人类学意义上的“文化残存”（survival），由大众集体狂欢的载体变为专业人士爬梳研究的对象。这是不以人的意志为转移的客观规律。关键在于，在尚未完全退出历史舞台之际，地方戏曲这种在塑造一定人群品格过程中发挥过或正在发挥着重要作用的文化载体，应该在今天得到怎样的礼遇。打个比方说，这种礼遇应该就像对待一位高寿的老人。

（2017 年 11 月 8 日）

法治宣传同样可以发掘传统文化

落笔之际，《广东省法治宣传教育条例（修订草案）》修改二稿征求意见稿仍然在向社会各界公开征求意见，截止时间是 2018 年 1 月 10 日。浏览了一下意见稿，以为可以加上一项，就是从传统文化中开掘有益成分来进行法治宣传教育。

提及传统社会，很多人脑袋中马上会跳出“人治”两个字。实际上，比如先秦诸子百家中的法家，就已把法治作为关注的核心，韩非认为有利于政权统一的标准就是法，全社会必须遵循这个标准。并且，在那些以人治为主的年代，同样制定了各种法典、法条。西汉之后，读书人做官不能不懂法律，政法合一，听讼成为官员不可回避的责任，也是政绩考核项目之一。在官员群体的有识之士中，法治意识在今天看来也毫不落伍。像南朝萧齐时的廷尉孔稚珪，他的法治意识便十分难得。首先，他认为“律文虽定，必须用之；用失其平，不异无律”。法律出台了，就一定要遵守，而且不能用歪，否则就是“法书徒明于帙里，冤魂犹结于狱中”。其次，他认为必须“弘其爵赏，开其劝慕”，奖励人们研习律例，将其中的“精究”者、“才良”者留在中央或放到地方为官，处于“法职”位置的尤需如此。

这几年，若干冤案的平反引起了国人的极大关注，如内蒙古呼格吉勒图以故意杀人、流氓罪被冤杀案。而早在唐朝，贞观元年（627）太宗就说过：“死者不可再生，用法务在宽简。”法医鼻祖、南宋宋慈也说过："狱事莫重于大辟，大辟莫重于初情，初情莫重于检验。盖死生出入之权舆，幽枉屈伸之机括，于是乎决。法中所以通差今佐理掾者，谨之至也。"然在呼格案中不要说"谨之至"，整个过程近乎儿戏。当年的公开报道这样描述："冯志明副局长观察了现场……他和报案人简单交谈了几句之后，他的心扉像打开了一扇窗户……冯副局长、刘旭队长、卡腾教导员等分局领导，会意地将目光扫向还在自鸣得意的那两个男报案人（其一为呼格），心里说，你俩演的戏该收场了。"就这样，呼格便成了凶手。

历史上早有大量冤案在前，后人了解之并吸取教训的话，有一些就不会重演。《挥麈录》载，一女子"乘驴单行，盗杀诸田间，褫其衣而去"。驴跑了，给别人家捡到了，但这可不是天上掉下来的馅饼，"吏捕得驴，指为杀女子者，讯之四旬"，那家人始终只是承认"收系其驴，实不杀女子"。侍御史王平对凶手认定提出质疑，他说："与其阿旨以杀无辜，又陷公于不义，校其轻重，孰为愈邪?"果然，过几天，"河南移逃卒至许，劾之，乃实杀女子者"。呼格案冤枉之初浮水面，正是2005年"杀人狂魔"赵志红落网后自供罪案中的一件。当年，真凶落网，州将对王平谢曰："微司理，向几误杀平人。"《辽史·张俭传》载，张俭"在相位二十余年，裨益为多"。其中，辽兴宗重熙五年（1036），"有司获盗八人，既戮之，乃获正贼"。这就跟呼格案几乎殊途同归了。在唐代，为了"庶免冤滥"，太宗明确"自今以后，大辟罪皆令中书、门下四品以上及尚书九卿议之"。贞观五年再下诏曰："在京诸司，比来奏决死囚，虽云三覆，一日即了，都未暇审思，三覆何益？纵有追悔，又无所及。"那么，太宗执政前四年，"断死刑，天下二十九人，几致刑措"的出现，岂是偶然？

如果说唐太宗的理念是顶层设计，那么宋慈的践行就是付诸实施了。宋慈在广东、广西、湖南都当过提点刑狱使，具有丰富的基层经验。他的《洗冤集录》是世界上最早的法医专著，等于开创了"法医鉴定学"，为后代刑狱官办案必备，所谓"治狱之宝书"。受限于当时的科学水准，内容难免有错漏之处，但无损于其在世界法医学上的地位。宋慈的指导思想是："每念狱情之失，多起于发端之差。"所以，自己"独于狱案，审之又审，不敢萌一毫慢易心。若灼然知其为欺，则亟与驳下；或疑信未决，必反复深思，惟恐率然而行，死者虚披滂漉"。后世从业人员，纵无宋慈之才，何妨有宋慈之心？

十九大报告明确"中国特色社会主义文化，源自中华民族五千多年文明历史所孕育的中华优秀传统文化"，要求"深入挖掘中华优秀传统文化蕴含的思想观念、人文精神、道德规范，结合时代要求继承创新"。前人的法治意识与法治实践同样是优秀传统文化的有机组成部分，在法治宣传教育中发掘这些财富，未尝不是"推动中华优秀传统文化创造性转化、创新性发展"的有益尝试。

（2018 年 1 月 8 日）

把保护传统建筑纳入乡村振兴战略

由梅州市人大常委会表决通过，经广东省人大常委会批准的《梅州市客家围龙屋保护条例》，将于今年 3 月 1 日起施行。这是梅州市运用地方立法权保护客家文化传承重要载体——客家围龙屋而作出的重要努力，落实之，无疑对传承客家文化是件功德无量的好事。

梅州号称"客家人大本营"。但凡到过梅州的人，都会发现乡间处处点缀着的传统建筑——围龙屋。1991 年下半年，我在梅州所辖的平远县从事了将近两个月的人类学田野调查，就不断有这种惊喜，那也是第一次近距离体验围龙屋。围龙屋的定义，如条例所称：建筑主体前部分由堂屋与横屋构成方形，后部分由化胎与围屋构成半圆形，形态呈前方后圆，与建筑主体前的禾坪和半圆形水塘构成整体为椭圆形的，以及因历史、地形、地势等原因造成半圆形水塘缺失的建筑物、构筑物。梅州围龙屋究竟有多少，我没有看到目前的权威数据，想来一定还是非常可观。这些前人留下的宝贵物质遗产，是梅州实施乡村振兴战略中一项可骄的资本。

提及传统建筑保护，人们的目光往往集中在已知的、著名的、处于城市之中的那些，而易于忽视未知的、默默无闻的、处于乡村之中的那些。而比较起来，更能代表并显示传统文化特色的古旧建筑，更多地可能正集中在乡间。梁思成先生于 1933 年 9 月发现的山西应县辽代佛宫寺释迦塔，为世界现存最高的木构建筑，精湛的构造技术使之屹立近千年而不倒。倘若梁先生当年足迹未至，此塔也就“养在深闺无人知”了，能不能幸存到今天还很难逆料。实际上，广袤的乡间潜藏着无数这样的，有待识别的文化宝藏。

作为南粤大地的独特人文景观，围龙屋集科学性、实用性、艺术性于一身，是客家文化的重要物质遗存，既凝聚了客家文化历史内涵，成为客家人的精神家园，同时也为世人留下了观照客家社会结构、生活方式、风情习俗的活的样本，也堪称中华传统建筑的一朵奇葩。面对现实不难发现，由于城镇化进程推进和缺乏日常维护修缮等原因，围龙屋正日渐老化、消亡。差不多 30 年前的那次调查，我就已经见到不少破败不堪乃至废弃了的围龙屋，在差干乡（今为镇）甚至有一座九厅十八井的标准围龙屋，只剩下了格局依旧的断壁残垣。因此，对客家围龙屋进行立法保护，不仅极具紧迫性，而且极具必要性，保护的不仅是梅州的文化底蕴，而且是保护中华文化宝贵的物质财富。

此条例在梅州地方特色方面得到了充分体现。比如明确了客家围龙屋的定义，规定了其适用范围，建立了各级责任制度，创新性地提出可以通过推选的方式成立客家围龙屋管理小组，也可委托物业服务企业或者其他管理人进行管理。又比如设计了保护名录和分类保护制度，将围龙屋分为三类，由市人民政府建立保护名录，对围龙屋的保护进行筛选和把关；同时考虑了立法的普遍性，对除了围龙屋外的其他重要古民居也设置了适用本条例进行保护的规定。再比如规定了多种保护利用方式，既鼓励所有权人依法利用围龙屋发展文化旅游产业和传统手工业，开办民宿经营，规定了资金入股，还规定了集中连片保护利用和重点开发，通过活化利用最终达到保护的目的。

十九大报告中明确实施乡村振兴战略。乡村振兴战略的根本指向，就是让农业成为有奔头的产业，让农民成为有吸引力的职业，让农村成为安居乐业的美丽家园。2 月 4 日公布的今年中央一号文件，即为《中共中央国务院关于实施乡村振兴战略的意见》，其中说到："划定乡村建设的历史文化保护线，保护好文物古迹、传统村落、民族村寨、传统建筑、农业遗迹、灌溉工程遗产。"从这个意义来看，《梅州市客家围龙屋保护条例》可谓生逢其时，对围龙屋的保护可以也应该纳入乡村振兴战略。

（2018 年 2 月 7 日）

后　记

“澹然离言说，悟悦心自足”，柳宗元句。河东先生是“晨诣超师院读禅经”时生出感悟。那种“闲持贝叶书，步出东斋读”的生活，“道人庭宇静，苔色连深竹”的环境，令他心满意足。此中借用后半句作为书名，纯属望文生义。

1997 年 2 月，我从工作了五年的广东省政协机关进入南方日报理论部，司职新闻评论，算是“专业”从事文字之始；此后，2005 年起代理、2008 年起正式主持理论评论工作。自己比较满意的是，这么多年来一直读书不辍，也没有停止笔耕，每年至少问世 35 万字。2016 年初，中共广东省委十一届六次全会报告总结前一年全省宣传思想战线的工作成绩，赋予了南方日报评论以“南方评论高地”的荣誉。私心以为，这也是对自己职业生涯的认可。

在大量的社论、评论员文章之外，自己同时撰写了其他种类的文字，大致可分为三：时评、读史、观影。自觉有出版价值的那些，陆续结集成了三个系列。先行一步的是“报人读史札记”，2006 年开始；接着的就是“潮白新闻时评精选”，2008 年开始；“潮白观影记”最迟，2018 年开始。原本的打算是各出十集。

如今，读史、观影系列达成既定目标只是时间问题，而时评系列拟到此为止。有兴趣不再的因素吧。上一册《不栽桃李种蔷薇》已出版于五年前，此一册，一部分也是收容前七册的“漏网之鱼”。悟悦心自足，正是为“潮白新闻时评精选”系列作结，并无河东先生“汲井漱寒齿，清心拂尘服”之意。

2021 年 9 月于南方报业传媒集团